中國學術思想 研究輯刊

三九編
林慶彰 主編

第 2 冊

張載易學著作與思想研究

馬鑫焱 著

花木蘭文化事業有限公司

國家圖書館出版品預行編目資料

張載易學著作與思想研究／馬鑫焱 著 -- 初版 -- 新北市：花
木蘭文化事業有限公司，2024〔民113〕
目 4+242 面；19×26 公分
（中國學術思想研究輯刊 三九編；第 2 冊）
ISBN 978-626-344-574-1（精裝）
1.CST：（宋）張載 2.CST：學術思想 3.CST：易學
030.8 112022467

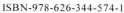

ISBN-978-626-344-574-1

9 786263 445741

中國學術思想研究輯刊
三九編 第 二 冊 ISBN：978-626-344-574-1

張載易學著作與思想研究

作　　者	馬鑫焱
主　　編	林慶彰
總 編 輯	杜潔祥
副總編輯	楊嘉樂
編輯主任	許郁翎
編　　輯	潘玟靜、蔡正宣　美術編輯　陳逸婷
出　　版	花木蘭文化事業有限公司
發 行 人	高小娟
聯絡地址	235 新北市中和區中安街七二號十三樓
	電話：02-2923-1455／傳真：02-2923-1452
網　　址	http://www.huamulan.tw 信箱 service@huamulans.com
印　　刷	普羅文化出版廣告事業
封面設計	劉開工作室
初　　版	2024 年 3 月
定　　價	三九編 23 冊（精裝）新台幣 62,000 元

張載易學著作與思想研究

馬鑫焱 著

作者簡介

馬鑫焱，男，回族，1980 年 10 月出生，籍貫寧夏彭陽，西北民族大學馬克思主義學院副教授。2003 年畢業於陝西師範大學政治經濟學院，獲法學學士學位；2007 年畢業於陝西師範大學哲學系，獲哲學碩士學位；2018 年畢業於陝西師範大學哲學學院，獲哲學博士學位。曾獲國家民委社會科學研究三等獎和優秀獎，甘肅省地廳級社會科學研究獎兩項。發表科研論文十餘篇，出版專著一部。主持和參與完成國家級、省部級、地廳級和校級課題等 9 項。

提　要

　　張載作為北宋關學宗師、理學領袖，其哲學史稱「以《易》為宗」，《橫渠易說》作為易學傳世經典名著，對於研究張載易學、哲學思想和宋代易學、理學思想都有著重要作用。本論著從張載易學著作和思想兩個方面作了具體的研究，研究內容包括：《橫渠易說》版本研究；張載易學觀的形成；張載解易體例；張載解易特徵；《橫渠易說》之發明；《橫渠易說》與《正蒙》。基礎研究方面，對《橫渠易說》各種傳世文本作了考證，在宋元時期的易學古籍文獻中搜集、整理出一些《易說》所脫漏的材料，對《易說》文獻做了輯補工作。對中華書局章錫琛點校的《張載集‧橫渠易說》出現的校勘錯誤，做了一些糾繆、辯誤工作。思想研究方面，分析了張載易學體例的繼承與創新和以禮解易、以經、史證《易》的解易特徵。論述了張載以《周易》「太極」、「兩儀」、「乾坤」等概念創建太虛「合兩之性」，把性與天道、太和與太虛、神與氣化統一起來，創建太虛性體、道體、神體理論。張載易學否定邵雍「數本論」，闢佛排老，抨擊諸子「以有無論《易》」，建構北宋新儒學理論。最後，對《易說》與《正蒙》中重要概念的之間的聯繫、發展進行了分析。

本書係西北民族大學引進人才科研項目（xbmuyjrc202005）「張載易學思想研究」結項成果

目次

緒　言

　　趙宋王朝建立之後，宋太祖、宋太宗興科舉、重儒學，政治環境和思想環境相對寬鬆，為經學與儒學的振興創造出有利的歷史機遇。至北宋中期，朝政尚文崇儒，營造出有利於儒學振興的社會、政治、經濟、文化環境，在社會思想文化領域，學界思想活躍，學術交流相對頻繁。雖學者有不同的文化背景，但文風、士風寬容，學術交流自由，互動性強，這些都為新儒學的創建創造了有利條件。

　　在北宋初期，儒學的傳承與發展面臨著諸多挑戰和衝突。這些挑戰和衝突表現在價值理性、佛教文明、理論形態轉型等幾個方面。〔註1〕對隨之而來的困境與挑戰，儒學的振興與發展就顯得極為迫切，這就要求儒者必須從理論上闢佛老、斥異端，以恢復儒學的道統，解救漢唐以來社會出現的儒學信仰危機和道德危機，重構儒學的性命之原、萬物之本。在這樣的社會環境和文化背景之中，兩宋道學便應運而生。道學的理論建構，一方面吸收、融合佛老思想精髓，一方面從儒家經典中汲取養料，特別是《周易》經傳。

　　朱伯崑說：「道學作為宋明哲學的一種形態，其特點有二：一是視孔孟學說為正統，以排斥二氏（佛教和道教）學說為己任，大力宣揚超功利主義的道德說教，並建立起一套形上學的理論體系；二是不同程度上吸取了佛道二教的思想資料和個別觀點，用來補充和發展儒家的哲學體系。……在儒家尊奉的經書中，只有《周易》經傳，特別是《易傳》和後來的易學為儒家哲學提供了一個較為完整的哲學體系。因此，北宋的道學家，都把《周易》經傳視為對抗佛

〔註1〕張立文：《宋明理學研究》，北京：人民出版社2002年版，第3～5頁。

道二教的有力武器。」〔註2〕牟宗三認為：「自宋儒起，……以《中庸》《易傳》本孔子之仁教與聖證所述之德性生命精進之方向與極致為道德踐履之弘規，自覺地建立此內聖之學（心性之學）之體系，以為吾人照體挺立之道德踐履其最高目標即是成聖」。〔註3〕

張載作為關學學派的宗師，北宋理學的奠基者之一，其哲學氣勢恢宏、體系嚴謹而微言大義，其中無不滲透出強烈地天道人事關切，整部哲學無時不刻的流露出對儒學命運的深思和關切。張載創造性的建構了原儒的天道性命之學，表現出一代新儒家強烈的學術擔當和社會使命感，強有力地開拓了儒學的新局面，其哲學精神、理論建樹深深地影響了一代又一代的學人。「為天地立心，為生民立命，為往聖繼絕學，為萬世開太平！」被馮友蘭稱之為「橫渠四句」，林樂昌精確表述為「四為句」，體現出了張載哲學的學術品質和儒學理想，其胸襟和氣度，彰顯出一代理學領袖的至高宏遠理想境界！其「同胞物與」的價值理念更令後人仰慕而常頌不衰！

張載理學創建與北宋其他理學宗師一樣都經過了一個「正反合」式的辯證否定發展過程。張載自小學承儒學，涉獵廣泛，「少孤自立，無所不學」〔註4〕，少年時為氣任俠，追求學以致用，曾有志於軍功，後被范仲淹「勸讀《中庸》」以求名教之樂，在「以為未足之後」，又「訪諸釋老，累年究極其說，知無所得」，最後「反而求之《六經》」〔註5〕。這個過程看似是一個循環，實則體現出一種「反求諸己」式的內在超越。佛老在心性論、宇宙生成等方面有它的先天理論優勢，這些理論優勢被張載、二程等理學家所汲取、吸收。牟宗三說：「中國自兩晉正式接觸佛教後，經過南北朝以至隋、唐，此七八百年之長期歷史幾將佛教全部吸收於中國。不但吸收之，且消化之而能自己開宗焉。如天台、華嚴、禪，皆是經過消化後，中國人自所開立也。此一大教，雖發之於印度，然其對於人生問題究有極深遠之觀察，在人類之精神生命上足以決定一基本之方向與態度，故其影響如此之廣，中於人心者如此其深，其足以吸引中國聰明才智之士折而從之亦並非偶然。」〔註6〕「道家固非外來者，乃是自家文化生命中之駢枝，亦於精神生命之方向上有所決定。若不能予以消化、制限而順

〔註2〕朱伯崑：《易學哲學史》第二卷，崑崙出版社2005年版，第6頁。
〔註3〕牟宗三：《心體與性體》上，吉林出版集團有限責任公司2013年版，第262頁。
〔註4〕見呂大臨《橫渠先生行狀》，載於《張載集》，中華書局1978年版，第381頁。
〔註5〕見《宋史·張載傳》，載於《張載集》，第385頁。
〔註6〕牟宗三：《心體與性體》上，吉林出版集團有限責任公司2013年版，第268頁。

成之，儒家即不足以完成其爲主流主幹之使命。」〔註7〕

　　出入佛老、知己知彼，面對儒學困境知難而上、創造、建構新儒學體系，成爲北宋諸位理學領袖的時代使命和學術擔當，他們力求從根本上對佛老以實質性的批判，爲天下儒者塑造「吾性自足」的精神世界。張載治學歷時三十載，他從《周易》中獲取了豐富的養料。「張子之學，無非《易》也」，《周易》是張載哲學思想的重要來源，其如一泓清泉澆灌出了張載哲學的生命之花。就儒學經典而言，張載認爲《周易》崇高且重要，認爲學者可以終身去研習《周易》以培養君子人格。他說：「君子未嘗須臾學不在《易》。」〔註8〕王夫之認爲：「張子之學，得之《易》者深」，「而張子之言無非《易》」，「張子之學，無非《易》也」。〔註9〕《宋史·張載傳》稱張子之學「以《易》爲宗，以《中庸》爲體，以孔孟爲法」。張載深知踐行、心行如一、內外合一，他通過對《周易》精義入神、極深研幾的深入研究，系統性去建構理學體系，融會貫通《禮經》、《中庸》、《論語》、《孟子》等儒家經典，最終能開宗立派，成爲北宋理學領袖。張載在不斷地對《周易》的探索中，在易學的框架之中融入儒學思想精蘊，其哲學以《中庸》作爲天人合一、道德倫理的價值本原，取法孔孟仁愛觀作爲哲學至高境界追求。張載哲學對漢唐以來的儒學進行了批判、總結，對魏晉以來的「諸子之陋」與佛老二氏的作了批判性的超越，實現了對原儒開拓性的回歸。張載易學與漢唐以來的易學有根本性的不同，張載易學時代使命感強烈而震撼人心，並宿命般地因爲對儒學傳承、發展的憂慮與責任自覺地肩負起儒學道統的重任而繼往開來，如王夫之高度評價說：「張子之學，上承孔孟之志，下救來茲之失，如皎日麗天，無幽不燭，聖人復起，未有能易焉者也。」〔註10〕張載注解《周易》並融貫諸經，運用經典易學詞語闡述儒學義理，獨創性的發揮了對天道陰陽、天地乾坤，太虛與氣，動靜剛柔，窮理盡性，修行工夫、教化禮儀等諸多方面的理學構建，就儒家易學的地位和作用方面而言，自漢唐易學至二程易學，期間還沒有一部易學著作可以與之相提並論。

　　張載哲學體系以易學爲根基，《周易》是張載哲學的源泉，是它的生命力所在。《宋史·張載傳》稱其學是「以《易》爲宗」。如朱伯崑所言：「這

〔註7〕牟宗三：《心體與性體》上，吉林出版集團有限責任公司2013年版，第271頁。
〔註8〕《張載集》，第180頁。
〔註9〕〔明〕王夫之：《張子正蒙注》，中華書局1975年版，第4頁。
〔註10〕〔明〕王夫之：《張子正蒙注》，中華書局1975年版，第3頁。

種哲學體系，同樣是建立在易學的基礎上的，張載就是這一學派的奠基人。」
〔註11〕張載易學作為張載哲學的奠基之學，是其哲學的邏輯起點和思想淵源。
從張載哲學研究的整體性來說，張載易學研究是張載哲學研究的其中一個重
要方面或者重要組成部分。張載易學研究重要且必要，其研究可以對張載哲
學研究起到借鑒、啟發和相互補充的作用，有助於推進張載哲學研究。

　　《周易》本為「卜筮」之書，因占卜命理、信奉鬼神，就被注定具有獨特
的神秘性。《周易》對未知的預測往往與作為卜筮者主體的感悟和經驗息息相
關，「文史星曆，近乎卜祝之間」，出於卜筮的需要，在《周易》就不自覺的被
附加了一些卜筮主體的知識內容，其中包括一些對自然科學的認識。在漢武帝
時期，《周易》就被確立為儒家經典至尊的地位，《周易》被看做是可以解釋一
切的唯一根據，以至於後來很多知識都要依附於它，知識被認為只有依據《周
易》才可以獲得它的合法性。隨著學科逐漸被分類、細化之後，《周易》所涉
及的知識種類就愈來愈多，而且愈加繁瑣。「又易道廣大，無所不包，旁及天
文、地理、樂律、兵法、韻學、算術以逮方外之爐火，皆可援易以為說，而好
異者又援以入易，故橫渠易說愈繁。」〔註12〕但縱然複雜，其中有兩種治易方
法卻是確定且適用的，一為象數，一為義理。象數是試圖由具體去把握普遍，
重於卜筮；義理是試圖由普遍去把握具體，重於哲理。秦漢時期，易學家在解
易方法方面注重象數與義理的結合，象數融入義理，義理切合象數，只是偏重
程度有所不同。秦漢之際，易學重義理，輕象數；兩漢時期，易學重象數，輕
義理。「《易》本卜筮之書，故末派寖流於讖緯。王弼乘其極敝而攻之，遂能排
擊漢儒，自標新學。」〔註13〕兩漢時期的象數派由於繁瑣複雜、雜亂無常而走
向了窮途末路，至王弼一掃象數，象數、義理兩種治易方法開始分道揚鑣，各
成一派，互相攻伐。象數派把卜筮看做是《周易》的主要功能，認為象數符號
有其獨特的含義和預測功能，而義理派則偏重於發揮《周易》中所蘊含的哲學
思想，認為只要準確把握其中的哲理就可以指導現實把握未來，即荀子所謂
「善《易》者不占」，孔子所言「不占而已矣」。唐時，孔穎達負責編訂《五經
正義》，《周易正義》就有意去調和兩派，但《周易正義》的主要傾向還是以義
理為主兼論象數。北宋以後，受孔疏影響，易學開始呈現出象數易學與義理易

〔註11〕朱伯崑：《易學哲學史》第二卷，崑崙出版社 2005 年版，第 283 頁。
〔註12〕〔清〕永瑢 紀昀：《四庫全書總目提要·卷一·經部一·易類一》。
〔註13〕〔清〕永瑢 紀昀：《四庫全書總目提要·卷一·經部一·易類一》。

學的互相吸收、融合，易學家都不同程度的注意到這兩種治易方法對詮釋《周易》的必要性。正是這樣的一種相互吸收和融合才使得後來的易學發展顯得無比生動鮮活。

　　張載易學在批判性地繼承漢唐易學的基礎上，建構易學的新儒學本體論，由太虛、天道、心性、神化、禮教等逐層展開，開拓出系統全面、結構縝密、氣勢宏大的關學，關學由此成為北宋理學的重要學派和宋明理學的根基之一。張載曾早年主講《周易》，於京師「坐虎皮講《易》」，其易學自成一家，有其獨到的領悟與自得，其後又與二程進行過易學交流，形成了關學學派內涵豐富、特色鮮明的易學體系。《宋史‧張載傳》記載張載說：「二程深明易道，吾弗能及，汝輩可師之。」對於張載易學是否不如二程，潘雨廷說：「馮椅曰：『不知此書子厚晚年以所得刪邪正，或好學者以門人所記錄。與《正蒙》類，為此書也，多有發明，有二程未到處。』今讀其書，非全易皆有說，《繫辭》以下亦未全錄經文，有類語錄，且多引《老》、《莊》之說，書中說理，殊多可法。若輟講者，張子之謙也。與二程之說《易》，宜並觀而辯其異同，則得矣。」〔註14〕事實上，正是張載在易學方面的恢宏構建與道學方面的精義入微成就了「關學之盛，不下洛學」的學術繁榮。

　　易學在北宋時期就進入到一個新的發展階段，義理與象數並舉的治易學風一直延續到清初。北宋經學以復興儒學為使命，由周敦頤、張載、二程等為代表，掀起了一場復興儒學的思想浪潮，諸位道學家重新詮釋儒家經典，凝結、闡發義理，開闢新儒學，為後世儒學發展奠定了基礎。宋代易學受「因經明義」的新儒學學風影響，對以象數易學為主體的漢易作了徹底地揚棄。北宋理學家注重《周易》，借助《周易》建構理學或以之作為理論基礎，注《易》風氣高漲，他們之間開展道學交遊，或著書立說，或開門講學，「君子以自昭明德」，一時間易學繁榮，如暗夜之煙火，燦爛奪目，景況盛極一時！

　　張載易學在各家各派思想交鋒激烈、兼收並蓄的環境中孕育而出，其易學廣宏博大、深邃悠遠，承前啟後，對漢唐以來的易學作了總結和批評，辯證吸收漢易象數思想，繼承玄學易意蘊，針對學人、學風針砭時弊，反擊、回應佛老二氏，以解救漢唐以來儒學發展困境和危機。張載哲學「以《易》為宗」，重構儒學義理，重拾儒家自信，自開一派，「上承孔孟之志，下救來茲之失」，其易學著作《橫渠易說》作為張載哲學奠基之作，文本或是在張載去世之後由

〔註14〕潘雨廷：《讀易提要》，上海古籍出版社 2003 年版，第 90 頁。

弟子整理出來的，現存《橫渠易說》版本主要是明清諸本，有明代呂柟刻本三卷本，徐必達《張子全書》本，清《通志堂經解》本，《四庫全書》本等。《橫渠易說》在流傳過程中，有三卷本和十卷本之說。因此，有學者推測今《橫渠易說》版本為殘本。以三卷本和十卷本之說，推測今《橫渠易說》為殘本本不科學，需要有確鑿的證據證明。此方面的證據需要從基本文獻入手，進行細緻入微地考證。筆者經過考證，《橫渠易說》十卷本當為流傳之誤。張載《橫渠易說》在朱震（1072～1138）的《漢上易傳》、馮椅（1140～1231）的《厚齋易學》、鮑雲龍（1226～1296）的《天原發微》、俞琰（1253～1316）的《周易集說》和董真卿的《周易會通》中均有所引用，本著作在以上古籍文獻中搜集、整理了一些《橫渠易說》所脫漏的材料，對《橫渠易說》文獻做了輯補工作。對《橫渠易說》成書時間，學術界的普遍看法是張載早期著作，此說法也需要甄別、論證。本著作經研究發現，在《橫渠易說》文本中有證據證明《橫渠易說》是張載近一生的心血之作。今通行本《橫渠易說》出自章錫琛點校《張載集》，中華書局 1978 年出版，該版本《橫渠易說》的校勘存在問題較多，對此類問題本著作做了一些糾繆、辯誤。

張載曾與二程論《易》，二者都屬於義理之學，但注釋程度與方法差異較大，只能說「互相師友，互相發明」，張載易學也有「二程未到處」。張載易學屬於時代精神的精華，《橫渠易說》從繼承儒學正統性出發，對「疑經惑傳」種種議論作了反擊，認為《周易》為聖人所作，毋容置疑。以《周易》「太極」、「兩儀」等概念提出「乾坤《易》之門戶」，論證了乾坤在《周易》中的重要性，以乾坤卦為核心，提出「合兩之性」，把性與天道以「太極」、「乾坤」、「陰陽」統一起來。張載易學雖重義理，卻不廢象數，對象數予以義理闡釋，認為「有氣方有象」。

《橫渠易說》屬於張載「苦心極力」之作，觀其易學體例體系嚴整、傳承有序、原創性強。《橫渠易說》體例傳承王弼易學體例，如中位說、當位說、應位說、一爻為主說、承乘、比說，且創新之處明顯、突出，有卦變說、尊位、盛位說、取象取義說、合陰陽說等。張載易學體例對王弼易學體例有繼承、有突破，其解易特徵、易學體例別開生面、匠心獨具，應當引起注意。《橫渠易說》易學時代性特徵顯著，張載上承孔孟禮儀之道，「以禮為教」，注重禮法實踐。在《橫渠易說》中，張載多以禮解釋卦爻辭、《繫辭》，禮學特徵顯明。《宋史》稱張載哲學「以《易》為宗，以《中庸》為體，以孔孟為法」，《橫渠易說》

對《中庸》思想作了繼承與發展，提出「時中」觀，對《周易》作了具有時代精神的總結詮釋，彰顯出富有時代感的活力之美。張載之學「出入佛老，返求六經」，精通儒學經典，其著作有「諸經說」之稱，在《橫渠易說》中，其解易內容豐富，以經證《易》，以史證《易》，旁徵博引，遊刃有餘。

《橫渠易說》言簡理盡、廣袤深邃，其「吾道自足」之煥然自信盡在其中，有諸多「發明」精彩絕倫。張載易學取義取象，易象多維，包含有物象與義象，物象分大小，直指「有氣方有象」；義象理性抽象，直指形上之道。《橫渠易說》以「太極」、「兩儀」之象像「合兩之性」，以易象「太極」道出太虛性體。張載易學不贊成邵雍「數本論」，對大衍之數與天地之數作了辨析，從數論揭示出「參伍之神變易」的內涵。「易簡而天下之理得」，《橫渠易說》以乾坤為門戶，鋪展開「乾坤易簡」之道，哲學詮釋內涵豐富，包括有宇宙創生、道德工夫、心性本體三層內涵，在易學哲學史中具有開創性和啟發性。王注孔疏以「有無論《易》」，周敦頤《太極圖說》「無極而太極」為別類「有無論」，《橫渠易說》指出「《大易》不言有無，言有無，諸子之陋也」，取《周易》「幽明」取代「有無」，以儒學宇宙生成論駁斥釋氏之「空寂」說，道家之「虛空」說，創建新儒學之宇宙觀。

《橫渠易說》與《正蒙》聯繫緊密，《正蒙》中諸多概念、內容出於《橫渠易說》，《正蒙》為張載哲學的精粹，《正蒙》中有重要概念是對《橫渠易說》的發展，如《橫渠易說》指出有「太虛之氣」，《正蒙》發展為「太虛即氣」，《橫渠易說》之「太極」發展為《正蒙》之「太和」，《橫渠易說》之「氣之神化」發展為《正蒙》之太虛神體（牟宗三語），《橫渠易說》之乾坤之性發展為《正蒙》之「合兩之性」。此種種足以印證張載之學「以《易》為宗」，故研究張載易學實為必要。

對於張載哲學研究的文本，學術界長期使用的是中華書局本《張載集》，它是「以明萬曆四十八年沈自彰鳳翔府《張子全書》官刻本清初翻刻本為底本，用眉縣本、朱軾刻本、《正誼堂叢書》本及《張子抄釋》等互校，同時以《周易繫辭精義》（古逸叢書本）參校，書中各篇互見的文字也作了內校。」〔註15〕近些年以來，學術界對張載哲學研究的繼續深入，學者在對通行本《張載集》的使用過程中就發現出一些問題，林樂昌曾針對通行本《張載集》的校勘等提出了質疑，在《通行本〈正蒙〉校勘辨誤》一文中就曾指出：「據不完全統計，

〔註15〕《張載集·編校說明》，第 1 頁。

通行本《正蒙》文字訛誤衍脫近七十處，這相對於《正蒙》十七篇五百一十三章而言不算是小數字。」〔註16〕林樂昌指出，在通行本《正蒙》中，「我們檢視通行本《正蒙》的校勘工作，發現其偏愛他校法，所有校勘實例幾乎皆採用他校法，所據他書達九種，使用最多的是《周易繫辭精義》、王夫之《張子正蒙注》等。與此形成對比的是，在通行本《正蒙》中，對校法及本校法的使用居然未見一例。而且，通行本《正蒙》在使用他校法時，對異文的是非取捨也不提供任何證據或說明，而是據他書對本書文字徑改、徑補、徑刪。」〔註17〕最早對通行本《橫渠易說》的校勘提出疑問的是朱伯崑，他說：「中華書局刊行的《張載集》，對張載的著作，作了較為詳細的校勘，本節引文依據《張載集》本。其中的《橫渠易說》，依呂祖謙的《周易繫辭精義》作了校補。但《精義》所引，並非皆出於張載《橫渠易說・繫辭》的原文，個別文字亦有勘誤。《張子全書》中的《橫渠易說》保存了《橫渠易說》的全文，亦有可取之處，可以參考。」〔註18〕臺灣學者胡元玲推測：「《易說》原本未必能用《精義》來復原。」〔註19〕林樂昌通過檢視中華書局本《橫渠易說》，其中校勘方法主要採取了他校法和本校法，偶有對校法和理校法。其中以他校法居多。他校法主要依呂祖謙的《周易繫辭精義》徑改、徑補、徑刪。本校法主要以《正蒙》校補，而《正蒙》皆採用他校法，是依《周易繫辭精義》、王夫之《張子正蒙注》等作校勘，所以在《橫渠易說》中，雖表現出的是以《正蒙》為本校，其實質還是他校。對校法是以《通志堂》本做對照，其校勘也存有問題。

　　針對通行本《正蒙》，林樂昌認為：「通行本《正蒙》的致誤原因集中表現在兩個方面：一是其選本有局限，即囿限於清代版本，而未能據宋、明古本進行本校和對校，結果導致文字訛誤衍脫頻頻出現；二是其校法有偏差，即偏好於依他書校改本書，具體分析則包括依他書對本書分別改字、刪字、補字等種種情形。從這兩方面的關係看，由於校勘者限於條件不瞭解《正蒙》版本源流的全局，結果便只能捨宋、明本而單用清本；又由於校勘方法的偏差，則進一步加劇了通行本《正蒙》文字的訛謬程度。」〔註20〕這種情況在通行本《橫渠

〔註16〕林樂昌：《通行本〈正蒙〉校勘辨誤》，《中國哲學史》2010年第4期。
〔註17〕林樂昌：《通行本〈正蒙〉校勘辨誤》，《中國哲學史》2010年第4期。
〔註18〕朱伯崑：《易學哲學史》第二卷，崑崙出版社2005年版，第286頁。
〔註19〕胡元玲：《張載易學與道學：以〈橫渠易說〉及〈正蒙〉為主之探討》，臺灣學生書局2006年版，第36頁。
〔註20〕林樂昌：《通行本〈正蒙〉校勘辨誤》，《中國哲學史》2010年第4期。

易說》中也同樣存在。如《橫渠易說》選本的局限問題，在校勘方面，通行本《橫渠易說》依《語錄》補，是否妥當？部分語句依《周易繫辭精義》（古逸叢書本）或補或刪或改，是否可取？某些字能否依《正蒙》刪改？這些都是值得深入研究的。

對於《橫渠易說》版本，潘雨廷不無遺憾的說：「且此書似係門人所裒集，未解處甚多，又繁簡失當，略有重複。張子未能親手訂成全《易》之說，惜哉！」〔註21〕學術界一般認為，《橫渠易說》文本應該是張載在講《易》期間由弟子所記載而成。因此，研究《橫渠易說》能使我們比較清楚地看到張載思想的發展歷程。相對於《正蒙》，其中一些篇章直接取自《橫渠易說》，《橫渠易說》中的語句在《正蒙》中的引用程度，臺灣學者胡元玲曾做過專門研究，證明《正蒙》中的四分之一取自《橫渠易說》，這對於凝聚張載畢生哲學思想精粹的《正蒙》而言，其重要性是毋庸置疑的。但《正蒙》畢竟是張載整體哲學思想集大成的體現，其中有一些哲學概念、範疇和《橫渠易說》之間並無直接聯繫。如「見聞之知」與「德性之知」、「天地之性」與「氣質之性」等。分析研究二者之間的聯繫與區別，對於我們把握張載哲學思想，釐清張載哲學發展脈絡，或許會很有意義。

張載哲學是近些年國內哲學界研究的一個重點和熱點。張載哲學研究自新文化運動以後被學術界注重和開闢，新中國之後，在老一輩哲學家和學者的影響和帶動之下，湧現出了一批優秀的中青年學者。隨著學術界對於張載哲學深入細緻、科學系統的研究，每一年都誕生了大量的學術成果，其中也不乏有相對優秀的且具有學術性極強、可以經得起歷史考驗的哲學論文。但學術道路無止境，學術研究只是取得了階段性的勝利，張載哲學研究還有很長的路要走，研究工作還需要進一步的探索、深入，隨著研究的不斷推進和深入，其中的一些哲學問題會往復成為探討、爭鳴的焦點，張載哲學中的一些重要的哲學話語，在問題意識的語境中尤其顯得十分關鍵和緊迫，其中的一些重要的哲學問題還需要作進一步的闡釋和澄清。

張載哲學研究，從 20 世紀 50 年代初至今，學術界研究成果豐碩，在近三十年以來也凸顯出了一些很有實力的張載研究專家學者。就張載哲學的性質而言，從 20 世紀 30 年代至今，學術界絕大多數學者認為張載哲學屬於唯物主義哲學，屬於氣論哲學。張岱年先生在撰成於 20 世紀 30 年代的《中國哲學大

〔註21〕潘雨廷：《讀易提要》，上海古籍出版社 2003 年版，第 92 頁。

綱》中，在第一部分「宇宙論」中，把張載列為唯物論或氣本論哲學家的主要
代表，張岱年在晚年回憶說：「近幾十年來，研究中國哲學史的，大多認為宋
明理學分為兩大學派，即程朱學派與陸王學派……我在《中國哲學大綱》中首
次指出：自宋至清的哲學思想，可以說有三個主要潮流」，除了程朱之學和陸
王之學外，還有「唯氣的潮流亦即唯物的潮流」，從 30 年代到 80 年代「經多
年的論辯，宋明哲學分三派的觀點已為多數學者所承認了」。〔註22〕張岱年堅
持張載哲學為「唯物論」的傾向在 20 世紀後 50 年代有所加強。同樣，馮友蘭
先生在出版於 20 世紀 30 年代的《中國哲學史》中，認為張載的宇宙論是「氣
一元論」。在 80 年代又深化了張載哲學是氣學、唯物主義觀點。可以說張岱年
先生和馮友蘭先生開國內中國哲學「唯氣的潮流亦即唯物的潮流」的先河。此
外，侯外廬主編的《中國思想通史》第四卷中，確定張載的世界觀屬於唯物主
義，但又認為「作為精神因素的『性』」也是「萬物一源」，這就使張載「從唯
物主義的觀點墮落下來，走向二元論的體系」。〔註23〕

　　20 世紀 80 年代，蔣國柱的《張載的哲學思想》專著問世，基本上延續了
侯外廬認為張載哲學為二元論的觀點。張岱年的弟子程宜山著有《張載哲學的
系統分析》，其著作對張載哲學中的天道論、人道論和認識修養學說進行了系
統性的研究。提出張載的「唯物主義自然觀」屬於「一元二重化」。〔註24〕同
時期，丁偉志在《張載理氣觀析疑》一文中，對張載「氣一元論」這一主流觀
點提出了質疑，對長期以來研究張載哲學簡單套用「兩軍對壘」的模式提出了
批評。對張載哲學中的理氣關係作了較為深入的研究，認為「張載也有一套關
於『理』的哲學理論，並且和他同時代的其他哲學家一樣，把『理』也是作為
最高的哲學範疇來對待的。」認為「這樣，便使得張載的哲學沒有成為嚴格意
義上的唯物主義哲學，同樣也沒有成為嚴格意義上的唯物主義哲學。強行加
冕，絕無益處。」〔註25〕這篇論文引起了學術界廣泛的關注，具有一定的啟發
性，有益於對張載哲學相關問題研究的澄清、推進。20 世紀 80 年代初，陳俊
民發表了《論哲學史研究中的黨性原則問題》一文，論文對長期以來的哲學史

〔註22〕張岱年：《八十自述》，見《張岱年全集》第八卷，河北人民出版社 1996 年版，
　　　　第 590 頁。
〔註23〕侯外廬主編：《中國思想通史》第四卷（上冊），人民出版社 1959 年版，第 557、
　　　　556 頁。
〔註24〕程宜山：《張載哲學的系統分析》，學林出版社 1989 年版，第 11 頁。
〔註25〕丁偉志：《張載理氣觀析疑》，《中國社會科學》1980 年第 4 期。

研究一定要堅持唯物主義對唯心主義的鬥爭，即必須堅持所謂的「黨性原則」提出了批評，指出「把堅持哲學黨性原則，當作堅持哲學史就是唯物主義與唯心主義的『對子鬥爭史』，無論現在，還是未來，在理論上和邏輯上都是難以成立的。」〔註26〕陳俊民主張，就哲學史的研究方法而言，應當將邏輯與歷史相統一作為研究哲學史最根本的辯證方法論，而不是繼續陷入到多年來「兩軍對戰」的「對子」結構所造成的理論混亂之中。中國哲學史的邏輯體系，只能根據對象本身包含的內在矛盾所形成的基線，採用「螺旋」結構。〔註27〕陳俊民認為在這一「螺旋」結構中，哲學範疇序列為哲學史、思想史的最高階段。並以此方法針對張載哲學、張載《正蒙》中諸多邏輯範疇展開討論，開拓了該研究領域的新途徑。20世紀80年代，學術界通過對以往哲學史研究中問題簡單化的批評、總結，進行過新的研究方法、途徑的努力嘗試，並產生了一系列重要哲學著作。在張載哲學研究領域，儘管學術界主流觀點依然堅持張載哲學屬於「氣本論」哲學，屬於唯物論，但也有學者提出質疑和不同觀點，引起了廣泛的關注和爭論，這些爭論在一定程度上推動了張載哲學研究向更為深入和精確的方向發展。這一時期，屬於張載哲學研究的一個過渡階段。

　　從20世紀90年代至20世紀末，是張載哲學研究成果較為豐富的一個時期，張載研究專著有陳俊民的《張載哲學與關學學派》、龔傑的《張載評傳》、《氣化之道──張載哲學新論》學術論文集、《張載關學與實學》學術論文集、丁為祥的《虛氣相即──張載哲學體系及其定位》等著作。其中丁為祥的著作《虛氣相即──張載哲學體系及其定位》，觀點新穎，論證嚴謹，從張載虛氣關係作為研究切入點，提出張載哲學是宇宙論與本體論並建的觀點。對太和、太虛與氣、性與誠、宇宙本體論與人生實踐論、關學與洛學等諸多關係展開討論，提出了諸多獨到見解和創識。這一切時期，比較有代表性的學術論文有張岱年的《張載哲學的理論貢獻》、馬振鐸的《張載本體論新說》、姜國柱的《張載思想的基本內容和主要特徵》、劉學智的《〈橫渠易說〉與張載的天人合一思想》、林樂昌的《張載對儒家人性論的重構》、王葆玹的《試論張載的易學體系及其與禮學的關係》、丁為祥的《張載研究的視角和方法》、余敦康的《為天地立心──張載的宇宙論思想》、趙馥潔的《張載「太虛」之氣的價值意蘊》等。

〔註26〕陳俊民：《論哲學史研究中的黨性原則問題》，《陝西師範大學（哲學社會科學版）》1981年第1期。

〔註27〕陳俊民：《中國傳統哲學邏輯範疇研究的歷史必然性》，《求索》1984年第1期。

　　進入 21 世紀，張載哲學本體論研究依然是學術界研究的焦點與難點，存在氣本論與太虛本體論的不同定位。隨著張載哲學研究的繼續深入，一方面這一爭論在一個時間段依然會持續下去，另一方面可能會引起對整個哲學史本體論詮釋的重新思考。本世紀，張載哲學研究的不斷深入，推動了張載著作文獻整理工作的進步，在此方面取得了很大的成就。張載《正蒙》號稱難讀，宋、明、清注本頗多，在 2012 年，中華書局出版了由林樂昌編撰的《正蒙合校集釋》學術著作。此著作匯合《正蒙》南宋、明、清等十一個不同版本加以校勘，搜輯南宋、明、清十九種《正蒙》舊注加以集釋，並通過按語形式在校釋和義理等方面加以研究的學術著作。此項學術著作對學者深入研究《正蒙》大開方便之門。林樂昌在《通行本〈正蒙〉校勘辨誤》中指出中華書局 1978 年版章錫琛校本《張載集》存在校勘不科學，脫漏、斷句有誤等問題。在 2015 年，由林樂昌編校，西北大學出版社出版了《張子全書》。此書對張載佚著、佚文作了採集整理，校勘法以對校為主，校勘工作更加科學、規範。此項文獻整理工作的完成，將更有利於推進張載哲學研究。

　　張載易學研究屬於張載哲學研究的一個組成部分，從目前關於張載哲學的研究現狀看，已經引起了學術界足夠的重視，但是研究成果較張載哲學其他方面尚顯薄弱。對於張載易學的研究，在 20 世紀 90 年代，潘雨廷、朱伯崑、廖名春、康學偉、梁韋弦、余敦康、鄭萬耕等學者開始重視並有一定程度的研究。潘雨廷的《讀易提要》，屬於先生遺著。此著作對張載《橫渠易說》的成書時間、張載易學與二程易學的關係、易學內容等作了精練性介紹。具有一定的啟發性和前瞻性。在朱伯崑的《易學哲學史》第二卷中對張載易學有詳盡、深入的研究，其研究內容分為兩部分，「論《周易》的性質和意義」和「易學中的氣論哲學」。在這兩部分之中，涵蓋了關於張載易學的諸多方面，包括《橫渠易說》成書時間，與二程易學的關係，與象數易、玄學易的關係，太和、太虛、太極、神化等諸多概念以及歷史影響等。《易學哲學史》影響力巨大，成為研究易學的必要參考書。迄今為止，學術界關於張載易學研究，該著作內容被廣泛引用，已成為重要的論據來源，影響力極大。在此書中關於張載易學其中有的觀點受時代所限還有待商榷，需要認真的做出判斷和辨析。由廖名春、康學偉、梁韋弦合著的《周易研究史》，此著作對張載易學研究較為深刻，其中對張載易學的特徵認識深刻，論述充分有力。其他此方面的著作，限於篇幅此處不一一贅述。

　　張載易學作為張載哲學的基礎，作為其哲學精神的根源所在，近些年以來逐漸被學術界所重視。從當前學術研究成果來看，張載易學研究已經有很大的收穫，已經有相當數量的學術論文刊行和數部博士論文問世，這些成果都讓人為之振奮和欣喜。張載易學的研究對於廓清張載哲學中的一些難點和重點問題是有裨益的，不失為一條有益的路徑。對於張載易學的研究，雖然產生出了蔚為可觀的學術成果，但這並不等於再無可研究，對張載易學的研究，可謂仁智互見，不同的研究者有不同的研究思路、研究方法，甚至可能會得出不同、甚至截然相反的結論，這些現象在學術研究中是允許的，甚至是必須的，只有相互啟憤發悱、借鑒爭論，才有助於推動學術水平的提高。21 世紀迄今，易學研究從總體的概括性研究逐漸轉化為對個別易學家的專門性研究，專題研究成為研究的主流趨勢。向世陵的《理學與易學》、章偉文的《易學歷史哲學研究》、王鐵的《宋代易學》、高懷民的《宋元明易學史》等，其中都涉及到對張載易學的概括性研究。丁原民的《〈橫渠易說〉導讀》、胡元玲的《張載易學與道學：以〈橫渠易說〉及〈正蒙〉為之探討》、辛亞民的《張載易學研究》，則屬於張載易學的專門性研究，具有一定的學術價值。

　　丁原民的《〈橫渠易說〉導讀》著作，其中簡單介紹了張載的生平及著作，對張載與二程「京師論《易》」一事也能客觀評價，認為「有附益增添成分，不合事實。」〔註28〕作者通過對《橫渠易說》與《正蒙》作比勘，得出《橫渠易說》應是張載整個思想體系的邏輯起點，認為《橫渠易說》的研究對張載哲學研究乃至北宋理學的研究都有重要的學術價值。作者認為張載偏重取象，是氣學派的著名學者；認為張載與程頤的易學體例都源自王弼注，都別是孔疏，這些觀點基本都承襲朱伯崑；在對張載易學體例的理解上，認為張載有時採用乾坤卦變說，這一觀點也取自朱伯崑，但認為張載易學中的乾坤卦變來自漢易，即乾坤卦變為十二消息卦，十二消息卦陰陽升降變為它卦。這一說法缺乏論證。事實上，張載說的很清楚：「蓋卦本天道，三陰三陽一升一降而變成八卦，錯綜為六十四，分而有三百八十四爻也。」是說乾坤卦變為八卦，八卦錯綜為六十四卦。與十二消息卦毫無關係。作者對《橫渠易說》中的哲學思想作了分析研究，對「氣化即道」、「天道即性」、「窮神知化」、「窮理盡性」等哲學命題作了系統論述，一些哲學觀點也閃現出作者理性的光輝，具有一定的學術價值和啟發性。

〔註28〕丁原民：《〈橫渠易說〉導讀》，齊魯書社 2004 年版，第 5 頁。

　　胡元玲的著作，《張載易學與道學：以〈橫渠易說〉及〈正蒙〉為之探討》一書，也是其北京大學博士論文。該著作從文獻學出發，細緻入微地對《橫渠易說》與《正蒙》作了文獻考察，得出了一些使人信服的結論。作者認為今存《橫渠易說》為殘本，對通行本《張載集》中的《橫渠易說》的校勘方法提出了質疑，指出張岱年認為明萬曆46年沈自彰刻本為最早編纂的《張子全書》的說法有誤。作者分析了《橫渠易說》的易學體系，從學術界的以往研究看，有一定的突破。通過比勘得出《橫渠易說》與《正蒙》之間的內在聯繫，概說了張載易學在易學史上的定位，但認為「在引史證經上，與楊萬里《誠齋易傳》相似」，這一說法有些模棱兩可、頗為牽強。作者通過分析，對學術界認為張載是唯物主義者或唯氣論提出質疑。該著作偏重於文獻考察，在義理分析方面稍顯單薄，在表達方面，語言平和，用詞嚴謹。總體而言，該著作是對張載易學研究的一本佳作。

　　辛亞民的著作《張載易學研究》，為北京師範大學博士論文，以邏輯分析與文獻疏解相結合，是該書的特點之一。該著作堅持張載易學為氣本論觀點，認為張載與二程最大的分歧在於張載主氣，而二程主理。其中第二章為「張載的《周易》觀」，第二節中有「吉凶觀」，張載說：「吉凶變化，悔吝剛柔，《易》之四象歟！」吉凶作為《易》之四象之一，是否可以以「觀」論，略顯牽強。作者對張載的解易體例論述比較全面，但其中「往來說」與「卦變說」其實是一回事，沒有必要分別討論。其中卦變說，認為與荀爽的乾升坤降說更為接近，其實張載易學的卦變說與荀爽的卦變說有本質不同。荀爽的乾升坤降其實表現的是陽升陰降的規律，而張載的卦變說如朱伯崑所論是乾坤卦變說，與程頤的乾坤卦變說也有根本性的不同。此著作難能可貴的是探討了張載的象數思想及所蘊含的義理，但其中一些觀點缺乏論證，顯得過於武斷，如認為張載推崇四十五之數，可能與劉牧的《河圖》有關。其實在《橫渠易說》中沒有證據可以證明張載推崇四十五之數。認為張載把天地之數以五行、八卦相配，是受到劉牧的影響，其實這些思想主要來源於《尚書》及漢易。作者認為張載易學中「人之數當為八九」之說顯得不倫不類，其實是一種誤解，沒有真正理解張載所說的「故人亦參為性，兩為體」的哲學內涵。著作第五章「張載易學中的氣論」第一節「對易學史上氣論的批判繼承」，成列了「一　氣、陰陽與《易經》」、「二　《易傳》論『氣』」、「三　京房的陰陽二氣說」、「四　孔穎達《周易正義》的氣論」、「五　李覯易學中的氣論」，雖標題為「對易學史上氣論的批判繼承」，

但實際缺乏張載易學對易學史上氣論的批判繼承相關論證。文中有一些關於張載易學中概念之間的邏輯證明，這是優點，缺點在於論證的不細緻，有「大而化之」之感。該著作作為研究張載易學的第一本專著，具有一定的參考價值。

王緒琴的著作《氣本與理本——張載與程頤易學哲學比較研究》，是在其博士論文基礎上修改、整理完成。博士論文有九章，出版成書為十章。該論文結構工整，將張載易學與程頤易學分開論述，而後作比較，指出相通與分歧所在。就張載易學而言，有一些材料主要取自《正蒙》，雖可以作為論證張載易學觀點的論據，但所引過多，實為不妥。文中所引取材料雖較為豐富，但翻譯、陳述的多，詮釋論證的少。作者通過比較，得出張載易學與二程易學的不同。但這些不同之處，就所引材料而言，很多與《橫渠易說》與《伊川易傳》毫無關係，所以在前後內容的銜接上表現出內在不統一。這部著作對兩者作比較之後得出了一些意義，在第九章中從二者易學的歷史貢獻和現代價值兩個方面作了介紹，其中雖羅列了很多古今學者的觀點、說法，但其實是各說各的，而且有的是不需要作比較就已經被世人所公認的觀點，如「因經明道，完成了理學本體論的建構」，「開宗立派，引領了時代的理論潮流」等。其中一些觀點也比較牽強，主觀色彩較重。如「氣學在世界各地，尤其東亞地區傳播方興未艾，應該也是看到了氣學在現實生活領域的積極作用」等等。張載易學與程頤易學作比較，其實要放在北宋理學這一學術背景中作比較，要結合當時的社會、政治、經濟、文化、宗教等背景，然後才能從易學哲學史和儒學發展史中發現兩者易學碰撞、交融所產生的積極作用和深遠影響。這也是這部著作所欠缺的地方。

董藝的博士論文為《張載易學思想研究》。該著作多採用他人學術觀點，少有新意。其中與學術界主流觀點有所不同的是，作者認為《橫渠易說》的撰寫不是短時間、一蹴而就形成的，而是經過了一個漫長的時間，經過張載的反覆修改得以完成，可以代表張載成熟的哲學思想。作者認為如果試圖要從《橫渠易說》與《正蒙》之間找出張載哲學思想的差異，屬於一廂情願的主觀臆想。對於《橫渠易說》有三卷本和十卷本之說，作者引用了古文獻資料和學者的觀點，但沒有給出自己的看法。對於《橫渠易說》中的卦變說，作者認為是「否、泰陰陽升降的卦變說」，否、泰本由乾坤卦變而成，三陰三陽卦的卦變仍然屬於乾坤卦變範疇，朱伯崑在《易學哲學史》中早已指明。另外，文中指出「卦變說」蘊含了張載的宇宙意識、文化價值理想和社會人文關照，此說法新穎，

但論證較為勉強。文中對《橫渠易說》的宇宙觀、天人觀和價值論作了討論，最後也指出了張載易學的特色和易學史定位，但對張載易學的易學史定位論述不夠深入。

　　劉泉的博士論文，名為「張載《橫渠易說》研究」。該論文文獻學功底紮實，以對文獻進行義理分析見長。其中對《橫渠易說》明清本作了詳盡的考證，具有一定的參考價值。作者對歷史文獻進行梳理、分析得出明清本《橫渠易說》為殘本或輯本的可能性極大。對《橫渠易說》的易學觀，作者提出「注釋觀」一說。易學觀是指對《易》的總體看法和根本觀點，「注釋觀」之說較為牽強。對《橫渠易說》的易例，從「象數易例」與「義理易例」兩個方面進行分析。易例指易學體例，學術界基本上採用的是朱伯崑的易學觀點，比如朱伯崑認為張載易學基本繼承的是王弼注、孔疏，這裡王弼注、孔疏是指其中的易學體例，應從此方面去總結分析。「象數易例」、「義理易例」非約定俗成的一般用法，在朱伯崑易學中，其名為「取義說」、「取象說」，此為學術界的一般表述範式。文中在對《橫渠易說》易例的分析中，提出「以心解《易》」，此說法有待商榷。而在論證、分析中，所取文獻資料基本上未能立足於《橫渠易說》。對「心」與「易」的關係，張載說：「有謂心即是易，造化也，心又焉能盡易之道！」〔註29〕所以此觀點有待於繼續論證其合理性。邵雍有「心易」之說，但二者毫無相似之處。至於「以德解卦」、「援經解《易》」、「以史解《易》」、「以心解《易》」，則屬於解易特徵。有悖於學術界約定俗成的一般認識。論文對《橫渠易說》中的象數思想也缺乏深刻的剖析。作者認為太虛之氣為太極，提出太極之氣之說，此觀點其實是繼承了朱伯崑的觀點，但此說是否恰當，值得商榷，畢竟張載無此說法。太極為易象，像太虛之氣「一物兩體」之性，與形下之氣還是有本質性的區別。作者從天道論、心性論、工夫論三個角度，對《橫渠易說》中的一些核心概念作了辨析，其中也有精彩的論證和新穎的觀點。總體而言，該著作可圈可點，值得參考。

　　學術論文方面，有鄭萬耕《橫渠易學的天人觀》，演繹了張載合天人、兼體用的理論體系；劉學智《〈橫渠易說〉與張載的天人合一思想》，揭示了張載易學中所蘊含的天人合一思想；辛亞民《張載易學數論發微》，文章分析揭示了張載易學中的象數思想；白欲曉《從〈橫渠易說〉到〈正蒙〉——張載哲學本體理論的建構與發展》，從張載哲學發展過程出發，探討了《橫渠易說》和

〔註29〕《張載集》，第 206 頁。

《正蒙》之間的關係；還有王績叔《論張載對〈易〉的研求與演繹》；王利民《論張載之學是易學——與龔傑先生商榷》；孫劍秋《宋儒張載「以易為宗」思想探析》；徐志銳《張載〈易〉學研究》；苟志效《論張載的易學符號學思想》；向世陵《張載「易之四象」說探討》等。以上學術論文都有可借鑒之處。筆者幾篇拙作如《論張載神觀的哲學解構》，《以易為宗——〈橫渠易說〉易象研究》，《「以易為宗」——張載太極本體論探析》，《張載對〈易傳〉「易簡」概念的解讀及其哲學史意義》，對張載易學做了一點探索性的研究，雖有獻曝之忱之意，然一得之愚耳。

　　在國外，由於受語言的障礙和張載著作古奧難懂等原因，張載哲學並沒有引起國外學術界的重視。國外學術界僅限於對《正蒙》、《西銘》做一些基本的翻譯或注釋。而對於文獻的整理，因為難度太大未曾開展。對張載研究的學術論文也主要集中在理學研究層面上。日本學者菰口治《〈正蒙〉的構成與〈橫渠易說〉研究——其文獻學的考察》，載於 1964 年《集刊東洋學》第 12 期。第一次從文獻學的角度去考察《正蒙》與《橫渠易說》的關係，這在國外是第一次，而且對於國內研究關於張載哲學也具有一定的價值。

　　學術界在張載《橫渠易說》文獻著作與思想的相關研究中爭論依舊較多，一些關鍵問題尚無定論，值得繼續探討。本論著從這兩個方面作了相關研究：一是對《橫渠易說》作了文獻考察，如《橫渠易說》三卷本和十卷本之說，《橫渠易說》是否為殘本，最重要的是從宋元時期的易學著作中輯取了一些《橫渠易說》所缺失的材料，對《橫渠易說》文獻作了輯補工作。通過對《橫渠易說》明清諸本之間進行對校，對中華書局本《橫渠易說》的校勘錯誤作了辨誤、糾謬工作；二是對《橫渠易說》作了一定程度的思想研究。這方面的研究，有對以往研究的繼續深入，也有對一些爭議性觀點的辨析，在研究內容上有新的發現，希望能夠對張載易學研究有所推進。

第一章 《橫渠易說》版本研究

　　《橫渠易說》是研究張載易學和哲學的一部重要著作，作為易學史上頗有影響的注本，成書和流傳過程頗為曲折，學人的評價也有所出入，因此值得分析和探討。

第一節 《橫渠易說》版本

　　《橫渠易說》卷本據文獻記載其版本有三卷本和十卷本之說。南宋時期，《郡齋讀書志》著錄為十卷。《直齋書錄解題》著錄為三卷。馮椅《厚齋易學》記載《橫渠易說》為三卷本。元代，《文獻通考》與《宋史·藝文志》均著錄為十卷。元代董真卿《厚齋易學》記載張載著《橫渠易說》三卷。明清版本多為三卷本。如有明代呂柟刻本《橫渠先生易說》二卷本。清代納蘭成德《通志堂經解·橫渠先生易說》三卷本。《四庫全書》本《橫渠易說》三卷本。在《張子全書》諸刻本中，《橫渠易說》皆為三卷本。如明代徐必達《合刻周張兩先生全書》中《張子全書》九至十一卷為《橫渠易說》三卷。其他如沈自彰刻本，喻三畏刻本，張伯行本，葉世倬本，朱軾刻本，夔州李氏刻本，《西京清麓叢本》及《四庫備要》本，均收錄《橫渠易說》三卷。

一、版本說明

　　針對《橫渠易說》有三卷本與十卷本的不同記載，《四庫總目提要》認為：「橫渠《易說》三卷，宋張子撰。《宋志》著錄作十卷，今本惟上經一卷，下經一卷，《繫辭傳》以下《雜卦》為一卷，末有『綜論』十一則，與《宋志》

不合。然《書錄解題》已稱橫渠《易說》三卷，則《宋志》誤也。」潘雨廷提出：「按今存三卷即馮椅所見三卷，《宋志》十字必三字之誤。」〔註1〕認同《四庫總目提要》的推斷。但也有學者提出不同見解，如認為現存《橫渠易說》三卷本可能為原十卷本殘本。日本學者菰口治曾著文考證推測《直齋書錄解題》原本著錄《橫渠易說》三卷有誤，現存《橫渠易說》三卷本可能是殘本。〔註2〕其理由有二：其一，對於記錄《橫渠易說》為三卷本的《直齋書錄解題》一書，據《四庫全書總目》稱：「此書久佚，僅《永樂大典》尚載及完帙，惟當是編輯潦草，訛脫宏多，又卷帙割裂，全失其舊。」〔註3〕其二，菰口治認為《橫渠易說》一書，對《說卦》、《序卦》、《雜卦》的注解太過簡略，因此考慮當為散佚所致。對日本學者的這一見解，國內學者大多只作為其中一觀點而引用，持謹慎存疑態度。而胡元玲則以《大易粹言》和《周易繫辭精義》與《橫渠易說》相對照、比較，考證得出：「證明現今《橫渠易說》確是殘本，如菰口治所推測。」〔註4〕而對於日本學者菰口治認為今存《橫渠易說》三卷本為原《橫渠易說》十卷本殘缺所致，對此說法臺灣學者胡元玲存有疑義。但由於宋本《橫渠易說》已佚，故《橫渠易說》卷本的文獻考證已相當困難。

就《橫渠易說》為三卷本和十卷本之說，筆者贊同《四庫總目提要》及潘雨廷的看法，認為《橫渠易說》當為三卷本。理由如下：

其一，南宋馮椅的《厚齋易學》曾記載《橫渠易說》，此段材料為：

> 《易說》三卷，題橫渠先生，韓元龍刊於建康府，漕臺主管，文字胡大元校勘。按張載字子厚，秦人號橫渠先生，舊坐虎皮與諸生講《易》，一日見程伯淳兄弟，及講《易》輒撤去虎皮，謂諸生曰有二程明《易》，前此所講說未是，可往見之。不知此書子厚晚年以所得刪正邪？或好學者以門人所記錄，與《正蒙》類為此書也。多所發明，有二程未到處。〔註5〕

〔註1〕潘雨廷：《易學史論叢》，上海古籍出版社2007年版，第378頁。

〔註2〕（日）菰口治：《正蒙的構成與橫渠易說研究——其文獻學的考察》，《集刊東洋學》1964年第12期。

〔註3〕《四庫全書總目·卷八十五》，中華書局1995年版，第730頁。

〔註4〕胡元玲：《張載易學與道學：以〈橫渠易說〉及〈正蒙〉為主之探討》，臺灣學生書局印行2004年版，第36頁。

〔註5〕〔宋〕馮椅：《厚齋易學》附錄一，文淵閣《四庫全書》影印本。

這段材料中已經明確記載在南宋時期已有《橫渠易說》的正式刊本,由韓元龍刊於健康府。如果所刊宋本《橫渠易說》三卷本的韓元龍與記載《橫渠易說》為十卷本的《郡齋讀書志》的著者晁公武所處同一時期,那麼就不可能在同一時期有兩種版本的《橫渠易說》。

韓元龍其人,在《宋史》及《宋史翼》中均無傳記記載。在嘉靖《寧國府志》卷八《人文紀(中)》有記載:「韓元龍字子雲,以高祖廕補將仕郎。歷餘杭簿、天台令。……歷右司農卿,請外,終直龍圖閣浙西提刑,引年奉祠卒。元龍性醇孝,未嘗輒去其母左右。與弟尚書元吉友愛甚篤,俱以文學顯,時以比坡(蘇軾)、穎(蘇轍)。」宋嘉定《赤城志》卷十一,記天台縣令:「(紹興)二十五年,韓元龍,元吉之兄,官至大理卿。」〔註6〕《吳郡志·卷第七》記載:「韓元龍:以朝散大夫,司農卿,除直龍圖閣,浙西提刑,淳熙五年十月初四日到任,七年十月初二日主管亳州明道宮。」(《四庫全書總目提要·吳郡志五十卷》,兵部侍郎紀昀家藏影印本)儘管韓元龍生卒已不可靠,但其弟韓元吉的生平卻是比較清晰的。韓元吉(1118~1187)字无咎,開封雍丘人(《全宋詞》謂許昌人),晚居上饒,號南澗翁。淳熙十四年卒,年七十。《宋史翼》有傳,少受業尹焞,呂祖謙為其婿。又嘗舉朱熹以自代,與葉夢得為世交。黃昇《中興以來絕妙詞選》卷三稱其「名家文獻,政事文學為一代冠冕」。有《南澗甲乙稿》七十卷,已佚。四庫館臣自《永樂大典》輯出二十二卷。有自編詞集《焦尾集》,原本已佚,《彊村叢書》輯為《南澗詩餘》一卷。韓元龍為韓元吉胞兄,資料記載去世當在韓元吉之前。元龍死後,元吉曾上書請廕補元龍之孫槊入仕。〔註7〕因此韓元龍與韓元吉生活年代相同。而記載《橫渠易說》為十卷本的《郡齋讀書志》的著者晁公武,生卒年約1104~約1183,可見晁公武與韓元龍所處同一時期。可推斷在同一時期《橫渠易說》沒有理由有十卷本與三卷本之別。即使有,作為《橫渠易說》的刊行者韓元龍也不可能不注意。

其二,對於記載《橫渠易說》為三卷本的《厚齋易學》的著者馮椅,字奇志,一字儀之,號厚齋,朱熹門人。據考證生於宋高宗紹興庚申(1140)

〔註6〕韓酉山:《韓元吉若干事蹟補正》,載於《文學遺產》,2001年第4期,第71頁。

〔註7〕〔宋〕韓元吉撰:《南澗甲乙稿》卷十八《告先兄墓文》:「去冬,復遇郊,遂獲有請,以廕槊孫矣」,中華書局1985年版,第293頁。

之秋，卒於理宗紹興辛卯（1231年）。〔註8〕在韓元龍去世時馮椅應在四十歲左右，如潘雨廷所言：「按今存三卷即馮椅所見三卷」，韓元龍所刊的《橫渠易說》三卷，馮椅應該是見過的。而稍晚於《厚齋易學》的《直齋書錄解題》同樣記載《橫渠易說》為三卷。《直齋書錄解題》為陳振孫所著，陳振孫，字伯玉，號直齋，生於淳熙六年（1179），卒於景定三年（1262）。〔註9〕陳振孫以晁公武的《郡齋讀書志》的書目為藍本，編纂成《直齋書錄解題》。《郡齋讀書志》在理宗淳祐九年（1249）已有刻本，後稱衢本。次年，又有袁本。儘管《直齋書錄解題》以《郡齋讀書志》的數目為藍本，但是對《橫渠易說》卷數的記載二者並不相同。對《直齋書錄解題》一書，《四庫全書總目提要》評價極高，稱之為：「古書之不傳於今者，得籍是以求其崖略；其傳於今者，得籍是以辨其真偽，覈其異同，亦考證之所必資，不可廢也。」《四庫全書總目提要補正》還強調：「解題敘述諸書源流，州分部居，議論明切，為藏書家著錄之準繩。」當然《四庫全書總目》也稱：「此書久佚，僅《永樂大典》尚載及完帙，惟當是編輯潦草，訛脫宏多，又卷帙割裂，全失其舊。」此觀點被日本學者菰口治所引用，以此作為重要依據而懷疑《直齋書錄解題》記載的準確性。但僅憑此評價性的觀點，而要對「考鏡源流，辨章學術」的《直齋書錄解題》一書因其久佚、殘缺而懷疑其編錄的準確性，這種做法本身是不嚴謹的。

根據以上推斷可知，《郡齋讀書志》一書，或由於刊行原因，或由於抄錄的筆誤原因，出現了《橫渠易說》十卷本的錯誤。元代馬端臨在《文獻通考·一百七十六經籍考三》中記載有：「橫渠《橫渠易說》十卷：晁氏曰：其解甚略，《繫辭》差詳。」這明顯是參考了《郡齋讀書志》的結果。

二、成書時間

對於《橫渠易說》的成書時間，張岱年認為「張載在開封講《易》時，可能已經開始寫《橫渠易說》了」。〔註10〕而潘雨廷則更為明確指出「此書是講《易》時由弟子記錄而成。成書時間可以嘉祐元年（1056）論」〔註11〕《宋史·

〔註8〕馮青：《朱熹門人馮椅小傳輯補》，載於《古籍整理研究學刊》2011年第二期，第32頁。

〔註9〕何廣棪：《陳振孫生卒年新考》，《文獻》2001年第1期，第158～161頁。

〔註10〕張岱年：《關於張載的思想和著作》，《張載集》，第15頁。

〔註11〕潘雨廷：《讀易提要》，上海古籍出版社2003年版，第90頁。

張載傳》記載:「嘗坐虎皮講《易》京師,聽從者甚眾。」〔註12〕其時間據呂大臨《橫渠先生行狀》所記為「嘉祐初,見洛陽程伯淳、正叔昆弟於京師,共語道學之要,先生渙然自信曰:『吾道自足,何事旁求!』乃盡棄異學,淳如也。間起從仕,日益久,學益明。」〔註13〕

張載生於宋真宗天禧四年(公元1020年),嘉祐初,即公元1056年,此時張載年37歲。關於張載京師講《易》的時間,據張波考證:「關於張載講《易》的時間,主要有三種說法:一是『嘉祐初』說。呂大臨、李幼武即持此觀點,及繼後的《理學宗傳》、《宋元學案》等從此說。二是『嘉祐二年』說。《武譜》持此說:『嘉祐二年,先生因舉進士至京師,坐虎皮講《易》,故《宋史》特載之,而不云嘉祐初者,異也。』三是『嘉祐元年』說。《歸譜》持此說。以上三說之異,乃是由於對《行狀》中『嘉祐初』理解的不同所致。《行狀》云:『先生嘉祐二年登進士第。』《續資治通鑑長編》卷一八五又載:『(嘉祐二年)春正月癸未。翰林學士歐陽修權知貢舉。先是,進士益相習為奇僻,鉤章棘句,寖失渾淳,修深疾之,遂痛加裁抑,仍嚴禁挾書者。』張載嘉祐二年舉進士當屬無疑,恰逢是年正月逢歐陽修主考。依『正月』考試推測,張載理應提前於嘉祐元年至京師。講《易》並與二程討論學問。又據清池生春、渚星杓《程子年譜》記載,程顥於『嘉祐元年丙申二十五歲至京師』,程頤於『嘉祐元年丙申二十四歲至京,始居河南,再至醴泉。』安情理叔侄亦應此時見面,二程前去拜謁張載,恰逢張載講《易》。故依《歸譜》之說,置此事於是年。」〔註14〕

嘉祐元年,張載於京師坐虎皮講《易》,我們可知此時張載對《周易》的詮釋理解已經成熟於心,《橫渠易說》應該有文本形成,所以潘雨廷的推斷應當準確。假定公元1056年《橫渠易說》已成書,至1077年張載逝世,在此21年期間,《橫渠易說》是束置高閣,還是張載有持續性的研究?對於《橫渠易說》成書時間問題,朱伯崑認為「橫渠易說」為張載前期解易的著作。」〔註15〕張岱年也說「橫渠易說」可能是早年著作。」〔註16〕學術界一般認為《橫渠易說》是張載早年著作,《正蒙》為晚年著作。這種說法的一種傾向是

〔註12〕〔元〕脫脫等:《宋史·卷四百二十七》,中華書局1977年版,第12723頁。
〔註13〕《張載集》,第382頁。
〔註14〕張波:《張載年譜》,西北大學出版社2015年版,第39~40頁。
〔註15〕朱伯崑:《易學哲學史》第二卷,北京:崑崙出版社2005年版,第286頁。
〔註16〕《張載集·關於張載的思想和著作》,第15頁。

認為《橫渠易說》相較於《正蒙》思想還不成熟。此說法的另外一種傾向就是張載與二程論《易》之後基本上就再無修訂過,將很大的時間和精力用在了著述《正蒙》中。筆者認為《橫渠易說》為張載畢生心血之作,不應為早期著作。以下作論證分析:

首先,我們從張載哲學的建構基礎來分析,《宋史》講張載哲學是「以《易》為宗」。這一定位是準確的。「這種哲學體系,同樣是建立在易學的基礎上的,張載就是這一學派的奠基人。」〔註17〕對於哲學代表作《正蒙》,誠如朱伯崑所言:「其中以解說《周易》的原理為主,有些篇如《太和》、《參兩》、《神化》、《大易》、《乾稱》都是直接解說《周易》經傳的。《大易》可以說是其《橫渠易說》的節錄篇。《橫渠易說》中的許多觀點,或收入《正蒙》中,或於《正蒙》中作了進一步發揮。從《橫渠易說》到《正蒙》,說明張載的哲學是以其易學為基礎而發展起來的。」〔註18〕眾所皆知,《周易》對於張載哲學具有其他儒家經典不可比擬的重要性,張載說:「君子未嘗須臾不在《易》」〔註19〕,可知《周易》是張載畢生未曾間斷研究的主要儒學經典,「須臾不在《易》」與「以《易》為宗」互為印證。而《橫渠易說》作為張載對《周易》的認知和闡發,作為張載唯一的易學思想成果,沒有理由認為張載會忽視《橫渠易說》,僅當其為早年的著作置之一邊於不顧。此外,如果《橫渠易說》為張載早期著作,那麼與晚年成熟著作《正蒙》之間或多或少必有義理不契合、不通順之處。迄今為止,學術界未能發現二者之間的哲學觀點有何不同之處。相反,從《正蒙》對《橫渠易說》的摘取比例來看,《橫渠易說》中所涵有的哲學思想當屬於張載成熟的哲學思想。

其次,對於《橫渠易說》的著述經過,其實張岱年的觀點很有啟發性,他把《橫渠易說》與歷史事件相結合,看到了《橫渠易說》的時代特點。張岱年於文章中提到:「張載雖然沒有與王安石合作,但也沒有攻擊新法。張載在所著《橫渠易說》中也講變的必要,他說:『言凡所治務能變而任正,不膠柱也。……心無私繫,故能動必擇義,善與人同者也。』(《隨卦》)『變而通之以盡利,理勢既變,不能與時順通,非盡利之道。』(《繫辭上》)『堯舜而下,通其變而教之也。……運之無形以通其變,不頓革之,使民宜之也。』(《繫辭下》)

〔註17〕《張載集》,第 283 頁。
〔註18〕《張載集》,第 286 頁。
〔註19〕《張載集》,第 180 頁。

『凡變法須是通，通其變使民不倦，豈有聖人變法而不通也。』（同上）他認為情況變了，就應該有所改變，但不應該『頓革』，又要求『善與人同』，取得人們的同意。他反對『頓革』，主張取得人們的同意，這是與王安石的態度很不相同的。」〔註20〕除張岱年所引的以上語句之外，在《橫渠易說》中針對聖人「垂法而治」還有以下語句：

> 聖人與人撰出一法律之書，使人知所向避，《易》之義也。〔註21〕
>
> 「鼓萬物而不與聖人同憂」，聖人之於天下，法則無不善也。
>
> 「鼓萬物而〔不〕與聖人同憂」，此言天德之至也。與天同憂樂，
>
> 垂法於後世，雖是聖人之事，亦猶聖人之末流爾。〔註22〕

可見，在《橫渠易說》中張載就聖人立法或變法的議論是比較多的，如隨卦初九爻辭及對《象辭》與《繫辭》的注釋。張岱年看到了《橫渠易說》中張載關於變法的態度，並與王安石變法聯繫起來，說明張載對王安石變法所持的態度，指出《橫渠易說》講變法是有針對性的。但需要分析的是，《橫渠易說》作為《周易》的注本談論變法，這種現象在《周易》其他諸多注本中是否屬於普遍現象，如果屬於普遍現象，那麼《橫渠易說》談論變法也就再正常不過，當然也就不一定是針對王安石變法。如果不是普遍現象，而《橫渠易說》議論變法只是個別現象，那麼認為《橫渠易說》講變法並無針對性，就顯得難以解釋和讓人信服了。

張載易學體例繼承了王弼注、孔疏，而《周易正義》在唐及之後一直備受重視，一度作為科舉考試的重要必考著作，張載與同時期其他易學家也應當非常熟悉。筆者經過考證認為，在《周易正義》中沒有發現與《橫渠易說》相類似的與變法有關的議論。在晚於《橫渠易說》的《伊川易傳》中也無此相關的議論。在張載以前的易學作品中亦無此方面議論。因此，《橫渠易說》中的關於變法的相關議論應當具有一定的針對性，這種針對性恰恰體現出張載易學的時代性。

如果假設成立，歷史事實應當如此。王安石變法自熙寧二年（1069 年）開始，至元豐八年（1085 年）宋神宗去世結束。如果《橫渠易說》於 1056 年著述完成後並未受到張載重視，那麼《橫渠易說》中關於變法相關議論就不會

〔註20〕《張載集·關於張載的思想和著作》，第 10 頁。
〔註21〕《張載集》，第 181～182 頁。
〔註22〕《張載集》，第 189 頁。

出現，故《橫渠易說》中數條有關變法議論當出自於 1069 年至 1077 年期間。因此，張載在京師論《易》之後，依然非常注重《橫渠易說》的著述，此項工作一直延續到張載晚年。

就變法而言，張載認為變法之事為聖人之事。聖人「教誡」世人，使世人出入有度，有所畏懼，知憂患向避，特撰出「法律」一書。聖人治理天下，實施的法「無不善」，能夠達到治世的功能。張載認為「垂法於後世」雖是繼承聖人的事業，但在他看來今天的變法種種只是「聖人之末流」。他批評立法之事唯「過人者」方能能之，非「常人」能夠立法。變法必須要通暢無礙，民眾歡迎，「豈有聖人變法而不通也」？在變法的具體方法和效果方面，張載批評「治務能變而任正」者，要「善與人同」；「不能與時順通，非盡利之道」；「不頓革之，使民宜之」。可以看出，張載對當時變法之事是持批評、反對態度的。其中也反映出王安石變法確實遇到了阻礙，如張載所說的「變法而不通」。歷史證明，王安石變法確實存在著推行過急，用人不當，損害百姓利益等問題。從王安石變法全過程來看，1069 年變法開始不到一年的時間，變法就遇到了阻力，但其後由於宋神宗的一再堅持，變法才得以繼續，在 1069 至 1072 年間，陸陸續續有新法頒布，直到 1074 年王安石被罷相，變法遭受重挫。1075 年王安石雖再次拜相，但新法卻難以再推行下去。1076 年王安石辭去宰相職務，法令遂逐一被廢止。所以，在 1069 年至 1072 年間，從陸續有法令頒布的情況來看，此時還不能說王安石變法是變而不通的，只能說有阻力，不順暢，但真正能夠說「變法而不通」的應該是 1074 年王安石被罷相，1075 年王安石雖復出，但此時已是強弩之末。故《橫渠易說》中「〔大抵〕立法須是過人者乃能之，若常人安能立法！凡變法須是通，『通其變使民不倦』，豈有聖人變法而不通也」，如果可能，那麼此句的議論時間應當在 1074 年王安石罷相之後。1077 年張載去世，如果 1074 年以後張載還在注解《周易》，那麼把《橫渠易說》說成是張載早年著作的說法是不能成立的。

從具體的歷史事件分析，熙寧二年（1069 年）張載奉召入見。王安石就變法新政請教於張載，而張載卻對曰：「朝廷將大有為，天下之士願與下風。若與人為善，則孰敢不盡！如教玉人追琢，則人亦故有不能。」而「執政默然，所語多不合，寖不悅。」〔註23〕「教玉人追琢」，出自《孟子·梁惠王下》，孟

〔註23〕《張載集》，第 382 頁。

子告訴齊宣王「術業有專攻」的道理，告訴齊宣王不能讓專業人士捨棄本專業觀點而從己，比如得到璞玉萬鎰，就要一定請專業玉人雕琢之。至於治國，如果叫人捨棄所學而從己，這與教玉人琢玉有何分別。張載委婉表達王安石應該「與人為善」，廣採眾家之長，吸取他人優點為我所用，而不是「教玉人追琢」般剛愎自用。即是《橫渠易說》隨卦講的「言凡所治務能變而任正，不膠柱也。處隨之初，為動之主，心無私繫，故能動必擇義，善與人同者也。」〔註24〕張載對王安石的新法的具體措施和途徑有不同看法，二人意見多有不合，王安石對張載不悅。熙寧三年（1070年），張載弟張戩因反對新政，被貶為司竹監。張載不安，遂辭職回到橫渠故居。故從歷史分析，《橫渠易說》中此類議論也應當在1070年之後。

根據以上研究分析得出，《橫渠易說》在1056年張載37歲時已有初稿形成，其著述過程直到張載晚年還在繼續。但終因各種原因，《橫渠易說》未能最終編訂成書。如潘雨廷所言：「且此書似係門人所裒集，未解處甚多，又繁簡失當，略有重複。張子未能親手訂成易之說，惜哉！」〔註25〕

三、通行本《橫渠易說》補正

據記載《橫渠易說》最早的刻本是明嘉靖十七年（1538）呂柟刻本，《張子全書》今見最早的刻本是明萬曆三十四年（1606）徐必達刻本。中華書局本《張載集》以明萬曆四十八年沈自彰鳳翔府《張子全書》官刻本清初翻刻本為底本。中華書局本《張載集》作為「理學叢書」之一，在過去的四十餘年裏為張載哲學研究作出了很大的貢獻，但隨著張載哲學研究的不斷深入，已知此本編校問題頗多，選取《張子全書》古本並非上佳。根據古籍整理的一般要求，首先應當考慮用最早且足的善本，顯然明萬曆三十四年徐必達刻本與沈自彰鳳翔府《張子全書》官刻本清初翻刻本相比較當為首選。通過中華書局本《張載集·橫渠易說》與徐必達刻本中的《橫渠易說》作比堪，得出中華書局本《張載集·橫渠易說》有脫漏、缺失現象。如：中華書局本《張載集·橫渠易說·繫辭上》缺「君子立法必其智周天下之利害，而其道又足以濟天下然後不過。過，失也。」「兩兩，地兩效剛柔之法也。」這種脫漏、缺失現象在徐必達刻本中是不存在的。因此，徐必達本是要優於沈自彰本。

〔註24〕《張載集》，第303頁。
〔註25〕潘雨廷：《讀易提要》，上海古籍出版社，2003年版，第91～92頁。

臺灣學者胡元玲在《張載易學與道學：以〈橫渠易說〉及〈正蒙〉為之探討》一書中以《大易粹言》與《周易繫辭精義》考察得出《橫渠易說》確是殘本，如菰口治所推測。又說「《橫渠易說》原本未必能用《精義》來復原」。如果「《橫渠易說》原本未必能用《精義》來復原」，那麼就不能以《大易粹言》與《周易繫辭精義》考察得出《橫渠易說》且進而證明《橫渠易說》確是殘本，前後說法存在矛盾。通行本《張載集》對《橫渠易說》的編校，其中一個重要的方法就是採用「他校法」，注重以《大易粹言》與《周易繫辭精義》來校勘本書。胡元玲以此方法得出結果：「《粹言》共 7 條 335 字為《橫渠易說》所缺，《精義》共 38 條 2328 字為《橫渠易說》所缺。其中僅 1 條見於《粹言》，有 27 條見於《正蒙》，1 條見於《經學理窟》及語錄。二者共有 46 條 2663 字，是現存《橫渠易說》所缺而為《橫渠易說》原本所有」，證明現今《橫渠易說》確是殘本，如菰口治所推測。」〔註26〕

其實《橫渠易說》作為易學經典著作，其引用情況在宋元時期學界是較為普遍的。在朱震（1072～1138）的《漢上易傳》、馮椅（1140～1231）的《厚齋易學》、鮑雲龍（1226～1296）的《天原發微》、俞琰（1253～1316）的《周易集說》和董真卿的《周易會通》中均有所引用。現摘錄以上五本易學著作中所引取《橫渠易說》的材料，對中華書局本《張載集·橫渠易說》作輯補與辨誤。

（一）今以《橫渠易說》明萬曆三十四年徐必達刻本為底本，與《朱震集》嶽麓書社點校本作比勘，其中《漢上易傳》存有但不見於《橫渠易說》者有 8 條，分別是夬卦 1 條，姤卦 1 條，《繫辭上傳》1 條，《說卦傳》5 條。

1.《夬》：「牽羊者，讓而先之，如是悔亡正故也。」〔註27〕

2.《姤》：「杞周於下者也」。〔註28〕

3.《繫辭上傳》：「辭不鼓舞，則不足以盡神。爻至於變通以盡利，辭至於鼓舞以盡神，則聖人之意，幾無餘蘊矣。」〔註29〕

4.《說卦傳》：「一則神，兩則化，妙萬物者，一則神也。」〔註30〕

〔註26〕胡元玲：《張載易學與道學：以〈橫渠易說〉及〈正蒙〉為主之探討》，臺灣學生書局印行 2004 年版，第 36 頁。

〔註27〕〔宋〕朱震：《朱震集》，嶽麓書社 2007 年版，第 264 頁。

〔註28〕〔宋〕朱震：《朱震集》，第 271 頁。

〔註29〕〔宋〕朱震：《朱震集》，第 435 頁。

〔註30〕〔宋〕朱震：《朱震集》，第 474 頁。

5.《說卦傳》：「游氣紛擾，合而成質者，生人物之萬殊；其陰陽兩端循環不已者，立天地之大義。」〔註31〕

6.《說卦傳》：「地在氣中」。〔註32〕

7.《說卦傳》：「陰氣凝聚，陽在內者不得出，則奮擊而為雷霆；陽在外者不得入，則周旋不捨而為風；其聚有遠近虛實，故風雷有小大暴緩。」〔註33〕

8.《說卦傳》：「聚而有間則風行，風行則聲聞臭達。」〔註34〕

《漢上易傳》中所引與《橫渠易說》相近且有所不同者有3條。習坎卦1條，咸卦1條，萃卦1條。

1.《習坎》：「不能勉成其功，光大其志，此可以為可惜歟！」〔註35〕

《橫渠易說》：「不能勉成其功，光大其志，故聖人惜之曰『祗既平无咎』而已矣」。

2.《咸》：「有意於中，則滯於方體而隘，其無心之謂乎？」〔註36〕

《橫渠易說》：「有意於中，則滯於方體而隘矣。」

3.《萃》：「居得盛位，不能見大人之德，係應於二，故曰『有位』。一本作『未光大也』，無『志』者。」〔註37〕

《橫渠易說》：「居得盛位不能見，以大人之德係應於二，故曰『有位』，履非不正，故无咎。然非君人之大信，為德非厚，不能無悔，故元永貞而後悔亡。」

〔按〕此句斷句，《朱震集》嶽麓書社點校本與中華書局本《張載集》不同，既然「然非君人之大信，為德非厚」，那麼就不會有「大人之德」。《橫渠易說》云：「萃而不見大人之德，吝道也。」「聚而不見大人之德，吝道也。」《萃》卦九五「居得盛位，不能見大人之德」，即《易·繫辭下》：「德薄而位尊，知小而謀大，力小而任重，鮮不及矣。」故中華書局本《張載集》斷句有誤。

〔註31〕〔宋〕朱震：《朱震集》，第478頁。
〔註32〕〔宋〕朱震：《朱震集》，第488頁。
〔註33〕〔宋〕朱震：《朱震集》，第493頁。
〔註34〕〔宋〕朱震：《朱震集》，第506頁。
〔註35〕〔宋〕朱震：《朱震集》，第186頁。
〔註36〕〔宋〕朱震：《朱震集》，第193頁。
〔註37〕〔宋〕朱震：《朱震集》，第279頁。

（二）以《橫渠易說》與《厚齋易學》文淵閣《四庫全書》影印本作比勘，其中《厚齋易學》存有但不見於《橫渠易說》者有6條，分別是乾卦1條，蒙卦1條，《繫辭上傳》2條，《繫辭下傳》1條，《說卦傳》1條。

1.《乾》：「位非所安，故曰或躍；處陰，故曰在淵」。〔註38〕

2.《蒙》：「時中之義甚大，必觀其會通以行其典禮；行其典禮而不達會通，則非時中矣。」〔註39〕

3.《繫辭上傳》：「動物本諸天，以呼吸為聚散之漸；植物本諸地，以陰陽升降偽聚散之漸。物之初生，氣日至而滋息；物生既盈，氣日反而游散。至之謂神，以其伸也：反之為鬼，以其歸也。」〔註40〕

4.《繫辭上傳》：「行鬼神之氣也，氣之所至，有吉有凶。」〔註41〕

5.《繫辭下傳》：「盡吉凶之理，然後人謀作大業生。」〔註42〕

6.《說卦》：「坎離之精，互藏其宅。」〔註43〕

《厚齋易學》文淵閣《四庫全書》影印本中所引與《橫渠易說》相近且有所不同者有25條。咸卦1條，賁卦1條，明夷1條，歸妹2條，豐卦2條，蒙卦1條，革卦1條，《繫辭上傳》8條，《繫辭下傳》6條，《說卦傳》2條。

1.《咸》：「感之道不一：或以同而感，聖人感人心以道，此是以同也；或以異而應，男女是也，二女同居則無感也；感即合也。」〔註44〕

《橫渠易說》：無「感即合也」，此句見《乾稱》。

2.《賁》：「以柔居陰，性為艮至。故志堅行潔，終無尤也。」〔註45〕

《橫渠易說》：「以陰居陰，性為艮至。故志堅行潔，終無尤累。」

3.《明夷》：「進應於四，為三所困，故曰飛垂翼。亦有此象。」〔註46〕

《橫渠易說》：「進應於上，為三所困，故曰『於飛垂翼』。」

〔註38〕《厚齋易學》，卷五，文淵閣《四庫全書》影印本，下引該書，僅隨文注標書名及卷數。
〔註39〕《厚齋易學》，卷三十三。
〔註40〕《厚齋易學》，卷四十三。
〔註41〕《厚齋易學》，卷四十四。
〔註42〕《厚齋易學》，卷四十四。
〔註43〕《厚齋易學》，卷四十七。
〔註44〕《厚齋易學》，卷十八。
〔註45〕《厚齋易學》，卷十四。
〔註46〕《厚齋易學》，卷十九。

〔按〕張載《橫渠易說》傳承王弼易，爻應表現為初與四相應，二與五相應，三與上相應。《明夷》初九本應六四，但被九三所阻，故《厚齋易學》為是。

4.《歸妹》：「九四當速交而為泰，今獨後者，三須而有所待也。」〔註47〕

《橫渠易說》：「九四當速交而為泰，今獨後者，三有所待也，故曰『愆期』。」

5.《歸妹》：「爻應皆陰，故曰士女曰無實。」〔註48〕

《橫渠易說》：「上六與六三皆陰，故士女無實。」

6.《丰》：「凡言往者，皆進而之上也。初九進而上則遇陰而有尚。六二既以陰居陰而又所應亦陰，故往無所發，增疑疾。」〔註49〕

《橫渠易說》：「凡言往者，皆進而之上也。初進而上則（進）〔遇〕陽而有尚。二既以陰居陰而又所應亦陰，故往無所發，愈增疑疾」。

〔按〕張載認為「往」為「進而之上」，初九進而上遇六二，六二為陰，故「初九進而上則遇陰而有尚」，《厚齋易學》為是。

7.《丰》：「爻曰來章，反比賢則明也；象曰有慶，得配於四也。」〔註50〕

《橫渠易說》：「來章，反比陽則明也；有慶，得配於四也。」

8.《蒙》：「但觀蒙者時之所及則道之，乃亨行時也。」〔註51〕

《橫渠易說》：「教者但觀蒙者時之所及則道之，此是以亨行時〔中〕也。」

9.《革》：「虎，文章大，其變故明；豹，文章小，其變故蔚。小人革面，占。」〔註52〕

《橫渠易說》：「虎變文章大，故明；豹變文章小，故蔚。」

10.《繫辭上傳》：「此篇或說《易》書，或說天地，或說人，卒歸一道。雖甚參錯而理則同也。」〔註53〕

《橫渠易說》：「繫之為言，或說《易》書，或說天，或說人，卒歸一道，蓋不異術，故其參錯而理則同也。」

11.《繫辭上傳》：「每玩習，則有所益，所以可樂。」〔註54〕

《橫渠易說》：「玩，玩習也，每讀則每有益，所以可樂。」

〔註47〕《厚齋易學》，卷二十七。
〔註48〕《厚齋易學》，卷二十七。
〔註49〕《厚齋易學》，卷二十八。
〔註50〕《厚齋易學》，卷二十八。
〔註51〕《厚齋易學》，卷三十三。
〔註52〕《厚齋易學》，卷四十一。
〔註53〕《厚齋易學》，卷四十三。
〔註54〕《厚齋易學》，卷四十三。

12.《繫辭上傳》：「富有者，大無外；日新者，久無窮。」〔註55〕

《橫渠易說》：「富有者，大無外也；日新者，久無窮也。」

13.《繫辭上傳》：「『擬之而後言，議之而後動』，不越乎是而已。」〔註56〕

《橫渠易說》：「『擬之而後言，議之而後動』，不越求是而已。」

14.《繫辭上傳》：「聖人之於書，亦有不欲並以一說盡，慮人易知後則不復研究，故或在此說，或在彼說，要終必見，但使學者潛心。」〔註57〕《厚齋易傳》中此句注在「言行，君子之樞機。樞機之發，榮辱之主也。言行，君子之所以動天地也，可不慎乎？」處。

《橫渠易說》：「然聖人之於書，亦有不欲並一說盡，慮易知後則不復研究，故有易有難，或在此說，或在彼說，然要終必見，但俾學者潛心。」此句注在「天一，地二，天三，地四，天五，地六，天七，地八，天九，地十。」處。

15.《繫辭上傳》：「辭不鼓舞則不足以盡神。神主於動，天下之動，皆神鼓之舞之也。」〔註58〕

《橫渠易說》：「天下之動，神鼓之也，神則主於動，故天下之動，皆神為之也。辭不鼓舞則不足以盡神，辭謂《易》之辭也。」

16.《繫辭下傳》：「鴻荒之世，食足而用未備，堯舜通其變，神而化之，以教天下也。」〔註59〕

《橫渠易說》：「鴻荒之世，食足而用未備，堯舜而下，通其變而教之也。」

17.《繫辭下傳》：「陰虛陽實，虛則受。實則施，受則益，施則損。」〔註60〕

《橫渠易說》：「陰虛而陽實，故陽施而陰受；受則益，施則損，蓋天地之義也。」

18.《繫辭上傳》：「五陽一陰，無有間焉。剛柔相求，情也，信也。」《厚齋易學》中此句注在「《易》曰：『自天佑之，吉无不利。』子曰：佑者，助也，天之所助者順也。人之所助者，信也。履信思乎順，又以尚賢也，是以『自天祐之，吉无不利』也」處。

〔註55〕《厚齋易學》，卷四十三。
〔註56〕《厚齋易學》，卷四十四。
〔註57〕《厚齋易學》，卷四十四。
〔註58〕《厚齋易學》，卷四十四。
〔註59〕《厚齋易學》，卷四十五。
〔註60〕《厚齋易學》，卷四十五。

19.《繫辭上傳》:「宜在『立心勿恒』之後,蓋上言『莫益之』,此言多助也。」〔註61〕

《橫渠易說》:「自《易》曰『自天佑之』,此篇宜在『立心勿恒凶』下,蓋上言『莫益之』,故此言多助也。」

20.《繫辭下傳》:「如坤初六驗履霜之已然、察堅冰之將至彰往察來也。」〔註62〕

《橫渠易說》:「如坤初六驗履霜於已然、察堅冰於將至之類。一云:『數往知來』,其義一也。」

21.《繫辭下傳》:「告人當如何時,如何事,若其應,如何則吉,如何則凶,宜動宜靜,丁寧告戒,此因貳以濟民行也。」〔註63〕

《橫渠易說》:「《易》之三百八十四爻變動以寓之人事告人,以當如何時,如何事,若其應也,如何則吉,如何則凶,宜動宜靜,丁寧以為告戒,此因貳以濟民行也。」

22.《繫辭下傳》:「於一卦之義,究始終兩端以求其中者。六爻則各指所之,非卦之質也。」〔註64〕

《橫渠易說》:「於一卦之義,原始要終,究兩端以求其中。六爻則各指所之,非卦之質也」。

23.《繫辭下傳》:「易簡故能悅諸心,知險阻故能研諸慮。」〔註65〕

《橫渠易說》:「易簡故能悅諸心,險阻故能研諸慮。

24.《說卦傳》:「健、動、陷、止,剛之象;順、麗、入、說,柔之體。一陷溺而不得出為坎,一附麗而不能去為離。艮一陽主於兩陰之上,各得其位,而其勢止也。易言光明者,多艮之象。著則明之義也。」〔註66〕

《橫渠易說》:「健、動、陷、止,剛之象;順、麗、入、說,柔之體。」

25.《說卦傳》:「物茂則上柔者必折」。〔註67〕

《橫渠易說》:「物成則止,柔者必折」。

〔註61〕《厚齋易學》,卷四十五。
〔註62〕《厚齋易學》,卷四十六。
〔註63〕《厚齋易學》,卷四十六。
〔註64〕《厚齋易學》,卷四十六。
〔註65〕《厚齋易學》,卷四十六。
〔註66〕《厚齋易學》,卷四十七。
〔註67〕《厚齋易學》,卷四十七。

〔按〕兌☱，外柔內剛，有毀折之象。《橫渠易說》：「物成則止，柔者必折」。

故「成」當為「茂」之誤，「止」當為「上」之誤，《厚齋易學》為是。

（三）以《橫渠易說》與《天原發微》明嘉靖二十九年刻本文淵閣《四庫全書》影印本作比勘，其中《天原發微》存有但不見於《橫渠易說》者有8條。

1. 空虛無物，萬物由之以出。〔註68〕

2. 虛空即氣，減得一天地，便有一尺氣。〔註69〕

3. 地對天，不過地特天中之一物爾。所以言一而大謂之天，二而小謂之地。〔註70〕

4. 天體北高而南下，地體平著乎其中。〔註71〕

5. 一故神，兩故化。兩者，陰陽消長進退。〔註72〕

6. 水火，氣也。故炎上潤下與陰陽升降，土不得而制焉。木之為物，水清則生，火然而不離也。〔註73〕

7. 龍虎鶉龜，乾四德四時。〔註74〕

8. 日月皆是左旋。〔註75〕

（四）以《橫渠易說》與《周易集說》文淵閣《四庫全書》影印本作比勘，其中《周易集說》存有但不見於《橫渠易說》者有4條，分別是《繫辭上傳》3條，《繫辭下傳》1條。

1.《繫辭上傳》：「形聚為物，形潰反原，反原者，其遊魂為變歟！所謂變者，對聚散存亡為文，非如螢雀之化，指前後身而為說也。」〔註76〕

2.《繫辭上傳》：「動物本諸天，以呼吸為聚散之漸；植物本諸地，以陰陽

〔註68〕《天原發微》，卷三，文淵閣《四庫全書》影印本，下引該書，僅隨文注標書名及卷數。

〔註69〕《天原發微》，卷三。

〔註70〕《天原發微》，卷三。

〔註71〕《天原發微》，卷三。

〔註72〕《天原發微》，卷四。

〔註73〕《天原發微》，卷五。

〔註74〕《天原發微》，卷六。

〔註75〕《天原發微》，卷一二。

〔註76〕《周易集說》，卷二十八，文淵閣《四庫全書》影印本，下引該書，僅隨文注標書名及卷數。

升降為聚散之漸；物之初生，氣日至而滋息；物生既盈，氣日反而游散；至之為神，以其伸也，反之為鬼，以其歸也。」〔註77〕

3.《繫辭上傳》：「謂之，名之也，謂直為也。」〔註78〕

4.《繫辭下傳》：「所舉《易》義，是聖人議論到此，因舉《易》義以成之，亦是人道之大且要者也。」〔註79〕

（五）以《橫渠易說》與《周易會通》文淵閣《四庫全書》影印本作比勘，其中《周易會通》存有但不見於《橫渠易說》者有7條，分別是乾卦2條，蒙卦2條，《中孚》、《復》、《无妄》各1條。

1.《乾》：「心大則百物皆通，心小則百物皆病。必寬以居之，則吾之所以學聚問辨者，常見其與心為一矣。然仁者心之全德，生生而不窮也，德至於仁，與天同運，無一息間斷，則吾之所居者，固非徒大而無實，亦非固守而不化者也。此仁以行之，乃學問之極功，君子之成德，龍德正中，所以為九二之大人歟！」〔註80〕

2.《乾》：「鬼神者，二氣之良能也。」〔註81〕

3.《蒙》「禮聞來學，不聞往教。」〔註82〕

4.《蒙》：「九二以剛居中，故能包蒙而吉。」〔註83〕

5.《中孚》：「四比於五，與之合志，雖為下所侵，被傷而去，懷懼而出於義，无咎。」〔註84〕

6.《復》：「復見『天地之心』，咸、恒、遯、壯見『天地之情』。心隱於微，情發乎顯。」〔註85〕

《橫渠易說》：「復言『天地之心』，咸、恒、大壯言『天地之情』。心，內也，其原在內時，則有形見，情則見於事也，故可得而名狀。」

7.《无妄》：「不可避咎趨吉，一是貞勝者也。」〔註86〕

〔註77〕 《周易集說》，卷二十九。
〔註78〕 《周易集說》，卷三十。
〔註79〕 《周易集說》，卷三十三。
〔註80〕 《周易會通》，卷一，文淵閣《四庫全書》影印本，下引該書，僅隨文注標書名及卷數。
〔註81〕 《周易會通》，卷一。
〔註82〕 《周易會通》，卷二。
〔註83〕 《周易會通》，卷二。
〔註84〕 《周易會通》，卷三。
〔註85〕 《周易會通》，卷五。
〔註86〕 《周易會通》，卷六。

小結

（一）張載《橫渠易說》在《漢上易傳》、《厚齋易學》、《天原發微》、《周易集說》、《周易會通》這五種重要的著作中都有引用，說明張載《橫渠易說》在宋元時期也廣為流傳，被當時的易學界所熟知，也可證實宋元時期的《橫渠易說》版本與明清諸本有所不同，明清諸本為殘本。

（二）《橫渠易說》的流傳過程頗為複雜，根據所引取的材料看，《橫渠易說》在宋元時期可能至少有兩個版本，表現在明清本《橫渠易說》中都有「一本云」字樣。

（三）《厚齋易學》所引材料可證明清《橫渠易說》刻本存有錯誤，例如：

1.《厚齋易學・明夷》初九所引：「進應於四，為三所困，故曰飛垂翼。亦有此象。」《橫渠易說》：「進應於上，為三所困，故曰『於飛垂翼』。」

〔按〕《明夷》初九與六四有應，無初爻與上爻有應之說。

2.《厚齋易學・豐》六二所引：「凡言往者，皆進而之上也。初九進而上則遇陰而有尚。六二既以陰居陰而又所應亦陰，故往無所發，增疑疾。」

《橫渠易說》：「凡言往者，皆進而之上也。初進而上則遇陽而有尚。二既以陰居陰而又所應亦陰，故往無所發，愈增疑疾。」

〔按〕《丰》初九爻辭曰「往有尚」，六二曰「往得疑疾」，故《橫渠易說》曰：「凡言往者，皆進而之上也。」首先，六二此處引出初九，應當指向為初九進而上遇六二。其次，如果「初進而上則遇陽而有尚」，那麼「遇陽」當指爻九四。而九四，張載說：「無應於下」，即初九與九四無應，那麼應為初九進而上遇六二，「初九進而上則遇陰而有尚」，如《厚齋易學》所引。

3.《厚齋易學・說卦傳》所引：「物茂則上柔者必折」。《橫渠易說》：「物成則止柔者必折」。中華書局本斷句為：「物成則止，柔者必折」。在南宋俞琰《周易集說》、王夫之《張子正蒙注》與《宋元學案》中均引為「物成則上柔者必折」，故《橫渠易說》「止」為「上」字之誤，中華書局本斷句有誤。

〔按〕愚以為此句當為《厚齋易學》所引。「物成」應為「物茂」之誤。兌，為毀折，內剛外柔，象草木物茂盛而最上者柔且易折，物成而上柔者必折，句意似難以說通。

本章總結

「君子未嘗須臾不在《易》」，《周易》是張載早期就加以研究的儒家經典，《橫渠易說》在張載 37 歲京師論《易》之時已有初稿，是張載多年研習《周

易》的心血之作。《横渠易說》與《正蒙》聯繫緊密,《正蒙》中所引取《横渠易說》的材料達到四分之一之多,說明《横渠易說》所涵有的哲學思想屬於張載的成熟的哲學思想。《横渠易說》是張載發軔之作,經過對成書時間進行考證、分析,《横渠易說》著述雖早但完善過程卻不曾間斷,足以貫徹張載的整個學術生涯,而張載晚年仍對《横渠易說》精心打磨。張載哲學「以《易》為宗」,《横渠易說》屬於張載唯一且重要的易學著作,其在張載去世之後由其弟子編訂而成。後由於三呂、蘇昞等弟子投奔二程,由於關學衰落等歷史原因,《横渠易說》文本在流傳過程中有一定的散佚。《横渠易說》乃張載易學扛鼎之作,影響深遠,在宋元時期也廣為流傳,被諸多易學大家所引用,所幸其中有《横渠易說》部分散佚材料留存。《横渠易說》明清刻本,其中以徐必達刻本最為完善,其刻本時間早且足,本章內容研究以徐必達刻本為底本,摘錄、辨析了宋元時期五本易學著作所引用《横渠易說》的材料,對中華書局本《張載集·横渠易說》進行了輯佚與辨誤。隨著張載哲學研究的繼續開展,可能會有其他《横渠易說》散佚材料陸續被發現、補充進來。

第二節　通行本《横渠易說》辨誤

　　林樂昌《張子全書》編校本出版之前,以供學者所使用的《横渠易說》出自於中華書局「理學叢書」的《張載集》,出版於 1978 年 8 月,由著名出版家章錫琛(1889～1969)點校,影響深遠,流傳廣且發行量大,為海內外學者研究張載哲學思想提供了比較完整的原始文獻,「作為被研究者廣泛使用的通行本發揮了非常重要的作用。不少文獻學和中國哲學研究工作者高度評價《張載集》的整理工作,認為這是『目前最好的版本』。」〔註87〕為了行文方便,以下簡稱「通行本」。林樂昌在《通行本〈正蒙〉校勘辨誤》一文中指出了通行本中的關於《正蒙》及其他部分的錯誤,並進行了辨析。認為通行本《正蒙》所出現的校勘錯誤主要有兩個原因:「一是其選本有局限,即囿限於清代版本,而未能據宋、明古本進行本校和對校,結果導致文字訛誤衍脫頻頻出現;二是其校勘方法有偏差,即偏好於依他書校改本書,具體分析則包括依他書對本書分別改字、刪字、補字等種種情形。從這兩方面的關係看,由於校勘者限

〔註87〕林樂昌:《通行本〈正蒙〉校勘辨誤》,載於《張載理學與文獻探研》,人民出版社 2016 年版,第 167 頁。

於條件不瞭解《正蒙》版本源流的全局，結果便只能捨宋、明本而單用清本；又由於校勘方法的偏差，則進一步加劇了通行本《正蒙》文字的訛謬程度。」〔註88〕通行本《張載集》「以明萬曆四十八年沈自彰鳳翔府《張子全書》官刻本清初翻刻本為底本，用眉縣本、朱軾刻本、《正誼堂叢書》本及《張子抄釋》等互校，同時以《周易繫辭精義》（古逸叢書本）參校，書中各篇互見的文字也作了內校。」〔註89〕經過研究，筆者發現通行本《張載集・橫渠易說》中也存有校勘錯誤等情況。《橫渠易說》作為張載哲學的奠基之學，與《正蒙》有著極其緊密的聯繫，如林樂昌所說：「《正蒙》是一部思想性很強的哲學著作，通行本由上述偏愛他校法而導致的誤校，若不能及時發現並加以糾正，就勢必讓研究者陷入『日讀誤書而不知』的處境，其後果不僅使讀者無法窺見古本原貌，而且也會給研究工作帶來誤導，輕者曲解文義，重者甚至顛倒文義、混淆義理，最終無從獲得正確的研究結論。古籍的文本解讀，是思想詮釋的基礎；而校勘工作則又是文本解讀的基礎。」〔註90〕在 2015 年由林樂昌編校，西北大學出版社出版的《張子全書》，此本以清康熙十九年納蘭性德刻本《通志堂經解》之《橫渠易說》三卷為底本，以明徐必達《橫渠易說》三卷本、清乾隆摘藻堂《四庫全書薈要》之《橫渠易說》三卷本為對校本，以章校本為參校本。此著作較之中華書局本《張載集》更為科學、細緻和完善，張載文獻著作對張載哲學研究而言有大本大宗之作用，此本秉要執本，精益求精，對推進張載學術研究意義重大。（本書因要到對中華書局本《張載集・橫渠易說》做文獻校勘辨誤及文獻補正等，為避免混亂，故未使用林樂昌編校的《張子全書》，特作說明。）

明萬曆三十四年徐必達刻本《合刻周張兩先生全書》為清內府藏本，全書共二十二卷。其中有《周敦頤全書》七卷，《張子全書》十五卷，《橫渠易說》為三卷。此本優勢有二，其一，徐必達本時間較前，呂柟本《橫渠易說》雖為最早版本，但原三卷只存二卷，無《繫辭》。所以呂本殘缺不全；其二，徐必達本為清內府藏本，藏本保存完整。以陳垣「四校法」觀通行本《橫渠易說》，其中對校之處僅有六處，對校也僅以通志堂本對校，而以本校與他校最多。今

〔註88〕林樂昌：《通行本〈正蒙〉校勘辨誤》，載於《張載理學與文獻探研》，人民出版社 2016 年版，第 168 頁。

〔註89〕《張載集》，第 1 頁。

〔註90〕林樂昌：《通行本〈正蒙〉校勘辨誤》，載於《張載理學與文獻探研》，人民出版社 2016 年版，第 171 頁。

以徐必達本與通行本之底本、朱軾本、四庫本、四庫薈要本、正誼堂本對校，對通行本《橫渠易說》出現的校勘錯誤加以辨析。

以下先對通行本《橫渠易說》的辨誤體例略作說明。

1. 筆者將每一辨誤案例分為「正文」和「按」兩個部分，其中正文部分，附《易經》原文與張載《易說》，以便讀者相互對照、辨析。

2. 每一段正文，都是經筆者重新校勘的文本。筆者校勘所用的版本系統是：明代徐必達本（簡稱徐本）為底本，以明代沈自彰本（簡稱沈本）、清代張伯行本（簡稱張本）、清代賀瑞麟本（簡稱賀本）、清代朱軾本（簡稱朱本）為校本。以上版本，由宋至清，可大致呈現《橫渠易說》版本源流的主脈。

3.「按」中的「辨誤」，在「辨誤」中，筆者將有針對性地進行辨誤糾謬工作。

（1）《蠱》蠱。元亨，利涉大川。元亨然後利涉大川。先甲三日，後甲三日。《彖》曰：蠱，剛上而柔下，巽而止，蠱。

徐本《橫渠易說》：「憂患內萌，蠱之謂也。泰終反否，蠱之體也，弱而止，待能之時也。」

〔按〕「弱而止」，通行本疑當依《彖辭》作「巽而止」。〔註91〕明沈本、清張本、賀本、朱本皆同於徐本。

辨析：巽為柔，亦可為弱。如大過，巽下兌上，張載說：「陽剛過實於中，本末過弱於外，故當過矯相與也。」〔註92〕「扶衰於上，使枯木生稊，拯弱於下，使微陰獲助，此剛中下濟之功，亦自獲助於物也。」〔註93〕張載以為大過初六，巽下陰爻為弱。又如習坎，張載說：「險難之際，弱必附強，上下俱陰，求必見從，故求則必小得，然二居險中而未出也。」〔註94〕九二弱附於九五之強。「弱而止」是對「巽而止」的注解，故不必改動。

（2）大畜：大畜。利貞，不家食，吉，利涉大川。《彖》曰：大畜，剛健篤實輝光，日新其德。剛上而尚賢，能止健，大正也。「不家食吉」，養賢也。「利涉大川」，應乎天也。象曰：天在山中，大畜，君子以多識前言往行以畜其德。

〔註91〕《張載集》，第104頁。
〔註92〕《張載集》，第119頁。
〔註93〕《張載集》，第120頁。
〔註94〕《張載集》，第121頁。

徐本《橫渠易說》：「陽卦在上，而上九又在其上，故曰『剛上而尚賢』。強學者往往心多好勝，必無心處一乃善也。定然後始有光明，惟能定已是光明矣，若常移易不定，何求光明！」

〔按〕「必無心處一乃善也」，通行本依文義改「一」為「之」字，作「必無心處之乃善也」；「何求光明」，通行本依文義改「求」為「來」字，作「何來高明」。〔註95〕明清諸本皆同於徐本。其中「善」字，徐本與沈本皆同，其他諸本作「養」。

辨析：「必無心處一」意為「必無一心」，是針對「心多好勝」而言，張載說：「求心之始如有所得，久思則茫然復失，何也？夫求心不得其要，鑽研太甚則惑。心之要只是欲平曠，熟後無心如天，簡易不已。今有心以求其虛，則是已起一心，無由得虛。切不得令心煩，求之太切則反昏惑，孟子所謂助長也。孟子亦只言存養而已，此非可以聰明思慮，力所能致也。」〔註96〕「心之要只是欲平曠，熟後無心如天，簡易不已。今有心以求其虛，則是已起一心，無由得虛。」便是對「無心處一」的注解。「心處一」亦同「靜一」。《莊子‧刻意》：「純粹而不雜，靜一而不變。」成玄英疏：「縱使千變萬化，而心恒靜一。」坤卦六三，張載說：「六三以陰居陽，不獨有柔順之德，其知光大，含蘊文明，可從王事者也。然不可動以躁妄，故可靜一以俟時；不可有其成功，故無成乃有終也。」〔註97〕「善」為好，意指此心是好。其他諸本誤以為「存養」之「養」。大畜，乾下艮上。艮有光明之象。張載說：「人心多則無由光明」〔註98〕，「象曰：天在山中，大畜，君子以多識前言往行以畜其德。」「前往」，故當求之。

（3）習坎六三，來之坎坎，險且枕，入於坎窞勿用。象曰：「來之坎坎」，終無功也。

徐本《橫渠易說》：「前之入險退來，枕險入窞，與初六同。」

〔按〕通行本稱依爻辭改「來」為「求」字，此句為：「前之入險退求，枕險入窞，與初六同。」〔註99〕明清諸本皆同於徐本。

辨析：六三爻辭曰：「來之坎坎」，張載說：「前之入險退來」，指爻初六退

〔註95〕《張載集》，第 117 頁。
〔註96〕《張載集》，第 269 頁。
〔註97〕《張載集》，第 81 頁。
〔註98〕《張載集》，第 85 頁。
〔註99〕《張載集》，第 122 頁。

至六三，初六爻辭說：「入於坎窞」，所以張載說：「枕險入窞，與初六同。」
通行本稱依爻辭改「來」為「求」字，「求」字見於九二爻辭，爻辭曰：「九二，
坎有險，求小得。象曰：『求小得』，未出中也。」張載說：「險難之際，弱必
附強，上下俱陰，求必見從，故求則必小得，然二居險中而未出也。」九二「弱
必附強」，「強」指九五，所以九二所求當指求於九五，不會求於六三。且九二
陽爻怎會退於六三陰爻？故通行本改「來」為「求」字，誤矣。

（4）《繫辭上》：「天尊地卑，乾坤定矣；卑高以陳，貴賤位矣。」

徐本《橫渠易說》：「先分天地之位，乾坤立則方見《易》，故其事無非《易》
也。…所以先言天地，乾坤《易》之門戶也。…物物象天地，不曰天地而乾坤
云者，言其用也。」

〔按〕「故其事無非《易》也」，通行本依《精義》改為「故其事則莫非《易》
也」。「不曰天地而乾坤云者」，通行本依《精義》改為「不曰天地而曰乾坤者」。
〔註100〕明清諸本皆同於徐本。

辨析：「故其事無非《易》也」雖與「故其事則莫非《易》也」義同，但
相較更為精練。「不曰天地而乾坤云者」與「不曰天地而曰乾坤者」其實一也，
應遵原本，此外，在《繫辭》中，張載也有類似的語句，如：「『變化進退之象』
云者」，〔註101〕「『吉之先見』云者。」〔註102〕

（5）《繫辭上》：「乾知大始，坤作成物；乾以易知，坤以簡能。」

徐本《橫渠易說》：「天地雖一物，理須從分別。太始者語物之始，乾全體
之而不道，故無不知也，知之先者蓋莫如乾成物者，物既形矣，故言作，已入
於形氣也，初未嘗有地而乾漸形，不謂知作，謂之何哉？」

〔按〕通行本依《精義》改「不謂知作」之「知」為「之」字。〔註103〕
明清諸本皆同於徐本。

辨析：根據上下文可知，此處「知作」，指乾知大始之「知」，坤作成物之
「作」，因此通行本改有誤。

（6）《繫辭上》：「仰以觀於天文，俯以察於地理，是故知幽明之故；原始
反終，故知死生之說。」

〔註100〕《張載集》，第 177 頁。
〔註101〕《張載集》，第 180 頁。
〔註102〕《張載集》，第 221 頁。
〔註103〕《張載集》，第 178 頁。

徐本《橫渠易說》:「氣聚則離明得施而有形,氣不聚則離明不得施而無形。方聚也,安得不謂之有?方其散也,安得遽謂之無?故聖人仰觀俯察,但云『知幽明之故』,不云『知有無之故』。」

〔按〕通行本依《正蒙》改「安得不謂之有」為「安得不謂之客」。〔註104〕《精義》、明清諸本皆同於徐本。

辨析:氣聚為客形,此種說法在《橫渠易說》中未見,在《正蒙》中有兩處,見《太和篇》。以聚為有,以散為無,此處是《橫渠易說》對王注孔疏以有無論《易》的批評。

(7)《繫辭上》:「與天地相似,故不違;知周乎萬物而道濟天下,故不過;旁行而不流,樂天知命,故不憂。」

〔按〕通行本依《精義》引《正蒙》補:「意,有思也;必,有待也;固,不化也;我,有方也。四者有一焉,則與天地不相似。」明清諸本皆無此句。〔註105〕

辨析:《橫渠易說》與《正蒙》本自不同,雖《正蒙》中有大量材料取自於《橫渠易說》,但文字不同之處也多,故引《正蒙》中此條補《橫渠易說》不妥。

(8)《繫辭上》:「與天地相似,故不違;知周乎萬物而道濟天下,故不過;旁行而不流,樂天知命,故不憂。」

徐本《橫渠易說》:「如天地無私,則於道不離,然遺物而獨化,又過乎大中之表也。故下文曰:範圍天地之化而不過,曲成萬物而不遺,通乎晝夜之道而知。」

〔按〕「故下文曰:範圍天地之化而不過,曲成萬物而不遺,通乎晝夜之道而知。」〔註106〕通行本依《精義》刪改為:「故下文曰範圍而不過,曲成而不遺。」明清諸本皆同於徐本。

辨析:「範圍天地之化而不過,曲成萬物而不遺,通乎晝夜之道而知。」此為《繫辭》原文,張載特引出下文。不知通行本刪改理由何在。

(9)徐本《橫渠易說》:「君子立法必其智周天下之利害,而其道又足以濟天下,然後不過,過,失也。」

〔註104〕 《張載集》,第182頁。
〔註105〕 《張載集》,第185頁。
〔註106〕 《張載集》,第185頁。

〔按〕此句在「未能周萬物，則必有過。過，失也。」之後，為通行本所缺。〔註107〕明清諸本皆有。

（10）《繫辭上》：「範圍天地之化而不過。」

通行本《橫渠易說》補：「窮理盡性，然後至於命；盡人物之性，然後耳順；與天地參，無意、必、固、我，然後範圍天地之化；從心不踰矩，老而安死，然後不夢周公。」〔註108〕

〔按〕「範圍天地之化而不過」處，通行本依《精義》引《正蒙》補。

辨析：《橫渠易說》與《正蒙》本自不同，引《正蒙》中此條補《橫渠易說》不妥。

（11）《繫辭上》：「範圍天地之化而不過。」

通行本《橫渠易說》：「過則溺於空，淪於靜，既不能存其神，又不能知夫化矣。大抵過則不是著有，則是著無，聖人自不言有無，諸子乃以有無為說，說有無，斯言之陋也。在易則惟曰神，則可以兼統。」

〔按〕通行本認為：《精義》引「張氏曰」下無此文，惟於「呂氏曰」下載首四句，顯係呂大臨之說混入。〔註109〕「過則溺於空，淪於靜，既不能存其神，又不能知夫化矣。」此句明清諸本與徐本同。

辨析：此句亦見於《正蒙·神化篇》，〔註110〕可知通行本誤判。

（12）《繫辭上》：「繼之者善也，成之者性也。」

徐本《橫渠易說》：「言繼繼不已者善也，其成就者性也。仁知各以成性，猶仁禮以成性，勉勉而不息，可謂善成，而存存在乎性。」

〔按〕「猶仁禮以成性，勉勉而不息」，通行本依《精義》刪改為「猶勉勉而不息」。〔註111〕明清諸本與徐本同。

辨析：張載以為仁知各以成性如同仁禮以成性，知，是指知禮。仁與禮相得益彰，相互促進，才可以成天地之性。張載說：「學之行之而復疑之，此習矣而不察者也。故學禮所以求不疑，仁守之者在學禮也。」〔註112〕又曰：「禮所以持性，蓋本出於性，持性，反本也。凡未成性，須禮以持之，能守禮已不

〔註107〕 《張載集》，第185頁。
〔註108〕 《張載集》，第186頁。
〔註109〕 《張載集》，第186頁。
〔註110〕 《張載集》，第18頁。
〔註111〕 《張載集》，第187頁。
〔註112〕 《張載集》，第265頁。

畔道矣。」〔註113〕又曰：「虛者，仁之原，忠恕者與仁俱生，禮義者仁之用。」〔註114〕故此處刪改有誤。

（13）《繫辭上》：「繼之者善也，成之者性也。」

徐本《橫渠易說》：「知微知彰，不捨而繼其善，然後可以成之性矣。」

〔按〕通行本依《學案》改「成之性」為「成人性」。〔註115〕

辨析：「成人性」，此種說法不見於《張載集》，成性，主要指成天地之性，聖人之性。

（14）《繫辭上》：富有之謂大業，日新之謂盛德。

徐本《橫渠易說》：「『日新之謂盛德』，過而不有，不凝滯於心知之細也。非盛德日新，惟日新，是謂盛德。義理一貫，然後日新。」

〔按〕「不凝滯於心知之細也」，通行本依《精義》刪改為「凝滯於心，知之細也」。〔註116〕明清諸本與徐本同。

辨析：此句亦出《正蒙》，《正蒙》中，通行本亦依《精義》刪補，原句為：「『日新之謂盛德』，過而不有，凝滯於心，知之細也，非盛德日新。惟日新，是謂盛德。」通行本解釋說：「此謂『過而不有』與『凝滯於心』，二者雖若不同，然皆『知之細也，非盛德日新』。各家注釋皆依誤文立說，斷句各異，因而致誤。」〔註117〕通行本《正蒙》中補十二字，實屬斷句之需要。否則也無補之必要。從《正蒙》中未有後十二字來判斷，此處斷句在「知之細也」處。從各注家之注釋情況來看，此句有兩種斷法，一是：「『日新之謂盛德』，過而不有，凝滯於心，知之細也。」一是：「『日新之謂盛德』，過而不有，凝滯於心知之細也。」斷法不同，其義自不同。前一斷法的注釋有如下：

吳訥曰：「日新之謂盛德」，謂大德。「過而不有，不凝滯於心」，謂小德。「過而不有，不凝滯於心」，猶十二篇「涉而不有，過而不存」之意。餘本曰：過，事物之過也。「不有」，即是「不凝滯於心」，與「有所忿懥」之「有」字同義。「知之細」，猶言察之精也。此三句是解「日新之謂盛德」。人之天理間斷而德不盛，非其性之有虧也，但以心累於物慾，而察理有不精思耳。「日新之謂盛德」，蓋謂其事至能應，事過即水消霧釋，不至有之凝滯於心而不化。

〔註113〕《張載集》，第390頁。
〔註114〕《張載集》，第325頁。
〔註115〕《張載集》，第188頁。
〔註116〕《張載集》，第190頁。
〔註117〕《張載集》，第33頁。

如此則是察理精細，制於外因可以養其中，物慾不行德性常用，心得其正而日新無窮矣，故謂之「盛德」。不然，則欲動情勝，必將人化物而滅天理，安能日新而德至於盛乎！劉璋曰：「過」，事之過也。「不有」，即是不凝滯於心，與「有所忿惕」之「有」字同義。「知之細」，猶言察之精也。言《易》謂「日新之謂盛德」者何也？人惟凝滯於物而察理不精，是以德亦日晦而不盛矣。苟事至能應，過而即消，使心常存而不死，則察理精詳，纖惡必盡，而日新無窮矣，豈不足以為盛德哉？黃百家曰：不有、不凝、不滯，無宿物於心，所以謂日新之盛，非不二過之解也。「知之細」句頗無謂，先生意謂心既浩然太虛，而又須周知文理，密察日新，方兼富有。〔註118〕

後一斷法的注釋有如下：

王夫之曰：日新盛德，乾之道，天之化也。人能體之，所知所能，皆以行乎不得不然而不居，則後日之德非倚前日之德，而德日盛矣。時已過而猶執者，必非自然之理，乃心知緣於耳目一曲之明爾，未嘗不為道所散見，而不足以盡道體之弘。王植曰：此以「過而不有」解「日新」，就已成之德言，非用功語。諸家以「不凝滯於心」為句，雖亦可通。但以「知之細」為察之精，未確。亦與日新之義不合。前《大心篇》「心知廓之，莫究其極」，亦心知連用。張棠、周芳曰：承上文言。人雖同有所得而性為氣質所拘，故往往執其所有而德不加崇。若能於己之所得一過不留而不凝滯於心知之小，則有日新之功而其為德也盛矣。心知之小者，即氣質也。「日新之謂盛德」見《易大傳》。華希閔曰：日新者，與日俱新，遷流不滯，不以心知與乎其閒也。其德豈不盛歟？〔註119〕

筆者以為通行本斷法有誤，「過而不有」與「凝滯於心」，前後矛盾，且與「知之細」毫無聯繫，其義不通。前一斷法在解釋「知之細」處，前後句意不順，終覺牽強。因此，此句斷法當為第二種斷法。「過而不有，不凝滯於心知之細也。」「心知」連用，見於《大心篇》「心知廓之，莫究其極」，〔註120〕《樂器篇》「婦人能此，則險詖私謁害政之心知其無也。」〔註121〕此句其旨在於大其心，如《大心篇》所論：「世人之心，止於聞見之狹。聖人盡性，不以見聞梏其心，其視天下無一物非我，孟子謂盡心則知性知天以此。天大無外，故有外之心不足以合天心。見聞之知，乃物交而知，非德性所知；德性所知，不萌

〔註118〕林樂昌：《正蒙合校集釋》下，中華書局2012年版，第498頁。
〔註119〕林樂昌：《正蒙合校集釋》下，中華書局2012年版，第498頁。
〔註120〕《張載集》，第25頁。
〔註121〕《張載集》，第56頁。

於見聞。」「由象識心，徇象喪心。知象者心，存象之心，亦象而已，謂之心可乎？」「人病其以耳目見聞累其心而不務盡其心，故思盡其心者，必知心所從來而後能。」「過而不有」，謂事過而不存於心，德性不以見聞所萌所累。「不凝滯於心知之細也」，猶不「止於聞見之狹」，心知過細，執於「意、必、固、我」，則無以體道，德自然不進。林樂昌說：「『不凝滯於心』，章校本依《周易繫辭精義》刪『不』字作『凝滯於心』。（《張載集》，第 33 頁）宋文粹本、明清諸本皆同於鳴道本。愚按：『不凝滯於心』，意為心不為外物之跡所累，與本章後文所言『無方體』、『無我』之意涵一致。與此類似之語，張載屢屢言之，義近者有『體不偏滯，乃可謂無方無體』。（《正蒙・乾稱篇第十七》，第 65 頁）明清諸儒劉儓、高攀龍、徐必達、楊方達等各家所撰《正蒙》注本，皆作『不凝滯於心』，從未見有作『凝滯於心』者。章校輕率刪字，不知其義正悖反矣，不可從。」〔註 122〕

「非盛德日新，惟日新，是謂盛德。」這裡，張載認為日新在盛德之前與在其後意義是不同的，在前其義為「惟日新，是謂盛德」，日新至於盛德，其為「乾乾進德」之漸進過程，在其後，則為「盛德日新」，張載說「非盛德日新」，即已盛德，是否有日新之必要，即使有此必要，盛德日新還為盛德，此乃同一反覆，毫無意義。所以，道德日益增進、更新，才可至於盛德，這是「日新之謂盛德」的過程。

（15）《繫辭上》：「大衍之數五十，其用四十有九」處。

徐本《橫渠易說》：「『大衍之數五十，其用四十有九』，天地之數也，一固不為用。『天一，地二，天三，地四，天五，地六，天七，地八，天九，地十。』夫混然一物，無有終始首尾，其中何數之有？然言者特示有漸爾，理須先數天，又須先言一，次乃至於十也。」

〔按〕「然言者特示有漸爾」，通行本稱依《精義》刪補為「然此言特示有漸爾」，「又須先言一」，通行本稱依《精義》補為「又必須先言一」。「夫混然一物」，通行本誤以為「天混然一物」。明清諸本與徐本同。

辨析：從上下文來判斷，此處為「夫」是準確無誤的。大衍象天地，相雜混然，無始無終。大衍之數由天數、地數構成，為何其中有數？張載認為這是顯示天地逐漸生成的過程，理當從天開始，所以先言天一。大衍之數象象徵天

〔註 122〕林樂昌：《通行本〈正蒙〉校勘辨誤》，載於《張載理學與文獻探研》，人民出版社 2016 年版，第 178 頁。

－46－

地的生成、演化過程，天地混然一物，所以此處端不能獨講天，故當為「夫」。通行本校勘有誤。

徐本《橫渠易說》：「極_{兩兩}，是為天參。數雖三，其實一也，象成而未形也。_{兩兩}，地兩效剛柔之法也。七離九。六坎八。」

〔按〕通行本依《精義》補正為：「極兩兩，是為天參。數雖三，其實一也，象成而未形也。地兩兩，剛亦效也，柔亦效也。七離九。六坎八。」1〔註123〕明清諸本與徐本同。

辨析：「參天兩地」，張載解釋說：「地所以兩，分剛柔男女而傚之，法也；天所以參，一太極兩儀而象之，性也。」〔註124〕其實張載此處所要展示的是天地萬物生成的圖式。張載說：「乾坤（止）〔正〕合為坎離，〔坎離〕之數當六七，精為日月，粗為水火，坎離合而後萬物生。得天地〔之〕最靈為人，故人亦參為性，兩為體，推其次序，數當八九。八九而下，土其終也，故土之為數終於地十。過此以往，萬億無窮，不越十終反一而已。陽極於九，陰終於十，數乃成，五行奇耦乃備。過此周而反〔復〕始，滋至無算，不越於是。陽用其極，陰不用極而用六者，十者，數之終，九之配也。地無逾天之理，終於其終而已焉。」〔註125〕

此句應依徐本訂正為：「極_{兩兩}，是為天參。數雖三，其實一也，象成而未形也。_{兩兩}，地兩效剛柔之法也。七離九。六坎八。」

徐本《橫渠易說》：「閏常不及三歲而再至，故曰『五歲再閏』。」

〔按〕「三歲」，通行本改為「五年」。〔註126〕明清諸本與徐本同。

辨析：《周易正義》說：「『五歲再閏』者，凡前閏後閏，相去大略三十二月，在五歲之中，故五歲再閏。」〔註127〕三十二月不到三年，所以此處當為三歲，通行本改有誤。

（16）《繫辭上》：「子曰：『知變化之道者，其知神之所為乎！』」

徐本《橫渠易說》：「聖人之進，豈不自見！今在學者區別是非，有化於神者，猶能知之，況聖人乎！易言『窮神知化』，又言『知變化之道』，安得不知！」

〔按〕「有化於神者」，通行本依《精義》改為「有化於善者」。「安得不

〔註123〕《張載集》，第195頁。
〔註124〕《張載集》，第10頁。
〔註125〕《張載集》，第195頁。
〔註126〕《張載集》，第196頁。
〔註127〕李學勤主編：《周易正義》，北京大學出版社1999年版，第281頁。

知」，依通行本《精義》後重文補為「知變，化安得不知。」〔註128〕明清諸本與徐本同。

辨析：通行本依《精義》改「神」為「善」不妥，「有化於神者」，張載是指學者能知化，能知為神所化之事。而聖人卻能「窮神知化」，窮神為最高境界，張載說：「《易》所以明道，窮神則無《易》矣。」〔註129〕又說：「窮神知化，與天為一，豈有我所能勉哉？」〔註130〕而知化，學者也能知，屬於較低層次，張載說：「化不可言難知，可以言難見，如日景之行則可知之，其所以行則難見也。」〔註131〕

而通行本補「知變化」三字，可以根據《精義》前後兩段比較可以得出，前一段為：「聖人之進，豈不自見！今在學者區別是非，有化於善者，猶能知，況聖人乎！易《易》言，又言『知變化之道』，安得不知！」

後一段為：「聖人之進，豈不自見！今在學者區別是非，有化於善者，猶能知之，況聖人乎！《易》言『窮神知化』，知變化，安得不知！」

通行本稱：「依後重文補」，〔註132〕其實後文「知變化」三字是「知變化之道」文字缺失所致，一目了然，非常清楚。況且「知變」與「知變化」其實一個意思，絕無重複之必要。

（17）《繫辭上》：「夫《易》，聖人之所以極深而研幾也。唯深也，故能通天下之志；唯幾也，故能成天下之務；唯神也，故不疾而速，不行而至。子曰『《易》有聖人之道四焉』者，此之謂也。」

徐本《橫渠易說》：「《易》非天下之至精，則辭不足待天下之問；非深不足通天下之志；非通變極數，則文不足以成物。象不足以製器，幾不足以成務；非周知兼體，則其神不能通天下之故，故不疾而速，不行而至也。」

〔按〕通行本依《精義》補改為：「《易》非天下之至精，則辭不足以待天下之問；非深，不足以通天下之志；非通變極數，則文不足以成物。象不足以製器，幾不足以成務；非周知兼體，則其神不能通天下之故，不疾而速，不行而至也。」〔註133〕《精義》中「象不足」、「幾不足」上衍「非」字，通行本

〔註128〕《張載集》，第197頁。
〔註129〕《張載集》，第218頁。
〔註130〕《張載集》，第218頁。
〔註131〕《張載集》，第219頁。
〔註132〕《張載集》，第197頁。
〔註133〕《張載集》，第200頁。

未採用。明清諸本與徐本同。

辨析：「象不足以製器」為否定式，與《繫辭》「以製器者尚其象」矛盾。「幾不足以成務」與《繫辭》「唯幾也，故能成天下之務」矛盾，由此此兩處「非」不應當去除，應依《精義》補。

（18）《繫辭上》：「利用出入，民咸用之，謂之神。」

徐本《橫渠易說》：「物之所以相感者，利用出入，莫知其鄉，一萬物之妙者故。」

〔按〕此處，《精義》亦有此句，通行本未補。

（19）《繫辭下》：「天地絪縕，萬物化醇；男女構精，萬物化生。」

徐本《橫渠易說》：「浮而上者陽之清，降而下者陰之濁，其感遇聚結，為風雨，為霜雪，萬品之流形，山川之融結，糟粕煨燼，無非教也。」

〔按〕通行本依《精義》改「感遇聚結」為「感通聚結」，通行本《正蒙》中此句依《精義》與《橫渠易說》而改。〔註134〕徐本《橫渠易說》為「感遇聚結」，而在《正蒙》則為「感遇聚散」。四庫本《張子全書》為「感遇聚散」，四庫本、四庫薈要本《橫渠易說》為「感遇聚結」，其他明清諸本為「感遇聚散」。《朱子語類》中為「感遇聚結」。〔註135〕

辨析：此處「感遇聚結」在徐本《正蒙·太和篇第一》中為「感遇聚散」。此兩處不同，應該是徐本有意保留原文，因此，在《橫渠易說》中應從徐本。在《正蒙》中，通行本改作「感通遇結」，對此林樂昌說：「『其感遇聚散』，通行本依《周易繫辭精義》（舊本題呂祖謙撰）改作『其感通聚結』。（《張載集》，第8頁）明大全本徐本、沈本、清張本、賀本皆同於鳴道本。林〔按〕張載多以氣之陰陽言聚散，以為『陰性凝聚，陽性發散。』（《正蒙·參兩篇第二》第16章）通行本改『聚散』作『聚結』，而『聚』與『結』同為凝結、聚合之義，如此則陰陽氣化之凝聚和發散兩途，便僅剩凝聚之一端了。通行本依他書之誤曲為之說，於理難通，不可從。劉璣、王植、方潛諸家注皆作『感遇聚散』，此亦可證『其感通聚結』非是。」〔註136〕王夫之《張載正蒙注》中，此句亦未「感遇聚散」，王夫之注曰：「感者，交相感；陰感於陽而形乃成，陽感於陰而象乃著。遇者，類相遇；陰與陰遇，形乃滋，陽與陽遇，象乃明。感遇則聚，

〔註134〕《張載集》，第224頁。
〔註135〕〔宋〕黎靖德編：《朱子語類·卷第九十八》，中華書局1986年版，第2507頁。
〔註136〕林樂昌：《正蒙合校集釋》上，中華書局2012年版，第42頁。

聚已必散，皆升降飛揚自然之理勢。風雨、雪霜、山川、人物，象之顯藏，形之成毀，屠遷而已結者，雖遲久而必歸其原，條理不迷，誠信不爽，理在其中矣。」〔註137〕

（20）徐本《橫渠易說》：「心所以萬殊者，感外物而不一也。天大無外，其為感者絪縕二端而已。物之所以相感者，利用出入，莫知其鄉，一萬物之妙者歟！」

〔按〕「二端」，通行本依《精義》刪。〔註138〕此條亦出自《正蒙》，〔註139〕徐本與明清諸本相同。

辨析：《太和篇》云：「太和所謂道，中涵浮沉、升降、動靜、相感之性，是生絪縕、相蕩、勝負、屈伸之始。」〔註140〕因此，絪縕相感之「二端」不可妄刪。

小結：通過對張載《橫渠易說》明清諸本對校可知，明萬曆三十四年徐必達刻本《合刻周張兩先生全書》要優於其他諸本。其優點在於：時間早；足；準確。中華書局以明萬曆四十八年沈自彰鳳翔府《張子全書》官刻本清初翻刻本為底本，校勘方法主要是以本校為主，他校輔之。校勘方法不科學，不合乎規範。在中華書局本《橫渠易說》中，由於不恰當的校勘方法，包括改字及斷句，產生了不少錯誤、遺漏。這些都會對張載哲學的研究產生障礙和誤區。

〔註137〕〔明〕王夫之：《張子正蒙注》，中華書局1975年版，第13頁。
〔註138〕《張載集》，第224頁。
〔註139〕《張載集》，第10頁。
〔註140〕《張載集》，第7頁。

第二章　張載易學觀的形成

　　北宋時期易學繁榮，易學大師眾多，相互交流易道，切磋義理也常有之。張載治易歷程先於二程，《橫渠易說》與《伊川易傳》無論風格還是內容都迥然相異。公元 1056 年，張載與二程於京師曾談《易》論道、交流心得，此事件在哲學史中常被談論不絕，三位易學大師「共語道學之要」，近千年以來被傳為美談。儘管後來增添了一些不十分恰當的議論，但他們彼此欣賞、謙虛互敬的品質為世人所稱頌。清初經學家黃宗羲評價說：「橫渠氣魄甚大，加以精苦之工，故其成就不同。」〔註1〕張載易學氣勢恢宏、勇於造道、敢於擔當、成就非凡，成為宋易中一道絢麗的風景。

第一節　張載治易歷程

一、京師論《易》

　　張載作為北宋理學的奠基者、關學的創建者，與「北宋五子」之中二程、邵雍都有過學術思想交流，張載、二程與邵雍均精通《周易》，《橫渠易說》、《伊川易傳》與《皇極經世書》均堪稱易學精華。依據史料記載，張載與二程之間的學術聯繫可謂密切。張載是二程的表叔，二人屬於叔侄關係，據呂大臨《橫渠先生行狀》記載，宋仁宗嘉祐初（1056 年），他們於京師第一次會晤，當時張載三十七歲，二程兄弟二十四五歲。正是這次會晤，使得一些程門弟子

〔註1〕〔清〕黃宗羲 全祖望著：《橫渠學案下》，載《宋元學案》卷十八，中華書局1986 年版，第 777 頁。

如楊時、游酢等人左右宣揚，提出張載之學「源出於程氏」〔註2〕，也由此產生了所謂的「關洛之爭」。

張載治學嚴謹，著述《橫渠易說》，其內涵豐富，思想精深，以經詮經，以《易經》與《四書》相融合，彰顯時代使命，闡發新儒學思想，使得《易經》煥發出新的生命氣象。嘉祐初，張載治《易》已相當自信，這一年張載與二程因考取功名，三人相聚於京城，也正在這一歷史時刻，張載與二程在易學、道學方面交換過看法，交流過思想，其中有思想的交鋒與碰撞，也自然有相互的啟發與借鑒。這是張載易學與二程易學的一次直面交流。張載與二程之間探討道學之要，本應該是一個津津樂道的話題，或許在歷史當事人看來這也就是一件很普通的學術交流事件，也許不值得大做文章，但隨著張載與二程學術名望的升高，影響力的不斷擴大，這件事成為二程幾個弟子高揚師門的契機，通過文章造勢，形成了張載之學出於程門的「鐵證」。

張載與二程論《易》，據《宋史·張載傳》所記：「一夕，二程至，與論《易》，次日語人曰：『比見二程深明易道，吾所弗及；汝輩可師之。』撤坐輟講。」《宋史·張載傳》中這段材料是取自於二程弟子所記載。這樣的類同的記載在程門中是比較多的。如二程弟子楊時所記：

> 呂與叔作《橫渠行狀》，有「見二程盡棄其學」之語。尹子言之，先生曰：「表叔平生議論，謂頤兄弟有同處則可，若謂學於頤兄弟則無是事。頃年囑與叔刪去，不謂尚存斯言，幾於無忌憚。」按《行狀》今有兩本。一本云：「盡棄其學而學焉。」一本云：「於是盡棄異學，淳如也。」恐是後來所改。〔註3〕

再如二程弟子尹彥明所記：

> 橫渠昔在京師，坐虎皮，說《周易》，聽從甚眾。一夕，二程先生至，論《易》。次日，橫渠撤去虎皮，曰：「吾平日為諸公說者，皆亂道。有二程近到，深明易道，吾所弗及，汝輩可師之。」（逐日虎皮出，是日更不出虎皮也。）橫渠乃歸陝西。〔註4〕

〔註2〕具體可見楊時：《楊時集》卷二十六《題跋》，林海權點校，福建人民出版社 1993 年版，第 612 頁。游酢之言，見其《書行狀後》，《河南程氏遺書附錄》，《二程集》，中華書局 1981 年版，第 414〜415 頁。

〔註3〕〔宋〕程頤 程顥著：《二程集·河南程氏外書卷第十一》，中華書局 1981 年版，第 414〜415 頁。

〔註4〕〔宋〕程頤 程顥著：《二程集·河南程氏外書卷第十二》，第 436〜437 頁。

　　由於學緣原因，二程弟子中有弟子對待二程與張載的學術，認為張載之學不如程學，或張載之學出自於程學，持揚洛貶關的態度。這種看法在兩宋時期，尤其是二程學成為官方學說之後，持這種看法的學者是較為普遍的。

　　如黃仲元《四如講稿》論到：

　　　　昔橫渠講《易》，一見二程至，則撤去虎皮，謂：「二程深明易道汝輩宜師之。」僕何人哉！惟當與同志求，所以得易簡之道。〔註5〕

　　朱熹、呂祖謙在《泳齋近思錄衍注》中即採用了呂大臨後改的《行狀》，又保留了二程弟子尹彥明的記載。（見《泳齋近思錄衍注》卷十四凡二十六條）說明朱熹等對待這樣的截然不同的記載持不置可否的態度。

　　如在《伊洛淵源錄》中，朱熹議論說：

　　　　按《行狀》今有兩本，一云「盡棄其學而學焉」，一云「盡棄異學淳如也」。其他不同處亦多，要皆後本為勝。疑與叔後嘗刪改如此，今特據以為定。然《龜山集》中有《跋橫渠與伊川簡》云：「橫渠之學，其源出於程氏，而關中諸生尊其書，欲自為一家。故予錄此簡以示學者，使知橫渠雖細務必資於二程，則其他固可知已。」按橫渠有一簡與伊川，問其叔父葬事，末有「提耳悲激」之言，疑龜山所跋即此簡也。然與伊川此言，蓋退讓不居之意。而橫渠之學，實亦自成一家，但其源則自二先生發之耳。〔註6〕

　　這裡朱熹首先肯定橫渠之學「自成一家」，說明朱熹很清楚關學與洛學在思想內涵、哲學架構及研究方法等方面的不同，但他又認為橫渠之學「自二先生發之耳」，這種自相矛盾的看法是有違客觀、有失公正的。

　　因此，對於張載之學尤其是張載易學，經過二程弟子及再傳弟子們的「引證」，認為張載易學不如二程易學高明，張載之學出自於二程之學，如此等說法，似乎成為不可置疑的事實。這樣的「定論」在近千年的學術思想史中已成為學者們的對待關洛的思維定勢，以至於在今天依然還有它的影響力。如朱伯崑認為：「此事乃程氏弟子所記，可能有些誇張，但張載推崇程氏易學，曾受二程影響，是可以肯定的。」理由是：「就今傳張載的《橫渠易說》看，其中對卦爻辭的解釋，有些同《程氏易傳》中的觀點一致的。如其對《周易》體例的理解，取卦變說，肯定《序卦》，並使用『天理』一辭，解釋天下之理，這

〔註5〕〔宋〕黃仲元：《四如講稿》卷一，清文淵閣《四庫全書》影印本。
〔註6〕〔宋〕朱熹：《伊洛淵源錄》卷六，清文淵閣四庫全書影印本。

些當是受了程頤的影響。」〔註7〕但朱伯崑又看到張載與二程在易學的最高範疇的表述上不同，肯定了「就這一方面看，張氏易學又是在同程氏易的鬥爭中形成的。」〔註8〕又如，楊立華認為「朱子這議論相當平允，可以視為此一公案的定論」。〔註9〕

據《宋史・張載傳》與程門弟子所記，張載深感其易學不如二程便撤座罷講，要求弟子以二程師之，這在呂大臨的《橫渠先生行狀》中並無記載。為什麼呂大臨在《行狀》中未記，對此，便有學者指出可能是為長者諱，首先說明這種「為長者諱」是不成立的，因為呂大臨曾於《行狀》中寫到張載與二程論道之後竟「盡棄其學而學焉」，曾遭到二程的嚴厲斥責，認為「幾於無忌憚」，後來責令其修改，遂有《行狀》的兩個版本。可見，呂大臨在寫《行狀》初稿時並無「為長者諱」的考慮。

對此事，現有兩種觀點，一種觀點認為有誇大、不合事實之辭，有增添附益的成分。如張岱年認為，「但張載死後，先曾從學於張後學於程的呂大臨寫《橫渠先生行狀》，卻說張載見二程之後『盡棄其學而學焉』。這顯然是不合事實的，程頤曾加以駁斥，說：『表叔平生議論，謂與頤兄弟有同處則可；若謂學於頤兄弟，則無是事。頃年囑與叔刪去，不謂尚存斯言，幾於無忌憚』（《二程全書》卷三十六《外書》）。」程頤的態度是比較公允和客觀的。後來呂大臨把這句改為『於是盡棄異學，淳如也』。但二程弟子中仍有人不顧程頤的訓示依然認為張載曾學於程頤，如游酢所寫《書明道先生行狀後》說：『先生生而有妙質，聞道甚早，年逾冠，明誠夫子張子厚友而師之。』（《伊洛淵源錄》卷三引）這些話主要是企圖貶低張氏而抬高二程的地位。〔註10〕林樂昌推論：「當時參與論學的雙方都還處於各自學術發展的早期階段，思想還遠未成熟，各自也沒有形成學派。在二程思想尚處於萌發期，遠未真正形成的情況下，遽然判定張載之學源出於二程，不是門戶之見，便是誇誕之詞。」〔註11〕丁為詳對此否定說：「這顯然是為抬高師門的無中生有之說。」「但張載是否『盡棄其學而學』，這只要將《橫渠易說》與《周易程氏傳》稍作比較即可明斷。」〔註12〕

〔註7〕朱伯崑：《易學哲學史》第二卷，崑崙出版社 2005 年版，第 285 頁。
〔註8〕朱伯崑：《易學哲學史》第二卷，第 286 頁。
〔註9〕楊立華：《氣本與神化：張載哲學述論》，北京大學出版社 2008 年版，第 23 頁。
〔註10〕《張載集・關於張載的思想和著作》，第 13 頁。
〔註11〕林樂昌：《張載理學與文獻探研》，人民出版社 2016 年版，第 32 頁。
〔註12〕丁為祥：《虛氣相即——張載哲學體系及其定位》，人民出版社 2000 年版，第 224 頁。

　　另一種觀點認為這種說法應該屬實，如楊立華就認為「呂大臨性情質直，這一點從他與程頤就如何理解《中庸》所做的往復討論中，可以清楚地看到。故『盡棄其學而學焉』絕不可能是呂大臨憑空編造出來的。很可能張載生前曾有過類似的表述。以張載的心胸坦蕩、虛懷若谷，既然曾在思想的根本方向上受到過程氏兄弟的影響和啟發，應該不會諱而不言。」〔註13〕

　　兩宋以後儘管有相當多的學者在這個問題上基本贊同程朱一派的「定論」，但也有個別著名的易學家卻不這樣認為，如南宋馮椅認為：「不知此書子厚晚年以所得刪邪正，或好學者以門人所記錄。與《正蒙》類，為此書也，多所發明，有二程未到處。」〔註14〕同樣持這樣的觀點有元代的董真卿：「《橫渠易說》三卷發明二程所未到處」。〔註15〕梁啟超在談儒學時講到：「橫渠為宋代大師，在學術界，開闢力極強大。哲學方面，他與二程同時，互相師友，互相發明，不能說誰處於誰，朱派把他認為二程門下，是不對的。橫渠不靠二程，二程不靠橫渠，關洛各自發達，可以算得一時豪傑之士。他對於自然界，用力觀察，想從此等處建設他的哲學基礎，但立論比二程高。」〔註16〕

　　對於張載不如「二程深明易道」，告誡弟子可師之，張載本人也「盡棄其學而學焉」，對如此這般的記載所產生的相互爭論，因為歷史實際難以還原，似乎已經成為某種「事實」，而且由張載弟子親口所出，想要追述清楚已經很難。退一步說，即使上述皆為真實，也無損於張載作為理學開山、關學宗師這一歷史地位。但儘管如此，筆者仍似胸有壘塊，欲不辨不快。

　　其一，嘉祐元年（1056年），張載年37歲，二程兄弟，一為25歲，一為24歲。且張載為二程表叔，兩家關係密切。〔註17〕雖說聞道有先後，但要年齡相差十多歲且作為長輩的張載要「盡棄其學」學於二程，這在注重禮法的宋代是不可能的事。儘管有「三人行必有我師」的聖人之訓，但此種事在古代幾乎不見，否則定會傳為美談、佳話。況且作為長輩的張載要師之二程，此事對於二十多歲的二程來說也是很難接受的。

〔註13〕楊立華：《氣本與神化：張載哲學述論》，北京大學出版社2008年版，第23頁。
〔註14〕〔宋〕馮椅：《厚齋易學・附錄一・先儒著述上》，文淵閣四庫全書影印本，頁16～830。
〔註15〕〔元〕董真卿：《周易會通》，文淵閣四庫全書影印本，頁26～79。
〔註16〕《梁啟超談儒學》，華中師範大學出版社2010年版，第53頁。
〔註17〕如丁為祥所言：在分處陝西、河南兩地的情況下，張載能準確地說出「二程從十四歲時便銳然欲學聖人」（《經學理窟・學大原》），由此可見兩家關係的密切。見《虛氣相即——張載哲學體系及其定位》，第223頁。

　　其二，張載 21 歲時，從康定用兵時轉向於「名教」，至嘉祐元年，在學問方面有著近 15 年的深厚積澱與經驗積累，二程雖幼時受教於周敦頤，其實也僅是啟蒙教育，即使十四歲立志欲學聖人，也只是 10 年左右的學習光景，張載要「盡棄其學」，師於學問不到 10 年左右的二程，這也是幾乎不可能的事。即便有，最多也只是相互吸收、借鑒，更談不上「盡棄其學」。而且作為御史中丞的呂大防在舉薦張載時說：「張載學有本原，四方之學者皆宗之」。〔註18〕另，程明道有《答橫渠定性書》，朱熹認為是在二十二三時做。推算此時當在嘉祐初。從文獻交流情況來看，橫渠與二程學識大體相當，遠未達到可以「師之」這樣的程度。

　　其三，張載與二程的初次交流，此事最初記載是出自於呂大臨的《行狀》。而在嘉祐元年（1056）年呂大臨（1046～1092）才 10 歲，還未入於張載門下。呂大臨師事張載的時間當在宋神宗熙寧三年（1070 年）至宋神宗熙寧十年（1077）年。〔註19〕與二程的初次見面也是在宋神宗治平三年（1066 年）二程兄弟來關中講學的時候。因此，對於嘉祐初所發生的事情，呂大臨實未親歷，那麼此種說法從何而來？一種可能是道聽途說，路人的閒話。為先師寫《行狀》本很嚴肅，此種閒話應該不會收錄其中。另一種可能是，因為《行狀》約寫於元豐二年（1079 年），時間應在拜謁二程之時（《河南程氏遺書》有：「元豐己未，呂與叔東見二程語」〔註20〕上下兩卷，即呂大臨東赴洛陽見二程時記載的語錄。（元豐己未即元豐二年，公元 1079 年），此時距離張載去世還不到 2 年（據武澄《張子年譜》所載，張載卒於 1077 年冬十二月），為先師守孝 2 年不到（孔子弟子為師守孝三年，其中子貢最長，為 6 年）而另投他門，雖求學可嘉，但與古禮不合，尤其張載崇尚古禮，平日裏也十分注重和訓導「以禮為教」，故其舉動也在風頭浪尖。因此，此可視為呂大臨為三呂轉投程門而備設的說辭，其後呂大臨前往扶溝師從二程。然而二程在見《行狀》之後，這種說法不但被當事人所否定，還被呵斥為「幾於無忌憚」，可見此說實不可信。而楊立華則認為：「呂大臨性情質直這一點從他與程頤就如何理解《中庸》所做的往復討論中，可以清楚地看到。故『盡棄其學而學焉』絕不可能是呂大臨憑空編造出來的。」〔註21〕在學問方面與老師答問，實事求是，不故弄玄虛，當然也

〔註18〕《張載集》，第 382 頁。
〔註19〕文碧方：《關洛之間——以呂大臨思想為中心》，中華書局 2011 年版，第 3 頁。
〔註20〕程顥　程頤：《二程集》，中華書局 1981 年版，第 13 頁。
〔註21〕楊立華：《氣本與神化：張載哲學述論》，北京大學出版社 2008 年版，第 23 頁。

不敢故弄玄虛，這是做學問最為基本的要求，這與「性情質直」不能等同而論。這與寫《行狀》能否客觀公正更是兩回事情，故應當分別對待。

這種說法後來被程門弟子及程朱一派所「津津樂道」的原因只有一個，就是門戶之私見〔註22〕，此種做法，實不可取，今之學人也應當以此為鑒。而呂大臨此番不遵事實、有辱先師的行為，與同門范育捍衛師道的做法形成鮮明對比。〔註23〕

林樂昌曾經過甄別、辨析，得出三個結論：「第一，京師論學時，張、程思想都處於初級階段，雙方學說都遠未成熟，根本就談不到張載之學『源出於程氏』。第二，認為張載學說單方面受二程影響的看法是不符合歷史事實的，其實張、程之間是互相影響的。第三，著名宋史專家鄧廣銘指出，北宋理學的開山始祖應當『歸之於程顥、程頤和張載三人。』張載是能夠開宗立派的理學大師，他所創立的關學學派在理學史上的獨立地位和重要影響，是不容輕視的。」〔註24〕

二、從《橫渠易說》到《正蒙》

張載著《橫渠易說》在前，成《正蒙》在後，學術界幾無非議。對《橫渠易說》成書時間，張岱年認為「《橫渠易說》可能是早年著作。」〔註25〕將此定為一種可能性。但是為什麼《橫渠易說》可能是張載早年著作，學術界並無人給出理由，也從未有學者進行過考證。如前文所述，筆者也進行了論證分析，認為《橫渠易說》雖撰寫較早，但著述一直持續到張載晚年。張載「以《易》為宗」，臺灣學者胡元玲經過比勘與計算，「發現《正蒙》有四分之一與《橫渠易說》相同，與《橫渠易說》相同並與《易經》相關的部分則高達五分之二。」〔註26〕從《正蒙》中引用、採取的比例來看，《橫渠易說》同樣為張載成熟思

〔註22〕張岱年認為，程門後學以「先程後張」言當時學術「衍變之序」，實乃「一派之私見而已」。張岱年：《中國哲學大綱》，中國社會科學出版社1984年版，序論第22頁。

〔註23〕范育議論說：「惟夫子之為此書也，有六經之所未載，聖人之所不言，或者疑其蓋不必道。若清虛一大之語，適將取訾於末學，予則異焉。」見《正蒙·范育序》，《張載集》，第4頁。

〔註24〕林樂昌：《張載理學與文獻探研》，人民出版社2016年版，第34頁。

〔註25〕《張載集·關於張載的思想和著作》，第15頁。

〔註26〕胡元玲：《張載易學與道學：以〈橫渠易說〉及〈正蒙〉為主之探討》，臺灣學生書局印行2004年版，第64頁。

想的代表作。說明《橫渠易說》的著述必然經過了一個很長的時間。筆者以《橫渠易說》中的文獻材料，結合歷史事件、時代背景，作了論證分析，認為《橫渠易說》的思考及寫作伴隨於張載一生，當為張載嘔心瀝血之作。《橫渠易說》與《正蒙》關係緊密，前者為《正蒙》的著述基礎，後者則為《橫渠易說》的總結、闡發，《乾稱篇》當為《橫渠易說》與新儒學思想的完美結合。《橫渠易說》與《正蒙》有聯繫，但也有所不同，不同之處在於概念內涵的演化與推進，但要試圖發現兩者之間有無矛盾，或以發現張載早年與晚年思想的不同為目的，這樣的想法終將是徒勞無功的。《橫渠易說》作為成熟的易學著作與《正蒙》作為成熟的哲學著作，其思想一以貫之，不可能在這兩者之間存在這樣的失誤。

遺憾的是，《橫渠易說》與《正蒙》在張載生前均未親自編訂。張載去世之後，《橫渠易說》在門人間相互傳抄，可能由於傳抄原因，出現了略有不同的《橫渠易說》文本，這種情況在宋元時期的易學家的著作引用中可以看出。宋元以後，可能因為戰亂或者關學衰落，《橫渠易說》出現了殘缺不全的情況，宋元時期的易學著作中所引用的一些《橫渠易說》內容並不見於明清本《橫渠易說》，明清時期所存的《橫渠易說》略有殘缺，明清本《橫渠易說》中，以明代徐必達刻本為佳。以上情況，筆者都詳細地作了辨析、論證。《橫渠易說》作為易學傳世名著，《正蒙》作為關學、理學的奠基之作，二者所蘊含的深沉思考、深邃哲理將繼續啟迪後人，將永世不衰！

第二節　張載的易學觀

《易》之為書，源遠流長，歷史已有三千年之久。因其被看做是「人更三聖，歷世三古」之精粹，歷來備受重視，西漢時被稱之為「六經之首」，魏晉時，被譽為「三玄之冠」。其內容古奧，艱澀難懂，則與《春秋》相當。緣於其與生俱來的神秘性，歷代注易者，不畏其難，前赴後繼。解易著作，可謂方興未艾，不可勝數。據不完全統計，古今的易學著作將近有七、八千種，現存於世的也近三千種。尚秉和概歎說：「悲哉！《易》之為書也。自東漢迄今，幾兩千年，總九經之注，不如《易》一經之多，而易義之晦自若也，誤解相承如故也。」〔註27〕易學史如一丹爐，除有極少精華者芬芳出爐，其他大多如爐

〔註27〕尚秉和：《焦氏易詁》，九州出版社 2010 年版，第 5 頁。

渣般被歷史的長河所湮沒。如朱伯崑所言，易學家有兩類，一類屬於解字、注疏的部分；一類屬於建立起自己的哲學體系的部分。〔註28〕張載無疑為後一部分中之出類拔萃、登峰造極者。

一、《易》為聖人所作

　　唐宋時「疑古惑經」的思潮，在北宋時期風起雲湧，掀起了此起彼伏的浪潮。易學家對待《周易》經傳的態度隨著時代的變遷也在發生著變化。王弼注《周易》，注經不注傳，說明王弼對《易傳》「十翼」是存有懷疑的。韓康伯、孔穎達雖注《易傳》，認為為聖人所作，但對《序卦》是存有疑問的。如韓康伯稱：「凡《序卦》所明，非《易》之縕也。蓋因卦之次，託以明義。……夫《易》六畫成卦，三才必備，錯綜天人以微變化，豈有天道人事偏於上下哉？斯蓋守文而不求義，失之遠矣！」〔註29〕孔穎達亦說：「且聖人本定先後，若元用孔子《序卦》之意，則不應非覆即變，然則康伯所云『因卦之次，託象以明義』蓋不虛矣。」〔註30〕北宋時期，范仲淹提出：「病注說之亂六經」，但未詳細論證。其後歐陽修推波助瀾，批判漢唐以來的傳注，對《周易》大膽質疑，著有《易童子問》，其曰：「童子問曰：『《繫辭》非聖人之作乎？』曰：『何獨《繫辭》焉』，《文言》、《說卦》而下，皆非聖人之作，而眾說淆亂，亦非人之言也。」〔註31〕此論可謂是石破天驚。易學家胡瑗、李覯等人雖不否認「十翼」為聖人所作，但對其中的個別字和觀點，也因疑而改。如胡瑗考《漸》卦上九之「陸」應為「逵」。王安石也因懷疑《序卦》的權威性而作「新」《序卦》。

〔註28〕見朱伯崑：《易學哲學史》第一卷，崑崙出版社 2005 年版，第 37 頁。原文：「從歷史上看，易學作為一門學問，其對《周易》的研究，包括文字和義理兩方面。《周易》的文字，十分古奧、簡練，要瞭解其中的義理，首先要弄清卦爻辭字義。所以許多易學家把畢生的精力，放在對《周易》文字的解釋和考證上。現在傳下來的有關《周易》的注疏，一部分內容屬這種解字的系統。歷代易學家也研究《周易》中的義理，特別是哲學家們依據其對義理的解釋建立和闡發自己的哲學體系。他們對《周易》義理的解釋和對其理論思維的探討，涉及宇宙、人生的根本問題，包括哲學基本問題和事物發展的一般規律。這部分內容，可以稱之為易學哲學。歷代關於《周易》的解說和注疏，都有這方面的論述。」

〔註29〕〔魏〕王弼著 樓宇烈校釋：《王弼集校釋》下，中華書局 1980 年版，第 583頁。

〔註30〕李學勤主編：《周易正義》，北京大學出版社 1999 年版，第 334 頁。

〔註31〕歐陽修：《歐陽修全集》，中國書店 1986 年版，第 568 頁。

在這樣的學術環境下，張載學術「以《易》為宗」，推崇《周易》，認為《周易》為聖人所作，毋庸置疑。

對於《繫辭》，張載開宗明義指出《繫辭》為聖人所「議論」。他說：

> 《繫辭》所舉《易》義，是聖人議論到此，因舉《易》義以成之，亦是人道之大且要者也。〔註32〕

此是對當時「疑經惑傳」思潮的回應。張載首先解釋了何為《繫辭》，認為《繫辭》是聖人所舉的「《易》義」，是聖人的議論，聖人對《易》義的議論集合在一起，就成為《繫辭》，這關乎人道之大而且重要。張載認為在《繫辭》中如「彌綸」、「範圍」這樣的詞，必定出自於孔子。他說：

> 言「彌綸」、「範圍」，此語必夫子所造。〔註33〕

張載通過研究《繫辭》語詞，再次作出了肯定回答。張載認為，只有孔夫子才會有如此精練的用詞。針對類似的語詞，歐陽修說：「孔子之文章，《易》、《春秋》是已，其言愈簡，其義愈深。吾不知聖人之作，繁衍叢脞之如此也。」〔註34〕

歐陽修評論《繫辭》前後重複，且有不一之處，他說：

> 何獨《繫辭》焉？《文言》、《說卦》而下，皆非聖人之作，而眾說淆亂，亦非一人之言也。昔之學《易》者，雜取以資其講說，而說非一家，是以或同或異，或是或非，其擇而不精，至使害經而惑世也。〔註35〕

張載回答說：

> 《繫辭》反覆惟在明《易》所以為易，撮聚眾意以為解，欲曉後人也。〔註36〕

張載從《繫辭》的宗旨和其中的語詞分析得出，《繫辭》非夫子不能為之。《繫辭》之所以有重複，乃是聖人「撮聚眾意」來解釋義理，這樣做是要後人理解《周易》變得容易一些。張載強調《繫辭》為聖人所作這是客觀事實，但其中有重複不一之處，這是夫子採取「眾意」有意為之的結果，這樣有助於解

〔註32〕《張載集》，第176頁。
〔註33〕《張載集》，第181頁。
〔註34〕歐陽修：《歐陽修全集》，中國書店1986年版，第568頁。
〔註35〕歐陽修：《歐陽修全集》，中國書店1986年版，第568頁。
〔註36〕《張載集》，第176頁。

釋、說明《易》。對於《繫辭》，除了有夫子的議論之外，還有聖人採取他說，兩者結合而成。這裡，張載對《繫辭》的成書過程作了理性的判斷。

尚秉和對「十翼」的作者有番議論，同張載議論如出一轍。尚秉和說：

> 自太史公揚子雲班孟堅諸儒，皆以為孔子所作，無異論也。至宋歐陽公始疑之。然如乾坤《象傳》，除揚子雲外，無有通其說者。蓋非聖人不能為也。其餘若《文言》之「同聲相應」，「同氣相求」，「陰凝於陽必戰」諸章，及《繫辭》之惟妙惟肖，蹈虛御空之語，《雜卦》之錯綜位置，鼓舞顛倒之言，試思誰能為之？有誰復敢如此為之？…蓋自宓戲至孔子，有數千年之久，前後筮法，雖有不同，而理則無二，其間《易》說必多，其為夫子所常常稱述者，門人從而輯錄之也。…而上下《繫辭》意重複者尤多，蓋皆夫子所說，前後不一時，而記錄者亦必為一人，故《辭》重義復如是，而非夫子自為也。蓋《周易》得夫子之「十翼」，門戶始開，而「十翼」幽奧之辭，其難解過於《周易》。朱子云：「有文王之《易》，有孔子之《易》。」孔子之《易》即「十翼」。故「十翼」非孔子不能為，不敢為。而記錄「十翼」者，則孔子之門人也。〔註37〕

在此段中，尚秉和認定「十翼」為孔子所作，除孔子外沒有人可以為之。對於其中《象傳》、《文言》、《繫辭》、《雜卦》有內容難以理解或重複不一之處，尚秉和認為是自宓戲到孔子，歷時千年之久，其中有多種《易》說，是經孔子講述而弟子記載的。至於《繫辭》篇中重複不一致的現象，認為是孔子在不同時期所議論，而記載的弟子又不是一人所呈現出的結果。

對於《序卦》，起初由韓康伯、孔穎達所懷疑，北宋歐陽修認為「《文言》、《說卦》而下，皆非聖人之作」，王安石不滿《序卦》形式，作「新「《序卦》。而張載依認為：「《序卦》相受，聖人作《易》，須有次序。」「《序卦》不可謂『非聖人之蘊』，今欲安置一物，猶求審處，況聖人之於《易》！其間雖無極至精義，大概皆有意思。觀聖人之書，須布遍細密如是，大匠豈以一斧可知哉！」〔註38〕張載認為聖人作《序卦》是有原因的，這是聖人作《易》要安排次序的要求。《序卦》雖不包廣大至極的精義，但其中或許有不為人知的意思。言下之意，懷疑《序卦》是不懂得其中的奧妙，況且作為聖人之書的《周易》，

〔註37〕〔清〕尚秉和：《周易尚氏學》，中華書局1980年版，第6頁。
〔註38〕《張載集》，第238頁。

細緻入微的哲理遍布整書之中，不能以其中的一個方面來窺測全貌，否則如管中窺豹一般。張載對《周易》為聖人之書的篤信，以今人的考證，雖不科學，但對於承擔著以闢佛老、繼道統的張載來說，這其中所蘊含的情感和學術信仰，個中滋味耐人尋味。

程伊川曾說：「學者要先會疑。」〔註39〕張載對《周易》並未表現出盲目的信從，這其中也有理性的思辨，這種理性的思辨也可以解釋為有所懷疑，不過張載與二程的相同之處在於他們懷疑的最終目的是為理學服務，為之提供理論支撐，來建設、完善理學體系。並非如歐陽修的《易童子問》一般，只破不立，會讓學人感到無所適從，造成思想上的混亂。

對《繫辭》中，「天一，地二，天三，地四，天五，地六，天七，地八，天九，地十。」此條，高亨此當為《繫辭》錯簡，原文引如下：

> 《漢書·律曆志》引《易》曰：「天一，地二；天三，地四；天五，地六；天七，地八；天九，地十。天數五，地數五，五位相得而各有合。天數二十有五，地數三十，凡天地之數五十有五，此所以成變化而行鬼神也。」可證班固所見本此二十字在此處。今據移正（此例足以證明今本《繫辭》中確有錯簡）。〔註40〕

根據長沙馬王堆漢墓出土的帛書《周易》考察，此條與通行本《周易》位置完全吻合。帛書《周易》無「大衍之數」一段。關於帛書《周易》的成書時間，其「帛書《周易》經傳避漢高祖劉邦諱，但不避漢惠帝劉盈諱，當抄寫於漢文帝之前的漢初時期。」〔註41〕班固為東漢初期，期間相差近兩百年左右。因此，班固書中所引不足為據。

對此條是否為錯簡，張載有所「懷疑」，他說：

> 此語恐在「天數五、地數五」處。然聖人之於書，亦有不欲並〔以〕一說盡，慮易知後則不復研究，故有易有難，或在此說，或在彼說，然要終必見，但俾學者潛心。〔註42〕

出於對聖人之書的尊崇，張載對此條的「懷疑」顯得並不是很自信。他又做了一番解釋，認為聖人討論《周易》並不會一語倒盡，考慮到如果使人知曉

〔註39〕〔宋〕程頤 程顥著：《二程集》，中華書局1981年版，第413頁。
〔註40〕高亨：《周易大傳今注》，清華大學出版社2010年版，第398頁。
〔註41〕丁四新：《楚竹書與漢帛書〈周易〉校注》，上海古籍出版社2011年版，第1頁。
〔註42〕《張載集》，第201頁。

的太過容易，就不會去反覆加以研究，所以有時容易，有時困難，有時在此處說，有時在彼處說，然而義理最終一定會顯現出來，聖人這樣做的目的是要使得學者潛心研究，不可懈怠。

　　張載對此條的「懷疑」是與下文結合起來分析，認為兩者之間並無聯繫，這從張載的注解可以得出。同樣，在《周易正義》中，從注疏來看，此條與下文是沒有聯繫的。而尚秉和認為此條與下文之間是有聯繫的，故此不能認為是錯簡。此條的下文為：「子曰：『夫《易》，何為者也？夫《易》，開物成務，冒天下之道，如斯而已者也。』」對此條與下一條之間是否有聯繫，尚秉和說：「如斯而已者，言易道盡包括於十數之中也。《本義》從程氏，置於『大衍』章之前固謬妄，即據《漢書》置於『天數五』之上，仍未得也。如在彼處，則『冒天下之道，如斯而已者』數語，尚何指哉？須知『如斯』二字，即指天地數。」〔註43〕

　　對於《繫辭》的成書時間，隨著考古學的發現及研究的推進，在 1973 年 12 月長沙馬王堆三號墓出土了 20 餘萬字的帛書和竹簡，其中就有《周易》。張政烺先生經過考證，在 1974 年《文物》第 9 期發表文章指出，帛書《周易》與今本六十四卦順序大不一樣。帛書《周易》把八卦按陰陽排成乾坤、艮兌、坎離、震巽，「機械地再分開則成乾艮、坎震、坤兌、離巽，以此把它們作為上卦，每個卦下再按乾坤、艮兌、坎離、震巽的次序順流配合，湊成下卦，便出現了八八六十四卦。這種序列的形式很機械，很原始，可見今本六十四卦的順序和分成上下經的形式是漢朝人改編的，《序卦》也是後起的。……帛書本《周易》中，六十四卦是獨立的一篇，只有卦辭、爻辭，不附《彖》、《象》、《文言》。……汲冢《周易》不僅無《彖》、《象》、《文言》，連《繫辭》也沒有。帛書《繫辭》共有八十多行，約六千字，不分上下篇，和今本對比，上篇基本相同，但帛書沒有『大衍之數五十』一節（約 189 字），大約這是後加的。下篇出入稍大，尤其是第五章（據《周易本義》本）的後半部，帛書中有一大段（約 23 行，1700 字）今本刪去，其中的一段約一百六十字，變成今本《說卦》編 4 的第一至三章，可見《說卦》是後起的。…這也說明今本《繫辭》是雜抄成書，完成甚晚。把帛書《周易》和今本對讀，參考晉代有關汲冢的記載，可以得出下面初步結論：一、六十四卦的順序古今不同，今本大約是漢朝人改編

〔註43〕〔清〕尚秉和：《周易尚氏學》，中華書局 1980 年版，第 300 頁。

的。二、《易傳》即所謂的『十翼』，汲冢《周易》沒有，帛書本僅有《繫辭》還未定形，可見它大約是漢初以後的東西。三，儒家說孔丘作《易傳》是狂言。」〔註44〕

二、乾坤《易》之門戶

在張載看來，《易》具有至高的權威，神聖的光環，他稱之為「天易」。他說：「《繫辭》言《易》，大概是語《易》書製作之意；其言『易無體』之類，則是天易也。」〔註45〕《詩經》云：「上天之載，無聲無臭」，古人認為《易》窮盡天地之奧，《周易正義》說：「神則寂然虛無，陰陽深遠，不可求難，是無一方可明也。易則隨物改變，應變而往，無一體可定者。」〔註46〕天地之變，陰陽之化，物成與毀，皆出於易。易無處不在，無時不作用，張載把易的這種功能屬性，稱之為「天易」。天易，為形上之道，是天地萬物之本原。

乾坤對於整部《周易》而言，足有舉足輕重的地位和作用。如《繫辭》所言：

> 乾坤其《易》之門邪？乾，陽物也；坤，陰物也。陰陽合德而
> 剛柔有體，以體天地之撰，以通神明之德。

乾坤為《易》之門戶，乾坤相互作用推動易道運行，乾坤也是識《易》的門戶、路徑，無乾坤便無易，易即乾坤之道。對於六十四卦，乾坤是基礎，乾坤卦變、錯綜而生成六十四卦，因此乾坤為母卦，其他則為子卦。對於《周易》，乾坤為陰陽，一陰一陽為道，陰陽交合而生成天地。故乾坤體現出了《易》的生生不息、無窮無盡的運動、變化。張載說：

> 蓋卦本天道，三陰三陽一升一降而變成八卦，錯綜為六十四，
> 分而有三百八十四爻也。〔註47〕

《繫辭》說：「是故易有大極，是生兩儀，兩儀生四象，四象生八卦，八卦定吉凶，吉凶生大業。」對於「四象」，張載繼承了漢末虞翻的觀點，虞翻認為：「四象，四時也。『兩儀』乾坤也。」〔註48〕

〔註44〕張政烺：《論易叢稿》，中華書局2012年版，第85～86頁。
〔註45〕《張載集》，第186頁。
〔註46〕李學勤主編：《周易正義》，北京大學出版社1999年版，第268頁。
〔註47〕《張載集》，第181頁。
〔註48〕〔清〕李道平：《周易集解纂疏》，中華書局1994年版，第601頁。

張載說：

> 四象即乾之四德，四時之象，故下文云「變通莫大乎四時」。
> 〔註49〕

張載以乾坤作為「《易》之門戶」其圖式如下：

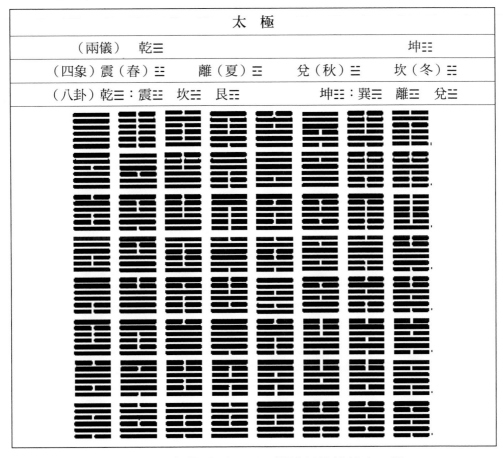

太　極			
（兩儀）　乾☰			坤☷
（四象）震（春）☳	離（夏）☲	兌（秋）☱	坎（冬）☵
（八卦）乾☰：震☳　坎☵　艮☶		坤☷：巽☴　離☲　兌☱	

　　乾坤二卦對於張載易學的重要，可以從漢易的比較中一觀。

　　在漢易中，易學家已經認識到乾坤的重要性，把乾坤與陰陽之氣聯繫在一起來解釋世界的生成過程，因此，在漢易中乾坤並無形上性。如京房說：「乾坤者陰陽之根本」。《乾鑿度》的宇宙生成模式在漢易中具有代表性，其中說到：

> 昔者聖人因陰陽定消息，立乾坤以統天地也。夫有形生於無形，
> 乾坤安從生？故曰有太易，有太初，有太始，有太素也。太易者未

〔註49〕《張載集》，第 204 頁。

見氣也。太初者氣之始也。太始者形之始也。太素者質之始也。氣形質具而未離，故曰渾淪。渾淪者言萬物相渾成而未相離。視之不見，聽之不聞，循之不得，故曰易也。易無形畔，易變而為一，一變而為七，七變而為九，九者氣變之究也。乃復變而為一。一者形變之始，清輕者上為天，濁重者下為地。物有始有壯有究，故三畫而成乾。乾坤相併俱生。物有陰陽，因而重之，故六畫而成卦。

《乾鑿度》認為乾坤卦畫為有形，有形生於無形。無形的有太易，太初，太始，太素，到太素階段形質產生，在這四個階段中，氣形質「渾淪」一體，不相分離。這種狀態被稱之為「易」。到乾坤階段有形之物產生，天地生成，萬物與氣形質相分離。乾坤雖參與了萬物的生成，但與前四個階段是不相聯繫的，沒有參與其中。因此來說，在《乾鑿度》中，乾坤與「易」屬於兩個不同的階段，聯繫並不十分的緊密，作為「門戶」的地位並沒有明顯的凸顯出來。乾坤的形上特徵直到魏晉時隨著玄學易的興起才逐漸被重視起來，玄學家在注《易》時把乾坤從形下的陰陽提升到形上的天地德性的層面上。王弼認為乾健坤順為天地的德性，乾統元、亨、利、貞四德，坤主柔順且正，他說：「九，天之德也。能用天德，乃見群龍之義焉。夫以剛健而居人之首，則物之所不與也。以柔順而為不正，則伏邪之道也。故乾吉在無首，坤利在永貞。」〔註50〕

朱伯崑說：「王弼對乾坤兩卦的解釋，則堅持取義說，這同漢易以天地和陰陽二氣解釋乾坤是不同的。在王弼看來，天地萬物皆有剛健和柔順的德性，皆備乾坤兩卦之義理，所以乾坤非天地，亦非陰陽之氣，乃天地陰陽所以然之理。」〔註51〕「王弼對乾坤二元的解釋，有一個明顯的特點，即不以乾元和坤元為有形之物，而是以至健至順之德性，解釋其始萬物，生萬物的功績。其論點是，天地為有形之物，乾坤二元為無形之德。天所以運行不息，地所以厚德載物，是依靠其無形之德。總之，無形統率有形，乃天地萬物存在和變化的基本規律。」〔註52〕

唐代，孔穎達主持編撰《周易正義》，對王弼易又作了繼承與創新。他說：

此乾卦本以象天，天乃積諸陽氣而成天，故此卦六爻皆陽畫成

〔註50〕〔魏〕王弼著　樓宇烈校釋：《王弼集校釋》上，中華書局1980年版，第212頁。
〔註51〕朱伯崑：《易學哲學史》第二卷，崑崙出版社2005年版，第314頁。
〔註52〕朱伯崑：《易學哲學史》第二卷，第316頁。

卦也。此即象天，何不謂之天，而謂之「乾」者？天者定體之名，
「乾」者體用之稱。故《說卦》云：「乾，健也。」言天之體，以健
為用。聖人作《易》本以教人，欲使人法天之用，不法天之體，故
名「乾」，不名天也。天以健為用者，運行不息，應化無窮，此天之
自然之理，故聖人當法此自然之象而施人事，亦當應物成務，云為
不已，「終日乾乾」，無時懈倦，所以因天象以教人事。於物象言之，
則純陽也，天也。於人事言之，則君也，父也。以其居尊，故在諸
卦之首，為《易》理之初。〔註53〕

天地為體，乾坤為用。這裡孔疏繼承了王弼易中不以天地、陰陽及有形之
物論乾坤的觀點，但又不同於王弼注。王弼說：「天也者，形之名也；健也者，
用形者也。」〔註54〕「用形」，朱伯崑認為是主宰形體之義，王弼認為乾坤是
直接作用於形體的。到孔疏這裡，乾坤不直接作用於形體，而是作為天地的功
用而運行不息、變化無窮。

因此，在張載易學中，對乾坤的注解又體現出對王弼注、孔疏的揚棄，一
方面張載繼承了王弼易中乾坤無形的思想；一方面繼承了孔疏中乾坤為健順
之用的思想。所不同的是張載非常注重乾坤為《易》之門戶的觀點，乾坤為《易》
之變化之道，並且指出了乾坤變化的內在機能，從天道人事兩方面賦予乾坤以
新的內涵。

張載說：

　　陰陽、剛柔、仁義之本立，而後知趨時應變，故乾坤毀則無以
　見《易》。〔註55〕

乾坤為陰陽、剛柔、仁義之本，乾坤為體，陰陽、剛柔、仁義為用，這裡
呈現出一種體用關係。張載不僅從天道層面去討論乾坤，而且把乾坤落實於仁
義人事。乾坤作為陰陽、剛柔、仁義之本，但不能說乾坤就是陰陽，或者剛柔，
或者仁義。這裡「本」當本體講，是說乾坤而後有陰陽、剛柔、仁義。乾坤是
形上之道，張載講要「趨時應變」，「易」為變易，變易的內在根據在於乾坤《易》
之門戶地位的確立。

〔註53〕李學勤主編：《周易正義》，北京大學出版社1999年版，第1頁。
〔註54〕〔魏〕王弼著 樓宇烈校釋：《王弼集校釋》上，中華書局1980年版，第213
　　　頁。
〔註55〕《張載集》，第206頁。

乾坤變易的根本原因是什麼？張載說：

> 感而後有通，不有兩則無一，故聖人以剛柔立本，乾坤毀則無
> 以見《易》。〔註56〕

乾坤內在的蘊含了「兩」的屬性，這是萬物感通的內在原因，陰陽交感是因為「兩」，而「兩」是要歸於「一」。「一」是和合，陰陽和合為天地萬物，為太虛之氣，剛柔、仁義和合於人事。「兩」可以合為「一」，「一」可以分為「兩」，「不有兩則無一」，說明「兩」在「一」之中，「一」的內在機制是「兩」，為此才可以保證「變易」之可能。「兩」可以促成感，感而通，說明「兩」合為「一」。「通」為交互，是「兩」的相互滲透、包含。所以有乾坤之「兩」，自然會有陰陽變化之道。

乾坤為《易》之母卦，《周易》以乾坤錯綜，形成六十四卦，此種變化彰顯了天道變化之過程。張載說：

> 乾坤既列，則其間六十四卦爻位錯綜以為變易。苟乾坤不列，
> 則何以見《易》？《易》不〔可〕見，則是無乾坤。乾坤，天地也；
> 易，造化也。聖人之意莫先乎要識造化，既識造化，然後〔其〕理
> 可窮。彼惟不識造化，以為幻妄也。不見《易》則何以知天道？不
> 知〔天〕道則何以語性？〔註57〕

乾坤是先於天地萬物而存在的，但不能說乾坤是萬物生成的物質源頭，乾坤不是形下之氣，乾坤乃形上之道。乾坤「爻位錯綜」而生變化，變易始始。對乾坤不應去探究其因何而有，因何時而有。正所謂「生生者無生，始始者無始」。這一切都在自然之中發生，無任何牽強之處。所以張載反覆強調乾坤對於《易》的重要性。「乾坤，天地也」，不是說乾坤就是天地。天是乾的卦象，地是坤的卦象。乾坤是形上之道，天地是形下之器。乾坤何以顯現，張載認為天地的生成就是乾坤，無乾坤則無天地，天地是乾坤的外在的一種顯現。天地顯示出「易」的「造化」功能，因乾坤而後有造化，造化乃實有，非虛幻不真實，比如天地的生成。因為真實，儒者方能「窮理」。否則，不識何為「造化」，則會陷於釋氏以天地萬物為「幻妄」之中。

張載易學認為「天人不須強分，《易》言天道，則與人事一滾論之，若分

〔註56〕《張載集》，第 206 頁。
〔註57〕《張載集》，第 206 頁。

別則〔只〕是薄乎云耳。」〔註58〕乾坤作為天道，最終落實於人事，落實於
「天下之民」。以乾坤之道，做利民之事，這是「《易》之事業」，張載說：

> 乾坤成列而下，皆《易》之器。乾坤交（變）〔通〕，因約裁其
> （變）〔化〕而〔指〕別之，〔則名體各殊，〕故謂之變。推（而）行
> 其變，盡利而不遺，可謂通矣；舉盡利之道而錯諸天下之民以行其
> 典禮，《易》之事業也。〔註59〕

乾坤為形上天道，乾坤錯綜成六十四卦，「皆易之器」。此是說先道後器，
道器不離，道在器中。乾坤錯綜為變，變而通。「通」是「盡利之道」，反之則
不通，《易》之變通盡利，教天下之民「行其典禮」，行文明之道，這是聖人作
《易》的事業目標。

乾坤之德在於教化。張載說：

> 推而行之存乎通，所謂合德；（隤）〔確〕然（確）〔隤〕然，所
> 謂有體。乾於天為陽，於地為剛，於人為仁；坤於天則陰，於地則
> 柔，於人則義。先立乾坤以為《易》之門戶，既定剛柔之體，極其
> 變動以盡其時，至於六十四，此《易》之所以教人也。〔註60〕

乾坤變易，推行變化而通達，是乾坤合於德性，合於天人之德。先立乾坤，
而後定陰陽、剛柔之體，此體於一卦之中則為陰陽爻。陰陽爻因時變動，因時
趨利，變化時中，成就六十四卦，此過程其目的是教化世人。此即《易》之變
化之道，以此方可行儒者之事。

三、易乃是性與天道

張載易學第一次把性與天道統一在《易》之中。牟宗三曾言：「橫渠對於
『天道性命通而為一』，言之極為精透」。〔註61〕「天道性命相貫通乃宋明儒共
同之意識，亦是由先秦儒家之發展所看出之共同意識，不獨橫渠為然。茲所以
獨於橫渠如此標題者，乃因橫渠作品中有若干語句表現此觀念最為精切諦當，
亦是濂溪後首次自覺地如此說出者。」〔註62〕易為天道，天道與性是合二為一

〔註58〕《張載集》，第 232 頁。
〔註59〕《張載集》，第 207 頁。
〔註60〕《張載集》，第 225 頁。
〔註61〕牟宗三：《心體與性體》上，吉林出版集團有限責任公司 2013 年版，第 39 頁。
〔註62〕牟宗三：《心體與性體》上，吉林出版集團有限責任公司 2013 年版，第 261
　　　頁。

的，但認識需有層次，天道即造化，不識造化就不知性命。因此，易乃是性與天道，還需分開來講。

《繫辭》云：「《易》與天地準，故能彌綸天地之道。仰以觀於天文，俯以察於地理，是故知幽明之故。原始反終，故知死生之說。精氣為物，遊魂為變，是故知鬼神之情狀。」張載解釋說：

> 「《易》與天地準」，此言《易》之為書也。易行乎其中，造化之謂也。言「彌綸」「範圍」，此語必夫子所造。彌者彌縫（補）綴〔緝〕之義；綸者往來經營之義。〔註63〕

《易》與天地準，是說《易》與天地等齊。作為模擬天地的《周易》，其與天地之間是對應統一的。張載對「彌綸」的解釋具有動詞性質，其義接近於孔疏，孔疏解釋「彌綸」為「彌謂彌縫補合，綸謂經綸牽引」。「易行乎其中」，是說「易」參與造化之中，天地之道往來經營、彌縫綴緝，因此易即天道。

易為天道，與易卦的生成有何關係。張載說：

> 《易》之為書與天地準。《易》即天道，獨入於爻位繫之以辭者，此則歸於人事。蓋卦本天道，三陰三陽一升一降而變成八卦，錯綜為六十四，分而有三百八十四爻也。因爻有吉凶動靜，故繫之以辭，存乎教誡，使人動則觀其變而玩其占，其出入以度，內外使知懼，又明於憂患與故，無有師保，如臨父母。聖人與人撰出一法律之書，使人知所向避，《易》之義也。〔註64〕

張載認為《易》之為書可以與天地對應統一，而易即是天道，天道遍布、貫通於卦爻的過程之中。「卦本天道」，易卦本源自天道，是天道的表現形式。「三陰三陽」，為乾坤兩卦。乾坤升降為八卦，八卦錯綜為六十四卦，其爻有三百八十四。卦爻的吉凶動靜變化，聖人以卦爻辭來解釋說明爻位變化，以此教誡世人。卦爻變化與人事相合，天道、人事在《易》中均得以貫徹、體現。

張載認為「易」有兩層含義。一層是作為《易》之為書；一層是作為天道性命相貫通的易道。對於認識來說，其有先後，先識易則識造化，識造化則知性命。張載說：

〔註63〕《張載集》，第181頁。
〔註64〕《張載集》，第181~182頁。

不見易則不識造化，不識造化則不知性命，既不識造化，則將

何謂之性命也？有謂心即是易，造化也，心又焉能盡易之道！〔註65〕

這裡，張載針對的是邵雍提出的先天心易哲學理論，所謂心即是易，它是邵雍在《皇極經世書》中提出的一種心易理論。邵雍說「心為太極」，〔註66〕「先天之學，心也」，〔註67〕「先天學，心法也。故《圖》皆自中起。萬化萬事，生於心乎？」〔註68〕邵雍創作了一套心占的方法論體系，並在《梅花易數》中得以貫徹執行。認為只要掌握了「心易之決」，占驗無不準確。這樣以來，易作為造化之道，就成了一套僵死、靜止的理論和方法。見易識造化，就應該知道造化是生生不息，變化無窮的，認為心可以盡易之道，其實是不識造化，不識造化，何以知性命？

故張載說：

> 易乃是性與天道，其字日月為易，易之義包天道變化。〔註69〕

易作為天道，道與氣的關係究竟是怎樣的？雖說道統率陰陽之氣，但道與氣的生成究竟是怎樣的一種關係？對於陰陽之氣的生成，漢唐以來未有明確的說明，在漢唐易中主要還是太極、兩儀的思維模式，認為太極是混合之元氣，元氣分為兩，即陰陽二氣。如孔疏云：「太極謂天地未分之前，元氣混而為一，即是太初、太一也。」〔註70〕這是一種預設，預設了必須有氣，而且是沒有原因的存在。但張載不這樣認為，他說：

> 凡不形以上者，皆謂之道，惟是有無相接與形不形處知之為難。
>
> 須知氣從此首，蓋為氣能一有無，無則氣自然生，〔氣之生即〕是道（也）是易（也）。〔註71〕

形上為道，這裡的「有無」與「形不形」，都指的是太虛與氣的關係。張載認為在虛氣相接處，認識是很困難的。氣從何處產生，是在「有無」與「形不形」的結合處產生的，「氣從此首」，氣從此開始，太虛無形，為道為易，虛氣相接，自是「有無相接與形不形處」，這裡闡明了太虛道體。「蓋為氣能一有

〔註65〕《張載集》，第 206 頁。
〔註66〕《邵雍全集》三，上海古籍出版社 2015 年版，第 1214 頁。
〔註67〕《邵雍全集》三，上海古籍出版社 2015 年版，第 1217 頁。
〔註68〕《邵雍全集》三，上海古籍出版社 2015 年版，第 1228 頁。
〔註69〕《張載集》，第 206 頁。
〔註70〕李學勤主編：《周易正義》，北京大學出版社 1999 年版，第 289 頁。
〔註71〕《張載集》，第 207 頁。

無」，是說氣可以統一於有無之中，無則氣自然生成，這是對道家「有生於無」思想的吸收。「氣之生即是道是易」，氣的生成過程就是道是易。易道生成氣，易道不形為無，但其實為另種形式的「有」，這與道家「有生於無」的虛空、虛無之無有著本質的不同。易生成氣，但易不是氣，而是道，易道參與氣的變化流行之中，於是易的形上本體特徵完整、清晰地凸顯出來了。

易產生了氣，又參與了氣的變化流行，對於和諧有序，豐富多彩的宇宙萬物來說，這其中又有著內在的必然性。這種必然性，張載稱之為「神易」，他說：

> 「日月相推而明生焉，寒暑相推而歲成焉」，神易無方體，一陰
> 一陽不測，皆所謂「通乎晝夜之道」也。〔註72〕

晝夜的產生，寒暑一歲的循環，此種種奧妙是因為陰陽之不測，而陰陽不測何以如此，是因為神易的內在規定與無所不在。如果陰陽不測為偶然，那麼產生陰陽不測的神化妙用則為必然。神化妙用是推動陰陽不測的內在機理，具有內在的必然性。韓康伯說：「神也者，變化之極，妙萬物而為言，不可以形詰者也，故曰『陰陽不測』」〔註73〕。孔穎達更強調其中的必然性，說：「天下萬物，皆由陰陽，或生或成，本其所由之理，不可測量之謂神也，故云『陰陽不測之謂神』。」〔註74〕

四、天地設位，而易行乎其中

《易》本為卜筮之書，自王弼一掃象數，成就一派。如尚秉和所言：「王輔嗣遂乘時而起，解縛去澀，掃象不談，唐李鼎祚所謂野文也。自是易遂分為二派，其以輔嗣為宗者，喜其無師可通，顯於晉，大於唐，而莫盛於宋。所謂義理之學也。」〔註75〕張載可謂義理一派的中堅力量，在對以往義理之學的繼承和發展中創立了內含理學精義的易學。義理派認為《易》為聖人神道設教之書，其目的在於教化，《易》自然為義理之書，不應為卜筮之書。

張載認為《周易》一書其作用主要在於教化，他說：

> 天地位定而易行〔乎〕其中，知禮成〔性〕而道義出。夫《易》，

〔註72〕《張載集》，第 216 頁。
〔註73〕李學勤主編：《周易正義》，北京大學出版社 1999 年版，第 272 頁。
〔註74〕李學勤主編：《周易正義》，北京大學出版社 1999 年版，第 272 頁。
〔註75〕〔清〕尚秉和：《周易尚氏學》，中華書局 1980 年版，第 11 頁。

聖人所以崇德廣業，以知為德，以禮為業也，（蓋）〔故〕知崇則德
崇矣。此論《易》書之道，而聖人亦〔所〕以教人。〔註76〕

　　《周易》一書包羅萬象，天道人事盡在其中。張載首先肯定了易運行於天
地之間，易道對於人事而言，是要實現「知禮成性」的目的，這也是君子研究
易道的目的所在。張載把「知」與「禮」分開來講，「以知為德」、「以禮為業」，
知即智慧，知與德是相統一的，故「知崇則德崇」，這是對道家「絕聖棄智」
主張的抨擊。張載通過揭示《周易》一書所蘊含的易道，將天道落實於人事，
以起到教化世人的目的。《易》書中有君子、小人，有陰陽之道，有吉凶之戒，
其目的是要使人在事先學會判斷，懂得避凶就吉。張載說：

　　　　《易》之為書，有君子小人之雜，道有陰陽，爻有吉凶之戒，
　　使人先事決疑，避凶就吉。〔註77〕

　　《周易》有卜筮占問的作用，聖人也不例外。《繫辭》說：「《易》有聖人
之道四焉：以言者尚其辭，以動者尚其變，以製器者尚其象，以卜筮者尚其占。」

　　「以卜筮者尚其占」，高亨譯作：「用《周易》以卜筮，則尚其占得的結果，
以預知吉凶。」〔註78〕周振甫譯為：「用它（《周易》）來卜吉凶的看重它的占
問」。〔註79〕「《說文》：視兆問也。從卜口。」〔註80〕以上將「占」均做動詞
解。占即占問之意。孔疏以為：「『占』是占其形狀，並是有體之物」〔註81〕，
亦是。故卜筮作為「聖人之道」的其中之一，聖人也依此來占問結果，預知吉
凶。因此，《周易》具有卜筮的功能是顯而易見的。

　　對於《周易》可用於占問吉凶，張載也不否認，他說：

　　　　辭、變、象、占，皆聖人之所務也，〔故〕易道具焉。〔註82〕

　　說明「占」也是聖人所從事的事務之一。對於占卜吉凶，預知結果，對此
張載持理性態度，他說：

　　　　人於龜策無情之物，不知其將如何，惟是自然莫或使之然者，
　　陰陽不測之類也。己方虛心以鄉之，卦成於爻以占之，其辭如何，

〔註76〕《張載集》，第191頁。

〔註77〕《張載集》，第193頁。

〔註78〕高亨：《周易大傳今注》，清華大學出版社2010年版，第401頁。

〔註79〕周振甫：《周易譯注》，中華書局1991年版，第244頁。

〔註80〕《康熙字典》，上海辭書出版社2007年版，第87頁。

〔註81〕李學勤主編：《周易正義》，北京大學出版社1999年版，第283頁。

〔註82〕《張載集》，第198頁。

取以為占。聖人則又於陰陽不測處以為占，或於夢寐，或於人事卜

之。然聖人於卜筮亦鮮，蓋其為疑少故也。〔註83〕

對卜筮所使用的工俱如蓍草、龜甲之類，古人的看法普遍較為迷信，並賦予了一些神話傳說，以此來渲染占卜的神跡妙用。在《史記·龜策列傳》中，作者對龜策作了一些感性的、誇張的描述，充滿了玄幻神話色彩。如「略聞夏殷欲卜者，乃取蓍龜，已則去之，以為龜藏則不靈，蓍久則不神。」「聞蓍生滿百莖者，其下必有神龜守之，其上常有青雲覆之。」即使歐陽修也把蓍草視作神奇之物，他說：「謂前此未有蓍，聖人之將作《易》也，感於神明而蓍為之生，聖人得之，遂以倚數而立卦，是言昔之作《易》立卦之始如此爾。」〔註84〕以上種種說法，都誇大了龜策的神奇作用，對龜策在卜筮中的作用進行了有意的渲染、拔高，認為龜策可通神明。而張載卻不這樣認為，他說：

方其將有謀也，將有問也，命於蓍，此所謂「生蓍」，非謂在野

而生蓍也。〔註85〕

張載認為所謂「生蓍」，是即將謀、問而用於蓍草，不是野外生長的蓍草。古人認為長壽的龜為神龜。蓍草生長緩慢，可通神靈。張載理性的認為龜策為「無情之物」，無情之物怎能通神靈？「天生蓍龜，聖人則之以占兆。」蓍龜是天生就有的，只是聖人用來占問吉凶。至於龜策成何卦象，張載認為是自然使之然或為陰陽不測之類，屬於偶然現象，其中並沒有鬼神參與。張載認為在卜筮中，要「虛心」面對。聖人所佔，在「陰陽不測處」，即在偶然情況之下，或對於夢寐，或針對人事進行占問。卜筮的目的在於「決疑」，有疑問而無法做出判斷之時，可以進行占卜。張載認為聖人很少卜筮，其原因是聖人的疑惑較少。

龜策雖為「無情之物」，但《易》與龜策卻不可分，龜策是《易》之用，是聖人用來模擬天地變化的。張載說：

天地變化，聖人作《易》以〔蓍龜〕傚之，故曰「聖人傚之」。

〔註86〕

〔註83〕《張載集》，第 198～199 頁。

〔註84〕歐陽修：《歐陽修全集》，中國書店 1986 年版，第 571 頁。

〔註85〕《張載集》，第 233 頁。

〔註86〕《張載集》，第 204 頁。

　　與卜筮不同的還有一種「占」，張載稱之為「占驗」。《繫辭》說：「動則觀其變而玩其占」。張載解釋說：

　　　　占非卜筮之謂，但事在外可以占驗也，觀乎事變，斯可以占矣。

　　　蓋居則觀其象而玩其辭，此所以動則觀其變而玩其占也。〔註87〕

　　此種占不是卜筮占問，而是對已經發生了的事情的一種占驗，驗證事情與卦象是否吻合。這種占驗就包含了理性的判斷和推理在內。

　　在張載看來，一類事物如「陰陽不測」之類的，對這些很偶然的事物，可以通過卜筮占問來預測結果。另一類事物，有內在必然性的，可以通過《周易》的卦爻辭來判斷其結果。所以，觀象玩辭，觀變玩占，在張載看來都是屬於一種理性推理的過程，這對研究《周易》義理是很重要的方法。故就「占」而言，《周易》的作用是顯而易見的。

　　《易》占就其結果，可以示人吉凶。就其過程，屬於陰陽不測。蓍龜的最終目的不在於占驗，而在於教化。張載認為示人吉凶，可以使人懂得陰陽變化之道；陰陽不測，可以使人懂得神德之運行。張載說：

　　　　示人吉凶，其道顯；陰陽不測，其德神。顯故可與酬酢，神故可與佑神；受命如響故可與酬酢，知來藏往故可與佑神。示人吉凶，其道顯矣；知來藏往，其德行神矣。語蓍龜之用也。〔註88〕

　　　　顯道者，危使平，易使傾，懼以終始，其要无咎之道也。神德行者，寂然不動，冥會於萬化之感而莫知為之者也。受命如響，故可與酬酢，曲盡鬼謀，故可與佑神。顯道神德行，此言蓍龜之行也。
〔註89〕

　　蓍龜從表面現象看，確實可以示人以吉凶，但其內在實質是陰陽變化之道使之然。至於其中的奧妙，屬於神德的運行。張載稱之為「蓍龜之用」或「蓍龜之行」。但這種「道顯」，並不是目測到的，而是內心的體悟和理性的認知。至於神德之行，是深藏於蓍龜之間，在千變萬化之中貫於始終但卻難以知曉。蓍龜雖表現為吉凶或陰陽變化，但作為學者則更要多體悟其中的陰陽變化之道與神德運行。看似簡單的蓍龜，但其作用卻有著溝通、聯結形上、形下的功能。所以《易》的作用不在於占，而在於教化世人以明知義理。張載說：

〔註87〕《張載集》，第 180 頁。
〔註88〕《張載集》，第 197 頁。
〔註89〕《張載集》，第 197 頁。

言《易》於人事終始悉備，行善事者，《易》有祥應之理。萌兆
之事，而《易》具著見之器；疑慮而占，則《易》示將來之驗。有以
見天地之間，成能者聖人而已。能畏信於《易》者，雖百姓之愚，
能盡人鬼幽明之助。〔註90〕

張載認為，《易》在人事方面包羅萬象，無所不備，對於行善積德的人來
說，其中有詳細應對之理。對預兆未顯之事，在《易》皆可見於蓍龜。疑慮而
占，於是《易》可以示人以將來的占驗。但在天地之間，能以《易》成就事業
者惟聖人而已。雖作為普通且愚鈍的百姓，如能夠敬畏篤信《易》所涵有的天
道，也能夠得到「人鬼幽明」的幫助。這裡，張載全方位的肯定了《易》的社
會價值。

五、《易》以象數為用

對於易卦的生成，《繫辭》有云：「古者包犧氏之王天下也，仰則觀象於天，
俯則觀法於地，觀鳥獸之文與地之宜，近取諸身，遠取諸物，於是始作八卦，
以通神明之德，以類萬物之情。」《易傳》認為易卦的形成來自於聖人觀察自
身及自然物，其目的是為了通達神明之德，以分類區別萬物的情狀。而在實踐
中，聖人觀象製器，根據卦象製作了許多生產工具，創造了人類文明。在《繫
辭》中，其文字如下：

作結繩而為網罟，以佃以漁，蓋取諸《離》。

包犧氏沒，神農氏作，斫木為耜，揉木為耒，耒耨之利，以教天下。蓋取
諸《益》。

日中為市，致天下之民，聚天下之貨，交易而退，各得其所。蓋取諸《噬
嗑》。

黃帝、堯、舜垂衣裳而天下治，蓋取諸乾坤。

刳木為舟，剡木為楫，舟楫之利，以濟不通致遠，以利天下。蓋取諸《渙》。

服牛乘馬，引重致遠，以利天下。蓋取諸《隨》。

重門擊柝，以待暴客，蓋取諸《豫》。

斷木為杵，掘地為臼，杵臼之利，萬民以濟。蓋取諸《小過》。

弦木為弧，剡木為矢，弧矢之利，以威天下。蓋取諸《睽》。

〔註90〕《張載集》，第 231 頁。

上古穴居而野處，後世聖人易之以宮室，上棟下宇，以待風雨。蓋取諸《大壯》。

古之葬者，厚衣之以薪，葬之中野，不封不樹，喪期無數。後世聖人易之以棺槨。蓋取諸《大過》。

上古結繩而治，後世聖人易之以書契，百官以治，萬民以察。蓋取諸《夬》。

從上古歷史人物的先後順序看，包犧氏根據離卦卦象而製作了網作為生產工具用來捕鳥獸和捉魚。神農氏根據益卦卦象製作的生產工具有耒耜，並設有市集。黃帝、堯、舜等後世聖人依據乾坤、渙、隨、豫、小過等卦象製作了衣裳，舟楫、牛車和馬車等。還製作了更杵和杵臼、弓箭，建造了宮室，製造了棺槨，發明了書契。如此一來，易卦的作用就非常重要了，如果包犧氏未發明卦象，那麼後世聖人就無法根據其卦象進行創造發明，也就不能帶領人類進入文明社會。《易傳》的說法一方面突出了易卦卦象的作用，指出卦象豐富的涵蓋了社會生活的方方面面；另一方面突出了聖人對於推動人類社會發展的重要作用。

張載認為聖人設卦觀象是非常具有智慧的，對於卦象，主要是聖人取自於「諸身」、「諸物」，而「此皆是聖人取之於糟粕也」。視天地萬物為「糟粕」，這與張載的易學觀是分不開的。張載認為易乃性與天道合一，易道廣大，知微知彰，天地萬物的產生都是易道使之然，縱然天地萬物豐富多彩，姿態萬千，然相對於廣大精細的易道而言，都不足以萬一，此皆為形下器物，為性與天道之糟粕。故張載也說：

> 氣坱然太虛，升降飛揚，……浮而上者陽之清，降而下者陰之濁，其感（遇）〔通〕聚結，為風雨，為霜雪，萬品之流形，山川之融結，糟粕煨爐，無非教也。〔註91〕

> 凡天地法象，皆神化之糟粕爾。〔註92〕

> 萬物形色，神之糟粕，性與天道云者，易而已矣。〔註93〕

在張載哲學中，道器概念是截然分明的，他對天道、天性的崇尚與對形器的不屑，形成了鮮明的對比。其意要告誡儒者不被萬物形色所蒙蔽，要追求屬於儒者、君子所推崇的包含著性與天道的精神世界。陰陽之交感、萬物的生成

〔註91〕《張載集》，第 224 頁。
〔註92〕《張載集》，第 9 頁。
〔註93〕《張載集》，第 10 頁。

與毀滅，如此這般的「糟粕煨燼」，儒者要深知這其中所具有教化之義。這種超絕於萬物，追求性與天道的精神境界，是儒家所推崇、追求的「天人合一」的精神境界。視天地萬物為糟粕，既是學識，也是境界，更是道德。《易傳》認為聖人觀象設卦，意在「以通神明之德，以類萬物之情」，對於聖人觀象製器之說，張載提出了自己的看法，他說：

> 《易》說製作之意蓋取諸某卦，止是取〔其〕義與象契，非必
> 見卦而後始有為也，然則是言夫子之言爾。〔註94〕

張載此觀點，有對聖人制器尚象說法的懷疑。張載認為，製器與卦象之間並無必然聯繫，並非聖人見某一卦象而後製作某器物，兩者之間只是義與象恰好相契合而已。張載對《易傳》聖人觀象製器說法的懷疑，受之於北宋「疑經惑傳」思潮的影響，同時也體現出張載對易象的深刻理解。《繫辭》說：「是故《易》者，象也。象也者，像也。」孔疏解釋說：「『象也者，像也』者，謂卦為萬物象者，法像萬物，猶若乾卦之象，法象於天也。」〔註95〕高亨的解釋言簡意賅，說：「《易經》之內蘊是卦象，卦象是以卦象事物。」〔註96〕在《周易正義》中，無論是韓康伯注還是孔穎達疏，對包犧氏一事，神農氏二事，黃帝、堯、舜九事，皆取義不取象。孔疏曰：「案諸儒象卦製器，皆取卦之爻象之體，今韓氏之意，直取卦名，因以製器。案上《繫》云：『以製器者，尚其象』，則取象不取名也。韓氏乃取名不取象，於義未善矣。今既遵韓氏之學，且依此釋之也。」〔註97〕韓康伯以取義不取象解釋聖人製器之事，既是對王弼掃除象數做法的繼承，也具有對《易傳》記載的聖人觀象製器說法的懷疑。孔穎達雖認為韓康伯之學「於義未善」，但也表示了遵從之意。張載對聖人製器之事的注解有取義不取象，也有取象兼義。

取義不取象的有如下：

> 聚而通〔貨〕、交相有無次之。〔註98〕

> 君逸臣勞。上古無君臣尊卑勞逸之別，故制以禮，垂衣裳而天
> 下治，必是前世未得如此，其文章禮樂簡易樸略，至堯則煥乎其有
> 文章。然傳上世者，止是伏犧神農。此仲尼道古也，猶據聞見而言，

〔註94〕《張載集》，第214頁。
〔註95〕李學勤主編：《周易正義》，北京大學出版社1999年版，第303頁。
〔註96〕高亨：《周易大傳今注》，清華大學出版社2010年版，第425頁。
〔註97〕李學勤主編：《周易正義》，北京大學出版社1999年版，第298頁。
〔註98〕《張載集》，第212頁。

以上則不可得而知。所傳上世者未必有自，從來如此而已。安知其間（固）〔故〕嘗有禮文，一時磨滅爾，又安知上世無不如三代之文章者乎！然而如《周禮》則不過矣，可謂周盡。今言治世，且指堯舜而言，可得傳者也。歷代文章，自夫子而損益之，見其禮而知其政，聞其樂而知其德，不可加損矣。〔註99〕

舟車之作，舟易車難，故舟先於車。〔註100〕

有備則無患，故豫。〔註101〕

備物致用，過以養物。〔小過〕〔註102〕

養道雖至，禁綱尚疏，但懲其乖亂而已。〔睽〕〔註103〕

禮（成）教備，養道足，而後刑可行，政可明，明而不疑。備一作修。〔註104〕

取象兼義的有如下：

柔附於物，飲血茹毛之教，古所先有。〔註105〕

離卦，離下離上，為純卦，其性為陰，陰為柔，張載說：「以柔麗乎中正，故利貞。」「日月草木麗天地，麗，附著也。」〔註106〕故曰「柔附於物」。

天施地生〔而〕損上益下，〔故〕播種次之。〔註107〕

益卦，震下巽上，張載解釋說：「否卦九四下而為初九」〔註108〕認為益卦當為否卦卦變而來，否卦，坤下乾上，故曰「天施地生〔而〕損上益下」。此時當為為播種之時，故張載說「〔故〕播種次之」。

不勞而得其欲，故動而悅。〔取諸隨〕〔註109〕

隨卦，震下兌上，震為動，兌為悅，「故動而悅」。

〔註99〕《張載集》，第212頁。
〔註100〕《張載集》，第213頁。
〔註101〕《張載集》，第213頁。
〔註102〕《張載集》，第213頁。
〔註103〕《張載集》，第213頁。
〔註104〕《張載集》，第214頁。
〔註105〕《張載集》，第211頁。
〔註106〕《張載集》，第123頁。
〔註107〕《張載集》，第212頁。
〔註108〕《張載集》，第141頁。
〔註109〕《張載集》，第213頁。

剛以承上，柔以覆下，上其棟下其宇之象。棟，屋脊檁也；宇，
橑也。若指第二檁為棟，則其間已有宇，不得〔為〕上棟也。若指
梁為棟，又益遠矣。宇〔兩〕垂而下，故言「下宇」。〔註110〕

大壯卦，乾下震上，九二、六五居中位，故曰「剛以承上，柔以覆下」。

在此方面，張載對韓注孔疏取義不取象雖有繼承，但也並非完全吸收，在注釋中採取了取象兼義的注解方式。張載認為不管是卦義還是卦象，都只是為了表現與聖人製器之義相契合，並不是聖人依照某卦象而製器，從而否認了聖人觀象製器之說。

北宋時期圖書之學流行，《宋史·朱震傳》云：「陳摶以《先天圖》傳種放，放傳穆修，修傳李之才，之才傳邵雍。放以《河圖》、《洛書》傳李溉，溉傳許堅，堅傳范諤昌，諤昌傳劉牧。穆修以《太極圖》傳周敦頤，敦頤傳程頤、程顥。是時，張載講學於二程、邵雍之間。故雍著《皇極經世書》，牧陳天地五十有五之數，敦頤作《通書》，程頤著《易傳》，載造《太和》、《參兩》篇。」〔註111〕朱伯崑認為：「朱震說的傳授的譜系，未必皆為事實。但這三支易學有一個共同點，即都以圖式解說《周易》的原理。此亦圖書派的易學特徵之一。」〔註112〕圖書學派推崇河圖和洛書，《繫辭》說：「河出圖，洛出書，聖人則之。」因此，該派認為《周易》的意蘊內涵基本都在圖書之中。

對於河洛，據朱伯崑考證：

「河圖」一辭，最早見於《尚書·顧命》：「赤刀，大訓，弘璧，琬琰在西序；大玉，夷玉，天球，河圖在東序。」鄭玄注說：「圖出於河，帝王者之所受。一有洛書二字。」按鄭玄說法，漢人看到的《尚書》本子，有的於「河圖」下，有「洛書」二字。據此，河洛兩辭，最初皆見於《尚書·顧命》。又《論語·子罕》說：「鳳鳥不至，河不出圖，吾已矣夫。」孔子以河圖為祥瑞現象，其慨歎「河不出圖」，表示其學說已不能推行了。《繫辭》說的「河出圖，洛出書，聖人則之」，即本於此。對於其說法有三：其一，鄭玄取《論語》義，以河洛為受命為王的象徵，如同後來所說的符命之類的東西。劉勰於《文心雕龍·正緯》中，亦採此說。其二，元朝俞琰解釋《尚書·顧命》文中「河圖在東序」，認為東序中的河圖，同玉器並列，乃寶器之一。天球為玉器，河圖為玉器之有

〔註110〕《張載集》，第213～214頁。
〔註111〕〔宋〕朱震：《朱震集》，嶽麓書社出版社2007年版，第753頁。
〔註112〕朱伯崑：《易學哲學史》第二卷，崑崙出版社2005年版，第12頁。

文者，如同西序中所藏的赤刀，乃金器，刻上文字則為大訓。俞氏此說，見於其《周易集說・繫辭》。劉寶楠採此說，錄於《論語正義》中。其三，認為河洛乃上古時代的地圖。南宋薛季宣於《河圖洛書辨》中，認為「圖載江河山川州界之分野」，同《禹貢》、《山海經》為一類的圖書。黃宗羲亦執此說。〔註113〕

對於河圖與《周易》的關係，朱伯崑說：

看來，上古時代的河洛，同《周易》並無關係。將河洛同《周易》聯繫起來，始於《繫辭》文。但《繫辭》並未說明河洛為何物。直到西漢劉歆，方以八卦解釋河圖，以《洪範》解釋洛書，所謂：「伏羲氏繼天而王，受河圖，則而畫之，八卦是也。禹治洪水，賜洛書，法而陳之，洪範是也。」（《漢書・五行志》）後偽孔傳，亦採此說。西漢揚雄則進一步視河洛為《周易》的來源。他說：「大《易》之始，河序龍馬，洛貢龜書。」（《核靈賦》，李善《文選》注引）此是以黃河龍馬所負之圖為河圖，洛水神龜背上之書為洛書，以河洛為《周易》之本源。劉、揚的說法，後被緯書所吸收，大講河圖、洛書。鄭玄注《春秋緯》說：「河以通乾出天苞，洛以流坤吐地符。河龍圖發，洛龜書成，河圖有九篇，洛書有六篇。」（《周易集解》）此又將河洛發展為兩種著作，並取《周易》中九六之數，說明河洛同《周易》的關係。但漢人說的河洛，同《周易》究竟有何種關係，龍馬所負之圖是什麼圖式，同卦象又有什麼聯繫？漢魏晉唐的易學家皆無具體的說明，更無圖式加以解說。宋初的象數學派，在道教易學的影響下，為了探討這一奧秘，將《繫辭》中的大衍之數，天地之數同河洛聯繫起來。並為河圖和洛書制定了不同的圖式，用來說明《周易》的原理，這樣，便形成了圖書學派。〔註114〕

「河圖」、「洛書」自朱熹收入《朱子本義》之中，後世儒者都不敢明確提出疑問或者懷疑，黃宗羲說：「後之人徒見『圖』、『書』之說載在聖經，雖明知其穿鑿附會，終不敢犯古今之不韙而黜其非。」〔註115〕黃宗羲認為所謂「河圖」、「洛書」，「謂之『圖』者，山川險易，南北高深，如後世之圖經世也；謂之『河、洛』者，河、洛為天下之中，凡四方所上圖書皆以『河、洛』係其名也。」〔註116〕黃宗羲對宋以來的「河、洛」之書有所懷疑，不認為圖書一

〔註113〕朱伯崑：《易學哲學史》第二卷，崑崙出版社 2005 年版，第 10～11 頁。

〔註114〕朱伯崑：《易學哲學史》第二卷，崑崙出版社 2005 年版，第 11～12 頁。

〔註115〕〔清〕黃宗羲：《易學象數論》，中華書局 2011 年版，第 13 頁。

〔註116〕〔清〕黃宗羲：《易學象數論》，中華書局 2011 年版，第 14 頁。

派的「河、洛」之書就是聖人口中的「河、洛」之書。至於「河圖」為數十，「洛書」為數九等相關之說，黃宗羲說：「故以十為『圖』九為『書』者，特始於朱子，後之諸儒相率而不敢違耳。就二數通之於《易》，則十者有天一至地十之系可據，九者並無明文。此朱子爭十為『河圖』之意長於長民也。雖然，自一至十之數，《易》之所有也；自一至十之方位，《易》之所無也。一三五七九之合於天，二四六八十之合於地，《易》之所有也；一六合，二七合，三八合，四九合，五十合，《易》之所無也。天地之數，《易》之所有也；水火木金土之生成，《易》之所無也。試盡去後人之添入，依經為說，則此數仍於《易》無與，而況名之為『河圖』乎。」〔註117〕

儘管在北宋時期，有諸多易學家將圖書之學狂熱地推向了一個高峰，但張載始終報以冷靜、懷疑的態度，他沒有盲從圖書一派對「河圖」之學的推崇，對《繫辭》「天垂象，見吉凶，聖人象之；河出圖，洛出書，聖人則之」此說，張載解釋說：

> 作《易》以示人，猶天垂象見吉凶；作書契效法，猶地出圖書。

一云猶河洛。〔註118〕

在此注解中，張載認為聖人作《易》與天垂象、地出圖書並無直接關係。聖人作《易》是要示人，於人以教化，猶如天垂象而見吉凶一般；聖人製作書契制定法度，猶如地出圖書一般。這其中，天垂象、地出圖書似乎對聖人並無絲毫的啟發和影響，也無直接關係。北宋河圖之學把大衍之數、天地之數與之聯繫起來，加之邵雍易學認為一切天地之道盡在數中，賦予了數以抽象、神秘主義色彩，認為數為天地萬物之本源。

張載認為大衍之數與河洛並無聯繫，天地之間也沒有數的存在。《繫辭》中有大衍之數，其用意在於演示天地的生成。邵雍說：「《易》之數窮天地終始。或曰『天地亦有終始乎？』曰：『既有消長，豈無終始。天地雖大，是亦形器，乃二物也。』」〔註119〕張載說：「夫混然一物，無有終始首尾，其中何數之有？」〔註120〕數可以把抽象的概念形象具體化，可以呈現嚴密的邏輯性，數有此功能，並不能說有天地之間確有數存在。張載對「數」的觀點與邵雍是截然不同

〔註117〕〔清〕黃宗羲：《易學象數論》，中華書局 2011 年版，第 17 頁。
〔註118〕《張載集》，第 204 頁。
〔註119〕《邵雍全集》三，第 1234 頁。
〔註120〕《張載集》，第 194 頁。

的。張載易學並不黜除象數，以象數作為展示義理的途徑和方法，可以將複雜抽象的義理具體化，這也是張載解易的一個特點。

對人類社會發展歷史，邵雍在其著作《皇極經世圖》中，依據六十四卦繪製出了人類歷史演化年表，進而提出宇宙歷史演化年表。根據年表，唐堯在第九世即一百八十運辰二千一百五十七興起，從此以後人類社會逐漸衰落，直到第十二會月亥當前世界結束，新世界誕生。邵雍數學是用元、會、運、世來計算時間，「以元為一，其會為十二，其運為三百六十，其世為四千三百二十。折合年數，一世為三十年，一運為十二世，一會為三十運，一元為十二會。」〔註121〕其式如下：

一元=12會=360運=4320世=129600年；1會=30運=360世=10800年；1運=12世=360年；1世=30年。〔註122〕

此宇宙時間配以八宮卦，每一宮卦下屬十二消息卦，從復卦開始坤卦結束，每一消息卦配不同的事物及時代，如復卦為開天之時，臨卦為大地生成之時，泰卦為人類、萬物出現之時，即星之己七十六，時間為第二萬七千三六十（27360）年。唐堯時代、正好配乾卦用事，陽極盛，為史上最興盛時期，即星之癸一百八十，辰二千一百五十七，時間是在開天之後六萬四千七百一十（64710）年，此時為人類社會發展的頂峰。第七會月午，姤卦用事，一陰生，從夏商周開始人類社會逐漸衰敗，至剝卦用事，人類、萬物滅絕，至坤卦用事之時，此世界毀滅，另一個新世界生成，如此反覆，循環不已。此算法說明人類社會的發展是早已預定好了的，只要時代在某一宮卦，那麼這個時代就難以逃脫此所在宮卦及卦爻性質的限制。如圖式所示：

元	會	運	世				
日甲	月子一	星三十	辰三百六十	年一萬八百	復	䷗	
	月丑二	星六十	辰七百二十	年二萬一千六百	臨	䷒	
	月寅三	星九十	辰一千八十	年三萬二千四百	泰	䷊	開物星之己七十六
	月卯四	星一百二十	辰一千四百四十	年四萬三千二百	大壯	䷡	

〔註121〕朱伯崑：《易學哲學史》第二卷，崑崙出版社2005年版，第167頁。
〔註122〕《邵雍全集》三，第1169頁。

月辰五	星一百五十	辰一千八百	年五萬四千	夬	䷪	
月巳六	星一百八十	辰二千一百六十	年六萬四千八百	乾	䷀	唐堯始星之癸一百八十辰二千一百五十七
月午七	星二百一十	辰二千三百二十	年七萬五千六百	姤	䷫	夏殷周秦兩漢兩晉十六國南北朝隋唐五代宋
月未八	星二百四十	辰二千八百八十	年八萬六千四百	遯	䷠	
月申九	星二百七十	辰三千二百四十	年九萬七千二百	否	䷋	
月酉十	星三百	辰三千六百	年一十萬八千	觀	䷓	
月戌十一	星三百三十	辰三千九百六十	年一十一萬八千八百	剝	䷖	閉物星之戌三百一十五
月亥十二	星三百六十	辰四千三百二十	年一十二萬九千六百	坤	䷁	

此圖式見於《性理大全》

但張載卻不以為然，他說：

> 然古者治世多而後世不治，何也？人徒見文字所記，自唐虞以〔來論其治亂，殊不知唐虞以〕上幾治幾亂，須歸之運數，有大（運）〔數〕，有小（運）〔數〕，故孟子曰「天〔下〕之生（民）久矣，一治一亂。」〔註123〕

從文字來看，張載所說的「古者」應指中國史前文化時期，即傳說中的三皇五帝時期，張載指明是堯舜之前的歷史。張載認為在唐虞之後就應該屬於有文字記載的歷史，此說的根據應該是《尚書》，《尚書》的第一篇是《堯典》，沒有關於堯以前的歷史記載。對於唐虞之治，《論語‧泰伯》有稱：「唐虞之際，於斯為盛。」因為堯舜以上缺乏文字記載，因此「治世多」也可能是一種傳說。張載認為「古者治世多而後世不治」此種說法的原因主要是後人僅僅根據對堯舜之治文字記載，就想當然的認為堯舜以上也是如此，但卻不知堯舜以上有幾治幾亂。因此，張載對「古者治世多而後世不治」此說法持懷疑態度。但張載認為治亂須歸於「運數」，有大運數，有小運數，大運數時治世多，小運數時

〔註123〕《張載集》，第198頁。

治世少，如此以來，究竟是堯舜以上治世多，還是堯舜以下治世多，就不確定了。張載以「大運數」、「小運數」來論治亂，是對邵雍《皇極經世圖》的否定，邵雍數學中一運為三百六十年，此數是恒定的，運數配以卦象，就能確定此時期朝代的興衰與治亂。邵雍以為從唐虞之後歷史就呈現衰敗趨勢，而且是治世少而亂世多，體現出邵雍的盲目崇古思想。而張載對堯舜以上治世多表示了懷疑，認為缺乏文字記載，所以不知道有幾治幾亂。治亂由「大運數」和「小運數」確定，而「大運數」和「小運數」的出現是不確定的，既如此，就不能說唐虞之治為歷史發展的最高階段，「唐虞之治」的再次出現是有可能的，這裡可以看出張載的歷史觀是發展進步的歷史觀。最後，張載借用孟子的話說明治亂相生，如果有堯舜之治，那麼堯舜以上有亂世是可能的，這其中也體現了張載對擺脫治亂循環，實現天下大同的理想情懷。

第三章　張載解易體例

　　《橫渠易說》解易體例主要傳承自王弼注、孔疏，這與王弼注孔疏的歷史影響是有關係的，在唐代《周易正義》一度被定為官方科舉教材，其形成的歷史影響是不容忽視的。王弼易的解易體例可以說在整個易學史中都在被繼承、運用，張載易學其可貴之處在於除了在繼承王弼注、孔疏的解易體例之外，還有所創新，提出了一些新的解易體例，值得重視。

第一節　體例傳承

　　卦爻辭的吉凶與否與具體爻位存在內在聯繫，這種聯繫在《彖傳》和《象傳》中均有所體現。朱伯崑在《易學哲學史》中總結了占筮的原則和體例，就爻位而言概括了六點，即當位說，應位說，中位說，趨時說，承乘說和往來說。〔註1〕這些易學體例在張載易學中表現明顯，都有一定程度的運用，但總體而言，張載的解易體例要更加豐富。

一、中位說

　　在《易經》中，關於中位說的表述較為明確，在《彖傳》及《象傳》中均有所涉及，故王弼易將其總結為解易之一般體例。王弼認為，易卦中二、五位為中位。中位具有中正的含義，因此中位對於一爻乃至一卦的性質而言是十分重要的。如需卦，《彖》曰：「需，須也，險在前也，剛健而不陷，其義不困窮矣。需有孚，光亨貞吉，位乎天位，以正中也。利涉大川，往有功也。」「位

〔註1〕朱伯崑：《易學哲學史》第一卷，崑崙出版社 2005 年版，第 63～66 頁。

乎天位，以正中也」，指的是卦爻九五。比卦，卦爻九五《象辭》說：「顯比之吉，位正中也。捨逆取順，失前禽也。邑人不誡，上使中也。」隨卦，卦爻九五《象辭》說：「孚於嘉，吉」，位正中也。巽卦，卦爻九五《象辭》說：「九五之吉，位正中也。」節卦《彖辭》說：「節：亨，剛柔分而剛得中。苦節不可貞，其道窮也。說以行險，當位以節，中正以通。」「剛得中」，指九二與九五。九五《象辭》說：「甘節之吉，居位中也。」未濟卦，九二《象辭》說：「九二貞吉，中以行正也。」中孚卦，《彖辭》說：「柔在內而剛得中，有孚攣如，位正當也。」「剛得中」，指九二與九五。既濟卦，《彖辭》說：「初吉，柔得中也。」指的是六二居中位。六二《象辭》說：「七日得，以中道也。」未濟卦，《彖辭》說：「未濟亨，柔得中也。」「柔得中」，指爻六五。九二《象辭》說：「九二貞吉，中以行正也。」

　　王弼根據《彖傳》與《象傳》關於中位說的解釋思路，在王弼易中就歸納、總結為一種解易的體例，為以後易學的發展提供了可借鑒的理論基礎，王弼對解易體例的創建與高度總結，成為易學發展得以傳承、創新的理論淵源，由此也造就了王弼易在易學哲學史中堅如磐石般的歷史地位。中位說在王弼易中表現的十分充分，如坤卦六四，王弼說：「處陰之卦，以陰居陰，履非中位，無直方之質；不造陽事，無含章之美，括結否閉，賢人乃隱；施慎則可，非泰之道。」〔註2〕復卦六二，王弼說：「得位處中，最比於初。上無陽爻，以疑其親，陽為仁行，在初之上而附順之，下仁之謂也。既處中位，親仁善鄰，復之休也。」〔註3〕大壯卦九二，王弼說：「居得中位，以陽居陰，履謙不亢，是以貞吉。」〔註4〕就中位說而言，在《周易正義》中，孔疏更多是對王弼易的繼承。此處不再列舉。

　　中位說在張載易學中依然為主要的解易體例，這是對王弼注、孔疏中位說的繼承，在以中位解易中，根據《彖傳》、《象傳》，張載更為具體的提出「柔中」、「剛中」和「過中」，豐富了中位解易原則。

　　在張載易學中，因為中位象徵著中正，可以影響卦爻的吉凶。張載說：「初上終始，三四非貴要之用，非內外之主，中爻以要存亡吉凶。」〔註5〕如履卦

〔註2〕〔魏〕王弼著　樓宇烈校釋：《王弼集校釋》上，中華書局1980年版，第228頁。
〔註3〕〔魏〕王弼著　樓宇烈校釋：《王弼集校釋》上，中華書局1980年版，第337頁。
〔註4〕〔魏〕王弼著　樓宇烈校釋：《王弼集校釋》下，中華書局1980年版，第388頁。
〔註5〕《張載集》，第229頁。

九二，張載說：「中正不累，無援於上，故中不自亂，得幽人之正。」〔註6〕由於居中位的卦爻性質不同，因此可以有三種情況，一為柔中，即陰爻居中位；一為剛中，即陽爻居中位；還有過中，即爻過中位。「如困卦『貞大人吉无咎』，蓋以剛中也，小過小事吉，大事凶，以柔得中之類。」〔註7〕不論是柔中還是剛中，「非中爻不能備卦德」，張載認為中位之爻體現的是中道、中正，體現出一卦之德。

1. 柔中，即陰爻居中位

一般來說，張載認為但凡陰爻居中位，大都可獲吉或免於无咎。

如：離卦：《彖傳》說：「離。利貞亨。畜牝牛，吉。」張載說：「以柔麗乎中正，故利貞。」

「六五，出涕沱若，戚嗟若，吉。象曰：六五之吉，離王公也。」張載說：「言王公之貴，人之所附，下以剛進，己雖憂危，終以得眾而吉者，柔麗中正也。」「下以剛進」，指九四，六五雖有所危機，但因以柔居中而得正，終可獲吉。

晉卦：「六二，晉如愁如，貞吉。受茲介福，於其王母。象曰：『受茲介福』，以中正也。」張載說：「進而無撓，多失於肆，故愁如乃吉。六五以陰居尊，故稱『王母』，俱以柔中，故受福可必也。」「進而無撓，多失於肆」，原文「肆」疑為「四」。晉卦的含義在於「進」，《彖傳》說：「柔進而上行」，六二上行雖無阻礙，但終究多失於九四，雖愁楚但終乃吉。六三也是如此，張載說：「上歷九四，不為眾信」。六二與六五，「俱以柔中」，因此必然都能受福。

豫卦六二，張載說：「六二以陰居陰，獨無累於四，故其介如石，雖體柔順，以其在中而靜，何俟終日，必知幾而正矣。體順用中，以陰居陰，堅介如石，故在理則悟，為豫之吉莫甚焉，不以悅豫而流也。」

臨卦六五，張載說：「順命行中，天子之宜。

噬嗑卦六五，張載說：「九四、上九，難於屈服，故曰『乾肉』。得居中持堅之義，正而危則得无咎也。」噬嗑，有口中有物、牙齒相咬合之象。「乾肉」，難以唒咬，如九四、上九。很難使之屈服，但六五居中堅持正義，雖有危機但可免於无咎。

賁卦六五，張載說：「陰陽相固，物所阜生，柔中之德比於上九。」

〔註6〕《張載集》，第93頁。
〔註7〕《張載集》，第229頁。

復卦六五，張載說：「性順位中，無它應援，以敦實自求而已。剛長柔危之世，能以中道自考，故可無悔，不然，取悔必矣。」「剛長柔危」，指復卦初九為主爻，主宰一卦的性質，六五居中而以中道自律，可無悔。

遯卦六二，張載說：「黃牛，中順也。陰邪浸長，二居君臣正合之位，戡難救時，莫若中順固志，使奸不能幹，不然，小人易間矣。」

如明夷卦：「六二，明夷，夷於左股。用拯馬壯，吉。象曰：六二之吉，順以則也。」張載說：「與三同體，三為六應，故曰『夷於左股』，居中履順，難不能及，故曰『用拯馬壯吉』。馬謂初九，亦為己用，故欲拯闇同。」

「六五，箕子之明夷，利貞。象曰：箕子之貞，明不可息也。」張載說：「雖近於闇，然柔順履中，闇不能掩，箕子之正也。」可見，六二與六五都因居中履順而獲吉。

革卦：「六二，巳日乃革之，征吉无咎。象曰：『巳日革之』，行有嘉也。」張載說：「俟上之唱，革而往應，柔中之德，所之乃吉。以柔為德，不及九五剛中炳明，故但文章蔚縟，能使小人改觀而從也。」此爻優勢明顯，與九五相應且居中位，結果乃吉。

震卦：「六五，震往來厲，億無喪有事。象曰：『震往來厲』，危行也，其事在中，大無喪也。」張載說：「懼往亦厲，懼來亦厲，能行己以危，則富貴可保，故曰『無喪有事』，猶云不失其所有也。以其乘剛故危，以其在中故無喪，禍至與不至皆懼，則無喪有事。一有云懼陰之中。」

旅卦：「六五，射雉一矢亡，終以譽命。象曰：『終以譽命』，上逮也。」張載說：「四處陰應下，堅介難致，雉之象也，以力致之，徒喪其矢。喪矢，喪其直也，文明居中，必不失其直，當終得譽美。」九四相較於六五，九四居六五之下，處境艱難，不免喪失其正直。而六五能「文明居中」，即不失其直，又能最終獲得讚譽。

2. 剛中，即陽爻居中位

觀《彖傳》與《象傳》，陽爻居中位對於成就一卦或卦爻的結果而言是至關重要的，因此在張載易學中就把陽爻居中位這一現象稱之為「剛中」，「剛中」相較於「柔中」較為普遍，且對卦爻結果的影響更為直觀、清晰和重要，意義則更為重大。如姤卦《彖傳》說：「剛遇中正」，張載一言以蔽之曰：「非中爻不能備卦德，故曰『剛遇中正』。」對於易卦，唯有中爻才有具備卦德中正的

條件。陽爻其性為剛，陽爻居中位即為「剛遇中正」，這在《易經》中僅首次提出，可見《象傳》對陽爻居中位的重視。

姤卦《彖辭》所指的「剛遇中正」具體指的是卦爻九五，「九五，以杞包瓜，含章，有隕自天。象曰：九五含章，中正也。『有隕自天』，志不捨命也。」張載說：「杞之為物，根固於下，瓜之為實，潰必自內。九五以中正剛健含章宅尊，而遇陰柔浸長之時，厚下安宅，潰亂是防，盡其人謀而聽天命者也。『以杞包瓜』，文王事紂之道，厚下以防中潰，盡人謀而聽天命者歟！」九五的中正剛健成為以防潰亂的根本，這是剛中重要性的體現，與柔中相比較而言，柔中的作用較為有限，如革卦六二，張載說：「以柔為德，不及九五剛中炳明，故但文章蔚縟，能使小人改觀而從也。」其主要作用是能夠保證六二為吉。

如：困卦：「九二，困於酒食，朱紱方來，利用享祀，征凶，无咎。象曰：『困於酒食』，中有慶也。」張載說：「困危之際，物思所附。九二以剛居中正，大人之吉，上下交說，不施聰明，美物方至，然未可有為，故以祭則吉，以徵則凶，徵雖或凶，於義无咎。際一作世。」九二剛中，不但可以使大人獲得吉慶，而且可使得上下交互歡悅，但限於困卦的整體局勢，張載也指出了九二的局限性。

井卦：「九五，井冽寒泉食。象曰：寒泉之食，中正也。」張載說：「『井冽寒泉』，美而可汲者也，剛中之德為眾所利。」九五如井泉之水，甘冽甜美能汲大眾，這是剛中之德的作用。

以剛居中固然重要，但張載也不是一味地固守此種重要性，認為剛中要發揮它的功用，成就一卦之德，只依賴中位中正未必能成功。如履卦，亨。《象傳》強調的是「柔履剛」，兌為悅為柔，剛柔相應。而張載卻以為：「說雖應乾而二不累五也。」雖然剛柔相應，但九二不累九五也是關鍵。《象傳》說：「剛中正，履帝位而不疚，光明也。」履卦九五以剛居中，「履帝位」故不疚。而張載以為：「無陰柔之累，故不疚，此所以正一卦之德也。」九五不疚的原因是九二與之呼應，相輔相成，無陰柔拖累，提出了與《象傳》不同的看法。

如陽爻居下卦之中位，而下卦為陰性，則陰陽相合，張載稱之為「剛柔之中」。

蠱卦：「九二，幹母之蠱，不可貞。象曰：『幹母之蠱』，得中道也。」張載說：「處中用巽，以剛繫柔，幹母之蠱，得剛柔之中也。」

蒙卦：「九二，包蒙吉。納婦吉，子克家。象曰：『子克家』，剛柔接也。」
張載說：「九二以下卦之中主卦德，故曰「子克家」。以子任家，必剛柔得中乃
濟，不可嚴厲也。張載說：「九二以剛居中，故能包蒙而吉。」

3. 過中，是指爻過了中位

一般指居中位之上，張載稱之為「過中」，這一解易體例體現出張載對《易
經》的獨特見解。

如：離卦：「九三，日昃之離，不鼓缶而歌，則大耋之嗟，凶。象曰：日
昃之離，何可久也！」張載說：「明正將老，離過於中，故哀樂之不常其德，
凡人不能久也。故君子為德，夭壽不貳。」

乾卦九三、九四，張載說：「乾三四，位過中重剛，時不可舍，庸言庸行
不足以濟之，雖大人之盛有所不安。」

臨卦：張載說：「臨言『有凶』者，大抵《易》之於爻，變陽至二，便為
之戒，恐有過滿之萌。未過中已戒，猶履霜堅冰之義，及泰之三曰：『無平不
陂，無往不復』，皆過中之戒也。」

噬嗑卦：「六二，噬膚滅鼻，无咎。象曰：『噬膚滅鼻』，乘剛也。」

張載說：「六三居有過之地而已噬之，乘剛而動，為力不勞，動未過中，
故无咎。」

无妄卦：「上九，无妄行，有眚，无攸利。象曰：无妄之行，窮之災也。」

張載說：「進而過中，是无妄而行也。」

坎卦：「上六，係用徽纆，寘於叢棘，三歲不得，凶。象曰：上六失道，
凶三歲也。」

張載說：「上六過中，逃險而失道者也，不附比陽中，幾於迷復之凶，故
為所繫累也。陰柔不能附比於陽，處險之極乘剛，宜其為所拘戮也。」

家人卦：「九三，家人嗃嗃，悔厲吉。婦子嘻嘻，終吝。象曰：『家人嗃嗃』，
未失也；『婦子嘻嘻』，失家節也。」

張載說：「位為過中，則履非得宜，與其慢也寧嚴。」

二、當位說

當位說在《彖傳》及《象傳》中均有所反映。如節卦《彖傳》有「當位以
節」；需卦上六《小象》有「雖不當位，未大失也。」；噬嗑卦《彖傳》有「柔
得中而上行，雖不當位，利用獄也」；賁卦六四《小象》有「六四當位」；蹇卦

《彖傳》有「當位貞吉」；未濟卦《象傳》有「雖不當位，剛柔應也」。《繫辭》有云：「二與四，同功而異位。其善不同，二不譽，四多懼，近也。……三與五，同功而異位。三多凶，五多功，貴賤之等也。」對於《繫辭》不論初上，王弼總結說：「歷觀眾卦，盡亦如之，初上無陰陽定位，亦以明矣。」〔註8〕至於爻位的作用，《繫辭》說：「是故列貴賤者，存乎位。」爻處六位，皆有貴賤尊卑。「尊者，陽之所處；卑者，陰之所履也。故以尊為陽位，卑為陰位。」〔註9〕對於二與四，三與五的陰陽定位，王弼說：「去初上而論位分，則三五各在一卦之上，亦何得不謂之陽位？二四各在一卦之下，亦何得不謂之陰位？」〔註10〕認為二四位當為陰位，一三位當為陽位。王弼易中，對當位的解易體例亦廣泛運用。如需卦上六，《象》曰：「雖不當位，未大失也」，王弼說：「處無位之地，不當位者也。」蹇卦二四為陰，三五為陽，王弼說：「爻皆當位，各履其正」。益卦六四，王弼說：「體柔當位」；萃卦六二，王弼說：「體柔當位」；困卦九四，王弼說：「雖不當位」；豐卦六二，王弼說：「以陰居陰」；節卦九五，王弼說：「當位居中」；小過卦九三，王弼說：「以陽當位」等。

　　張載易學繼承了王弼易學的當位說。對初、上位，張載以下、上稱之，認為初、上無位。如益卦上九，「位亢於上」；訟卦初六，「以陰居下體為柔順」；晉卦初六，「居下援上」；巽卦初六，「體柔居下」；大有卦上九，「居上而志應於中」；大過卦上六，「陰居上極」；大壯卦上六，「然上六以陰居上」；萃卦上六，「以陰居上」…這是對王弼易初上無位說的繼承。

　　張載易學認為二四位為陰位，三五位為陽位，五位為尊位、盛位、君位。

　　張載在解易中，對於卦爻《象辭》所明確提出的當位說，一種情況是予以堅持而且作為解釋爻辭的依據。

　　如：蹇卦：「六四，往蹇來連。象曰：『往蹇來連』，當位實也」。

　　張載說：「連，順也，序也。蹇反當位正吉，六四未能出險，故可止，而順序以俟難之解，當位處陰之實。」

　　解卦：「九四，解而拇，朋至斯孚。象曰：『解而拇』，未當位也。」

　　張載說：「位不當則所履者邪，故失位之陰因得駢附。險亂即解，解之則朋信。當一作正。」

〔註8〕〔魏〕王弼著　樓宇烈校釋：《王弼集校釋》下，中華書局 1980 年版，第 613 頁。
〔註9〕〔魏〕王弼著　樓宇烈校釋：《王弼集校釋》下，中華書局 1980 年版，第 613 頁。
〔註10〕〔魏〕王弼著　樓宇烈校釋：《王弼集校釋》下，中華書局 1980 年版，第 613 頁。

困卦：「九四，來徐徐，困於金車，吝有終。象曰：『來徐徐』，志在下也，雖不當位，有與也。」

張載說：「心有偏繫，吝也，以陽履柔，故有終。」

賁卦：「六四，賁如皤如，白馬翰如，匪寇婚媾。象曰：六四當位，疑也。『匪寇婚媾』，終無尤也。」

張載說：「以陰居陰，性為艮止，故志堅行潔，終無尤累。」

另一種情況是除了運用當位說解釋之外，還運用其他解易體例作為補充。

如臨卦：「六四，至臨，无咎。象曰：『至臨无咎』，位當也。」

張載說：「以陰居陰，體順應正，盡臨之道，雖在剛長，可以无咎。正一作說。」是說六四以陰居陰且應初九。

大壯卦：「六五，喪羊於易，無悔。象曰：『喪羊於易』，位不當也。」

張載說：「羊外柔而內很，六五以陰處陽，羊喪之象也，能去其內剛，不拒來者，則無悔，故曰『喪羊於易無悔』。履柔危之地，乘壯動之剛，固之必悔者，位非其所堪也。」是說六五以陰處陽，且乘九四之剛。

但也有卦爻《象辭》明確提出當位說，而張載卻未採用的情況。

如臨卦：「六三，甘臨，无攸利。既憂之，无咎。象曰：『甘臨』，位不當也。『既憂之』，咎不長也。」

張載說：「體說乘剛故甘，邪說求容而以臨物，安有所利！能自憂懼，庶可免咎。」這裡，張載未採用當位說，而是認為六三乘九二之剛。

中孚卦：「六三，得敵，或鼓或罷，或泣或歌。象曰：『或鼓或罷』，位不當也。」

張載說：「處非所安，物之所惡，剛而乘之，柔不相比，進退之際，惟敵是求，不恒其德，莫非己致。一作惟敵是得，故求之云云。」

如歸妹卦，《象辭》說：「『征凶』，位不當也；『无攸利』，柔乘剛也。」「位不當」指的是九二、六三、九四、六五皆不當位。「柔乘剛」指六三、六五乘九二、九四。

張載說：「三五皆乘剛，必退反乃吉。」在此卦的注釋中，張載沒有對「不當位」作明確說明。

對於卦爻《象辭》未明確提出當位說，張載在解易時除了運用當位說，還運用比、應、乘、承、中位等作為補充，使得對卦爻的解釋依據更為充分。

1. 當位且比，一爻既當位又與它爻相比

如：隨卦：「九四，隨有獲，貞凶。有孚在道，以明何咎！象曰：『隨有獲』，其義凶也。『有孚在道』，明功也。」

張載說：「以陽居陰，利於比三則凶也。處隨之世，為眾所附，苟利其獲，凶之道也。能以信存道，則功業可明，無所咎矣。」是說九四以陽居陰，比於六三。

旅卦：「九三，旅焚其次，喪其童僕，貞厲。象曰：『旅焚其次』，亦以傷矣，以旅與下，其義喪也。」

張載說：「以陽居陽，其志亢也，旅而驕亢，焚次宜也。下比二陰，喪其御下之正，危厲之道。」是說九三以陽居陽，且下比初六、六二。

巽卦：「九二，巽在床下，用史巫紛若，吉无咎。象曰：紛若之吉，得中也。」

張載說：「以陽居陰，其志下比，無應於上，故曰『巽在床下』。」是說九二以陽居陰，且比於初六。

小畜卦：「六四，有孚血去惕出，无咎。象曰：『有孚惕出』，上合志也。」

張載說：「以陰居陰，其體不躁，故曰『有孚』。能上比於五，與之合志，雖為群下所侵，被傷而去，懷懼而出，於義无咎。」是說六四以陰居陰，且上比於九五。

2. 當位且爻應，一爻既當位又與它爻有應

如：否卦：「九四，有命无咎，疇離祉。象曰：『有命无咎』，志行也。」

張載說：「居否之世，以陽處陰，有應於下，故雖有所命无咎也。」是說九四以陽居陰位，且與初六相應。

咸卦：「九四，貞吉，悔亡。憧憧往來，朋從爾思。象曰：『貞吉悔亡』，未感害也。『憧憧往來』，未光大也。」

張載說：「以陽居陰，非躁感於物者也，然體兌性悅，未免乎思以求朋之累也。蓋體悅之初，應止之始，己勞於上，朋止於下，故憧憧得朋，未為光大，不持以正則有諂瀆之悔。」是說九四以陽居陰，「應止之始」，下卦艮為止，「止之始」指初六，指九四應初六。

井卦：「九三，井渫不食，為我心惻，可用汲。王明並受其福。象曰：『井渫不食』，行惻也；求王明，受福也。」

張載說：「井以既出為功，井道之成在於上六，三其正應，而又以陽居陽，充滿可汲，為五所間，功不上施，故為我心惻。」是說九三以陽居陽，上六與九三相應。

觀卦：「六三，觀我生進退。象曰：『觀我生進退』，未失道也。」

張載說：「觀上所施而進退，雖以陰居陽，於道未失，以其在下卦之體而應於上，故曰『進退』。」是說六三以陰居陽，且應於上九。

豐卦：「六二，豐其蔀，日中見斗，往得疑疾，有孚發若，吉。象曰：『有孚發若』，信以發志也。」

張載說：「凡言往者，皆進而之上也。初進而上則遇陽而有尚。二既以陰居陰而又所應亦陰，故往無所發，愈增疑疾，能不私於累，信然接物乃吉。宜日中而所應得陰，故曰『見斗』，五在君位，故以斗喻夜見之象。」是說六二以陰居陰，且應於六五。

既濟卦：「九三，高宗伐鬼方，三年克之，小人勿用。象曰：『三年克之』，憊也。」

張載說：「上六險而應，此處卦之未濟以終亂者也，故以比鬼方。九三以陽居陽，文明而正，故用師雖久，困而必克，小人用之，取亡之道也。」是說九三以陽居陽，與上六相應。

3. 當位且中位，一爻當位且居中位

如恒卦：「九二，悔亡。象曰：『九二悔亡』，能久中也。」

張載說：「以陽繫陰，用以為常，不能無悔，以其久中故免。」是說九二以陽居陰，但能久居中位，故可以免悔。

4. 當位且乘，一爻既當位又乘

如大壯卦：「九三，小人用壯，君子用罔，貞厲。羝羊觸藩，羸其角。象曰：『小人用壯』，君子罔也。」

張載說：「以陽居陽，正也，然乘下之剛，故危。」是說九三以陽居陽，位正，然而乘九二之剛，所以處境危險。

5. 當位且乘、承，一爻當位，又乘下與承上

如鼎卦：「九三，鼎耳革，其行塞，雉膏不食，方雨虧悔，終吉。象曰：『鼎耳革』，失其義也。」

張載說：「以陽居陽，承乘皆剛，悔也，有九四之革，其行不得上通，此鼎耳之失義也。」是說九三以陽居陽，既乘九二又承九四。

6. 當位且乘、比，一爻既當位，又乘、比

如巽卦：「六四，悔亡，田獲三品。象曰：『田獲三品』，有功也。」

張載說：「柔順之德，以陰居位，雖或乘剛，悔終可亡。近比於五，不為諂妄，而又二三並為所獲，不私其累而樂為己用，田獲之類也。使三陽見獲，四之功也。」是說六四以陰居陰，乘九三之剛，又近比九五。

三、應位說

王弼認為初與四、二與五、三與上，不限高下，都可相應。爻位相應，指凡居其位的陰陽異性爻有應，同性爻則無應。通常而言，有應為吉，無應為凶。孔疏說：「《略例》云：『陽之所求者陰也，陰之所求者陽也』。一與四，二與五，三與上，若一陰一陽為有應，若俱陰俱陽為無應。」〔註11〕

應位說在張載易學中體現的比較多，以有應與無應解釋卦爻辭。王弼解釋爻應說：「夫應者，同志之象也。」〔註12〕而爻應現象僅限於陰陽爻之間。張載易學認為爻應除了陰陽相應，還有同性爻相應現象，這也屬於「同志之象」的體現。

如咸卦，艮下兌上，諸爻陰陽相應。咸即有感應之意。張載以為感應之道有多種：「感之道不一：或以同而感，聖人感人心以道，此是以同也；或以異而應，男女是也，二女同居則無感也；或以相悅而感，或以相畏而感，如虎先見犬，犬自不能去，犬若見虎則能避之；又如磁石引針，相應而感也。……聖人老吾老以及人之老而人慾老其老，此是以事相感也。」〔註13〕陰陽相應可以解釋為天地、夫婦之道，此是「以異而應」。「以同而感」，如「聖人感人心以道」。除此之外，張載還列舉了其他的一些事物感應。

「以同而感」的爻位感應如豐卦六二，張載說：「二既以陰居陰而又所應亦陰，故往無所發，愈增疑疾，能不私於累，信然接物乃吉。宜日中而所應得陰，故曰『見斗』，五在君位，故以斗喻夜見之象。」此是說六二所應於六五。豐卦九四，張載說：「無應於下，近比於五，故亦云『見斗』；正應亦陽，故云『夷主』。」九四近比六五，與初九無應，而正應當為「初九」。

「以同而感」的應位說，是張載易學體例的獨創與發明，亦可見張載的易學自信。

〔註11〕李學勤主編：《周易正義》，北京大學出版社1999年版，第21頁。
〔註12〕〔魏〕王弼著　樓宇烈校釋：《王弼集校釋》下，中華書局1980年版，第604。
〔註13〕《張載集》，第125頁。

四、一爻為主說

一爻為主說，王弼解釋說：「一卦之體，必由一爻為主，則指明一爻之美，以統一卦之義。」〔註14〕至於卦中何爻為主，在王弼易中，朱伯崑總結了三種情況，其一：指爻辭直接同卦辭相聯繫的一爻；其二是，指居中位之爻，即二五爻；其三是，指一卦之中陰陽爻象之最少者，如五陽一陰或五陰一陽之卦，其中一陰或一陽之爻，乃該卦之主體。〔註15〕一爻為主要依據具體《彖辭》來體會，王弼說：「夫《彖》者，何也？統論一卦之體，明其所由之主者也。」〔註16〕張載沒有明確提出五陰一陽或五陽一陰何爻為主，只是說：「陽卦多陰，陰卦多陽。陽卦多陰，則陽為之主；陰卦多陽，則陰為之主；雖小大不齊，而剛柔得位，為一卦之主則均矣。」〔註17〕

張載易學中的一爻為主說主要繼承自王弼易，王弼易中的一爻為主的三種情形在張載易學中均有所體現。

1. 中位之爻為主

如：剝卦，張載認為六五為卦之主，六五「以其居尊制裁，為卦之主」。剝卦五陰一陽，為陽卦，張載以為六五為剝卦之主，不同於「陽卦多陰，則陽為之主」之說。此處解易體例當繼承自王弼易學。〔註18〕

夬卦，張載認為九五為卦之主，九五「居尊當位，為夬之主」。夬卦五陽一陰，為陰卦，張載以為九五為夬卦之主，不同於「陰卦多陽，則陰為之主」之說。此處解易觀點亦繼承自王弼易學。〔註19〕

以上兩卦中的一爻為主，儘管兩卦屬於五陰一陽和五陽一陰，張載易學依然繼承的是王弼易即以中位之爻為主，朱即伯崑總結的第二種情況。

既濟卦，張載認為九五為卦之主，「九五既濟之主」。

〔註14〕〔魏〕王弼著 樓宇烈校釋：《王弼集校釋》下，中華書局 1980 年版，第 613 頁。

〔註15〕朱伯崑：《易學哲學史》第二卷，崑崙出版社 2005 年版，第 287～289 頁。

〔註16〕〔魏〕王弼著 樓宇烈校釋：《王弼集校釋》下，中華書局 1980 年版，第 591 頁。

〔註17〕《張載集》，第 214 頁。

〔註18〕王弼說：「處剝之時，居得尊位，為剝之主者也。」〔魏〕王弼著 樓宇烈校釋：《王弼集校釋》上，中華書局 1980 年版，第 333 頁。

〔註19〕王弼說：「羊者，抵狠難移之物，謂五也。居尊當位，為夬之主，下不敢侵。」〔魏〕王弼著 樓宇烈校釋：《王弼集校釋》下，中華書局 1980 年版，第 435 頁。

2. 五陰一陽或五陽一陰，其一陰或一陽之爻為卦之主

如：小畜卦，張載認為：「六四為眾陽之主」。小畜卦五陽一陰，為陰卦，即「陰卦多陽，則陰為之主」。

履卦，張載認為六三為「大君者，為眾爻之主也。」履卦，五陽一陰，為陰卦，六三為卦之主，即「陰卦多陽，則陰為之主」。

3. 爻辭直接同卦辭相聯繫的一爻

在王弼易學中，除了有一爻為主說，還有「一卦兩主」之說。如訟卦，王弼認為九二為「善聽之主」，九五「處得尊位，為訟之主」。孔疏總結為「一卦兩主者，凡諸卦之內，如此者多矣。五是其卦尊位之主，餘爻是其卦為義之主，猶若復卦初九是復卦之主，『復』義在於初九也。」〔註20〕「一卦兩主」之說在張載易學中也有繼承。

如蒙卦，張載認為：「蒙卦之義，主之者全在九二，《象》之所論，皆二之義。」「九二以下卦之中主卦德」。而六五，張載也以為其「與夫《象》之義同」。因此，六五也當為蒙卦之主。蒙卦有「一卦兩主」，主要是爻辭與《象辭》之義相同。

五、承乘

承乘，作為較為獨特的解易體例，在《易經》中並不多見，只有為數不多的幾條關於「乘」的記載。如屯卦六二，其「象曰：六二之難，乘剛也。」豫卦六五，「象曰：『六五貞疾』，乘剛也」。夬卦《象》有「柔乘五剛」的解釋。而關於承卻未有涉及。王弼易學提出承乘解易體例，既有對《象傳》、《彖傳》的總結，又有創新。王弼認為：「承乘者，逆順之象也。」〔註21〕樓宇烈解釋說：「『承』，載，以下對上稱『承』。『乘』，駕，以上對下稱『乘』。陰承陽是順，陽承陰是逆；陰乘陽是逆，陽乘陰是順。」〔註22〕因此，在王弼易學中既有「乘剛」，也有「乘柔」之說。

張載易學主要繼承了「乘剛」的解易體例。有陽乘剛與陰乘剛之說，而王弼易學主要涉及的是陰乘剛，其中有一處涉及到陽乘剛。〔註23〕張載認為乘剛

〔註20〕李學勤主編：《周易正義》，北京大學出版社1999年版，第49頁。
〔註21〕〔魏〕王弼著　樓宇烈校釋：《王弼集校釋》下，中華書局1980年版，第604頁。
〔註22〕〔魏〕王弼著　樓宇烈校釋：《王弼集校釋》下，中華書局1980年版，第606頁。
〔註23〕王弼說：「處『大有』之時，居下體之極，乘剛健之上，而履得其位，與五同功，威權之盛，莫此過焉。公用斯位，乃得通乎天子之道也。小人不克，害可

屬於「不當位」一類，以乘來解釋《象傳》中的「位不當」。

如：臨卦六三，「象曰：『甘臨』，位不當也。」六三以陰居陽，不當位，張載認為是「體說乘剛故甘，邪說求容而以臨物，安有所利！能自憂懼，庶可免咎。」睽卦六三，《象辭》說：「位不當也」，張載說：「乘剛遇敵，輿衛皆困。」主要以乘剛解釋。

夬卦九四，「臀無膚，其行次且，牽羊悔亡，聞言不信。象曰：『其行次且』，位不當也。『聞言不信』，聰不明也。」張載說：「一陰在上，眾陽爭趨，三其正應，已獨乘之，故行止皆凶。」張載認為主要是九四乘九三。孔疏以為：「九四據下三陽，位又不正，下剛而進，必見侵傷侵傷，則居不得安」。

中孚卦六三，「象曰：位不當也。」張載認為六三「剛而乘之，柔不相比」，即六三乘九二之剛，且與六四近不相比。

由此可見，張載認為乘剛為不當位，可以看作是「不當位」的補充。

陰乘剛與陽乘剛在張載易學中都有所涉及，可謂是對王弼注、孔疏的繼承。

陰乘剛，如无妄卦六二，以陰居陰，且居下卦中位，而爻辭說：「不耕獲，不菑畬，則利有攸往。」說明「利有攸往」的前提是「不耕獲，不菑畬」，張載解釋說：「柔之為道不利遠者，能遠利不為物首則可，乘剛處實則凶。」說明造成六二的困境是乘剛所致。

陽乘剛，如大壯卦九三，爻辭說：「小人用壯，君子用罔，貞厲。」張載說：「以陽居陽，正也，然乘下之剛，故危。小人用此而進，如羝羊觸藩以為壯，故多見困，君子知幾則否。藩以喻四、三有應，所之在進而位正理直，小人處之，必以剛動。」九三以陽居陽，且與上六相應，而爻辭卻說「貞厲」，張載認為主要原因是九三乘九二所致。而王弼卻認為是九三處下卦乾卦的極上，即「處健之極」的結果。

不論是陽乘剛，亦或是陰乘剛，在張載易學中均屬於不當位一類。與王弼易不同的是，王弼易認為陽乘剛似為可行，如大有卦九三所示，王弼稱之為：「居下體之極，乘剛健之上，而履得其位」。而張載認為陽乘剛屬於不當位，對此持否定態度，如離卦九四，張載說：「三剛而不可乘，五正而不見容」，九四不可乘九三之剛。又如恒卦九三，張載說：「進則犯上，退則乘剛」。大壯卦

待也。」〔魏〕王弼著 樓宇烈校釋：《王弼集校釋》上，中華書局 1980 年版，第 291 頁。

九四，張載說：「乘剛本有悔，不用其壯，故正〔貞〕吉」。巽卦九三，渙卦上九，亦皆如是。

承在《彖傳》、《象傳》中未明確表示，承本是王弼易學所發明。王弼以此作為作為解易的體例。如履卦九四，王弼說：「逼近至尊，以陽承陽」；謙卦六四，王弼說：「承五而用謙順」；噬嗑卦六三，王弼說：「然承於四而不乘剛」，等等。在張載易學中，承這一解易的體例，表現並不突出。只有一處見於鼎卦九三，張載解釋說：「以陽居陽，承乘皆剛」。說明張載並不反對承作為解易的方法，但並未廣泛運用，說明張載對此還是報以謹慎態度。

六、比

比在易學中屬於爻應一類，比卦《彖》傳說：「比，吉也。比，輔也，下順從也。」說的是比卦的九五下四陰爻順從、上輔助之。王弼易以「萬國以『比』建，諸侯以『比』親」來解釋《彖辭》「先王以建萬國，親諸侯。」《周易正義》繼承了《子夏易傳》的「親比」的注解，並在注釋中加以運用。《周易正義》說：「『比吉』者，謂能相親比而得具吉。」〔註24〕因此，比有相互親近、相互輔助的意思。

王弼易認為出現比的條件有兩個：一是爻無應則比，如賁卦六二，王弼說：「得其位而無應，三亦無應，俱無應而比焉，近而相得者也。」〔註25〕二是陰陽相比。這被其後的易學家所繼承。在王弼易中，比作為一種解易的方法，上下卦中，受卦體影響，有「外比」之說。如比卦六三，《爻辭》說：「比之匪人」，王弼說：「四自外比，二為五貞，近不相得，遠則無應，所與比者，皆非己親，故曰『比之匪人』」。卦爻六四，王弼說：「外比於五，復得其位，比不失賢，處不失位，故『貞吉』也。」孔疏解釋「外比」說：「凡下體為內，上體為外，六四比五，故云『外比』也。」〔註26〕由於「外比」或「比之自內」對卦爻的吉凶沒有直接影響，張載易學就沒有繼承這種解釋體例，相比而言其解釋方式顯得更加多樣化，有「上比」「下比」「反比」「順比」「親比」「近比」等。需要指出的是，張載不贊同王弼易中「近不必比」之說，他說：「陰陽之際，近必相比」，比也可為相互臨近的爻。在張載易學中還有兩個爻、三個爻甚至四個爻相互親比的現象，比的內容也顯得十分豐富。

〔註24〕 李學勤主編：《周易正義》，北京大學出版社1999年版，第54頁。
〔註25〕 李學勤主編：《周易正義》，北京大學出版社1999年版，第106頁。
〔註26〕 李學勤主編：《周易正義》，北京大學出版社1999年版，第54頁。

1. 上比，上比指的是下方的卦爻親比臨近上方的卦爻

如：小畜卦：「六四，有孚血去惕出，无咎。象曰：『有孚惕出』，上合志也。」

張載說：「以陰居陰，其體不躁，故曰『有孚』。能上比於五，與之合志，雖為群下所侵，被傷而去，懷懼而出，於義无咎。」群下指初九、九二、九三，六四因上比九五，雖被群下所傷，但在道義上則无咎。

習坎卦：「六四，樽酒簋貳用缶。納約自牖，終无咎。象曰：『樽酒簋貳』，剛柔際也。」

張載說：「四五俱得陰陽之正，險阻之際，近而相得，誠素既接，雖簡略於禮无咎也。上比於五，有進出之漸，故無凶。」六四上比九五。

2. 下比，下比指的是上方的卦爻比臨近下方的卦爻

如：復卦：「六二，休復，吉。象曰：休復之吉，以下仁也。」

張載說：「下比於陽，故樂行其善。」指六二下比初九。

旅卦：「九三，旅焚其次，喪其童僕，貞厲。象曰：『旅焚其次』，亦以傷矣，以旅與下，其義喪也。」

張載說：「以陽居陽，其志亢也，旅而驕亢，焚次宜也。下比二陰，喪其御下之正，危厲之道。」指九三下比初六，六二。

3. 反比，指卦爻返回親比臨近的下方的卦爻

如：頤卦：「六二，顛頤拂經，於丘頤，征凶。象曰：六二征凶，行失類也。」

張載說：「凡頤之正，以貴養賤，以陽養陰，所謂經也。頤卦群陰皆當聽養於上，六二違之，反比於初，以陰養陽，顛頤者也。群陰，上所聚養者也，六二亂經於聚養之義，失陰類之常，故以進則凶。」卦爻六二反比初九。

豐卦：「六五，來章，有慶譽，吉。象曰：六五之吉，有慶也。」

張載說：「來章，反比陽則明也；有慶，得配於四也。」指六五反比九四。

4. 順比，順比相對於反比，指卦爻順勢比其臨近上方的卦爻

如渙卦：「初六，用拯馬壯，吉。象曰：初六之吉，順也。」

張載說：「處險之下，故必用拯，無應於上，順比九二之剛，拯而馬壯，其吉宜也。」指初六順比九二。

5. 親比，親比相對於其他形式的比，從程度上顯得更為親近

如明夷卦：「六四，入於左腹，獲明夷之心，於出門庭。象曰：『入於左腹』，獲心意也。」

　　張載說：「與上六同為一體，故曰『入於左腹』，與五親比，故曰『出門』『獲明夷之心』。蓋用柔履中，其志相得，故曰『獲心意』也。」指六四親比六五。

　　6. 近比，顧名思義就是指臨近而比

　　如：解卦：「初六，无咎。象曰：剛柔之際，義无咎也。」

　　張載說：「險難方解，未護所安，近比於二，非其咎也。」指初六近比九二。

　　解卦：「六三，負且乘，致寇至，貞吝。象曰：『負且乘』，亦可醜也。自我致戎，又誰咎也！」

　　張載說：「不正而近比二剛，不能致一，故有小人負乘之象，貪以致寇也。」二剛指九二、九四，指六三近比九二與九四，不能夠保持專一。

　　履卦：「九四，履虎尾愬愬，終吉。象曰：『愬愬終吉』，志行也。」

　　張載說：「三五不累於己，處多懼之地，近比於三，能常自危，則志願終吉。陽居陰，故不自肆，常自危也。」指九四近比六三。

　　豐卦：「九四，豐其蔀，日中見斗，遇其夷主，吉。象曰：『豐其蔀』，位不當也；『日中見斗』，幽不明也；『遇其夷主』，吉行也。」

　　張載說：「無應於下，近比於五，故亦云『見斗』；正應亦陽，故云『夷主』。」指九四近比六五。

　　巽卦：「六四，悔亡，田獲三品。象曰：『田獲三品』，有功也。」

　　張載說：「柔順之德，以陰居位，雖或乘剛，悔終可亡。近比於五，不為諂妄，而又二三並為所獲，不私其累而樂為己用，田獲之類也。使三陽見獲，四之功也。」指六四近比九五。

第二節　體例創新

　　張載易學傳承了王弼易的解易體例，並在此基礎上有所發展、創新，宋代易學的發展，張載易學承上啟下，特點突出，無疑具有代表性。

一、卦變說

　　卦變說源自漢易，在唐代李鼎祚的《周易集解》中，保存了虞翻、荀爽等易學家以此解易的體例。王弼易盡黜象數，認為「互體不足，遂及卦變；變又

不足，推致五行。一失其原，巧愈彌甚。縱復或值，而義無所取。」〔註27〕因此卦變說也被一掃無餘。

張載易學保留了卦變說，並在解易時合理運用。張載的卦變說不同於荀爽的「乾升坤降」說，也不同於虞翻的乾坤卦變為六子卦，十二消息卦卦變為雜卦，更不同於程頤易學的乾坤卦變說與邵雍的「乾坤交而為泰，變而為雜卦也」的卦變說。〔註28〕

張載認為，「蓋卦本天道，三陰三陽一升一降而變成八卦，錯綜為六十四，分而有三百八十四爻也。」〔註29〕認為乾坤升降變成八卦，八卦錯綜為六十四卦。這與張載易學主旨「乾坤《易》之門戶」是相統一的。「張載關於六十四卦的形成，取乾坤卦變說，認為六十四卦的爻位變化皆來於乾坤兩卦，所謂『苟乾坤不列，則何以見易』。」〔註30〕張載的乾坤卦變說是乾坤卦「非覆即變」形成，呈現出乾坤卦動態變化過程，程頤的乾坤卦變是一種比較靜態的卦變。二者有根本性的不同。如朱伯崑所說：「程氏易學，亦主乾坤卦變說，但認為乾坤對立本於對待之理，其變易則出於往來屈伸之理，而理自身又是不變的，這難以說明卦象變易的根源。而張載則以太極之氣，即陰陽二氣統一體具有運動本性，說明乾坤兩卦互相作用從而形成六十四卦，這比程氏的說法，前進了一步，後被王夫之發展為乾坤並建說。」〔註31〕在《橫渠易說》中卦變說有以下：

如：

䷨ 損卦（艮上兌下）《橫渠易說》：「六三本為上六，與坤同體。」「上九本為九三。」

是說艮二陰一陽，兌一陰二陽，上六降而為六三，九三上而為上九，此是損卦來歷。是說損卦自泰卦卦變而來。

䷩ 益卦（巽上震下）《橫渠易說》：「本為初六，寄位於四。」「否卦九四下而為初九，故曰『天施地生』，又曰『損上益下』，又曰『自上下下』。」

是說六四本為初六，否卦九四下為初六。因此，益卦自否卦卦變而來。

〔註27〕〔魏〕王弼著 樓宇烈校釋：《王弼集校釋》下，中華書局1980年版，第609頁。

〔註28〕《邵雍全集》三，上海古籍出版社2015年版，第1208頁。

〔註29〕《張載集》，第181頁。

〔註30〕朱伯崑：《易學哲學史》第二卷，崑崙出版社2005年版，第335頁。

〔註31〕朱伯崑：《易學哲學史》第二卷，崑崙出版社2005年版，第336頁。

䷴ 漸卦（巽上艮下）《橫渠易說》：「漸卦九三、六四易位而居，三離上卦，四離下體，故曰『夫征不復，婦孕不育』」，「木非鴻所居，如四之易位而在上也，然本坤之爻，進而為巽，故或得其桷，居之可安也。」

是說漸卦應為九三、六四互移而致。乾上坤下，當為否卦卦變而來。

䷵ 歸妹卦（震上兌下）《橫渠易說》：「三陰本匯徵在上，今六三反下而為兌。」「泰之九三進而在四，六四降而在三，故曰天地之大義也。」

是說，泰卦九三上升為九四，六四下降為六三，歸妹卦為泰卦卦變而成。

䷐ 隨卦（兌上震下）《橫渠易說》：「上九，下居於初也，故曰『剛來下柔』」。

是說隨卦的上九本為初九，是上九與初六互移而成，乾上坤下，當為否卦卦變而成。

䷔ 噬嗑卦（離上震下）《橫渠易說》：「九五分而下，初六分而上，故曰『剛柔分』。」「六自初而進之於五，故曰『上行』。」

「九五分而下，初六分而上」，是說噬嗑卦六五本為九五，初九本為六五，是九五與初六互移所致，乾上坤下，當為否卦卦變而成。

䷗ 復卦（坤上震下）《橫渠易說》：「自姤而剝，至於上九，其數六也。剝之與復，不可容線，須臾不復，則乾坤之道息也，故適盡即生，更無先後之次也。此義最大。」

「自姤而剝，至於上九，其數六也。」䷫ 姤卦→䷖ 剝卦，姤卦初六層層向上剝之，「至於上九」，最終「剝之與復」，是說復卦「自姤而剝」卦變而來。

䷑ 蠱卦（艮上巽下）《橫渠易說》：「憂患內萌，蠱之謂也。泰終反否，蠱之體也，弱而止，待能之時也。」

「《象》曰：蠱，剛上而柔下」，蠱卦中的初六與上九互移，「泰終反否」，泰卦初九上而上九，上六下而為初六，是泰卦結束返於否卦的徵兆，因此蠱卦自泰卦卦變而來。

䷼ 中孚卦（巽上兌下）《橫渠易說》：「上九，翰音登於天，貞凶。象曰：『翰音登於天』，何可長也！」「處信之極，好居物上，信而無實，窮上必凶。一云：將變而為小過也。」

䷽ 小過卦（震上艮下），《橫渠易說》：「將變而為小過也」。《周易正義》：「今驗六十四卦，二二相耦，非覆即變。覆者，表裏視之，遂成兩卦，《屯》、

《蒙》、《需》、《訟》、《師》、《比》之類是也。變者，反覆唯成一卦，則變以對之，《乾》、《坤》、《坎》、《離》、《大過》、《頤》《中孚》、《小過》之類是也。」〔註32〕按孔穎達說法，覆是一卦上下顛倒，變是一卦陰陽爻變為相反之爻，張載認為中孚卦陰陽爻相反變為小過卦。

張載的卦變說，雖看似為否泰卦變，但其實質是乾坤卦變，正如王夫之所說：「故古注以為自否、泰而變。而先儒非之，謂乾坤合而為否泰，豈有否泰復為他卦之理！程子因謂皆自乾坤而變。然此二說相競，以名之異，而非實有之異也。…從三畫而言則謂之乾坤，從六畫而言則為否泰，其實一也。」〔註33〕

二、尊位、盛位說

在張載易學中，盛位主要是指五位，這是根據《周易·彖傳》有「尊位」一說而來。而《周易》中「尊位」只見於一處，「大有。元亨。《彖》曰：大有，柔得尊位，大中而上下應之曰大有。」這裡，「柔得尊位」是指陰爻居五位。張載易學依然繼承了易卦五位為尊位的觀點，並在解易中有所體現。

如：无妄卦九五，張載說：「體健居尊，得行其志，故以无妄為疾。」

頤卦六五，張載說：「聽養於上，正也；以陰居頤卦之尊，拂經也。」

晉卦六五，張載說：「六五以陰居尊，故稱『王母』，俱以柔中，故受福可必也。」

家人卦上九，張載說：「以陽居尊，故威如，身修而家齊，故終吉。」雖在上九，但從內容來看，是說九五。

姤卦九五，張載說：「九五以中正剛健含章宅尊，而遇陰柔浸長之時，厚下安宅，潰亂是防，盡其人謀而聽天命者也。」

升卦六五，張載說：「柔中極尊，不拒來者，使物皆階己而升，正而且吉，志宜大獲也。」

革卦九五，張載說：「以剛居尊，說而唱下，為眾所覩，其文炳然，不卜而孚，望而可信，下觀而化，革著盛焉。」

巽卦九五，張載說：「雖體陽居尊，無應於下，故不可為事之唱乃吉。」

〔註32〕李學勤主編：《周易正義》，北京大學出版社1999年版，第334頁。
〔註33〕〔明〕王夫之：《周易內傳·周易大象解·周易稗疏·周易外傳發例》二，嶽麓書社2011年版，第663頁。

　　對於卦爻五位為尊位之說，張載又提出五位為盛位作為補充。在王弼易中五位釋為尊位，《程氏易傳》中釋五位為尊位或君位。張載易學以盛位作為尊位的補充，其原因在於張載易學不僅所看重五位對於一卦的重要，還注意到五位所承載的德性，就易卦各爻位的道德體現而言，五位之德性乃「德盛仁熟」之位。而「尊位」或「君位」更多強調的是世俗之社會地位。如乾卦，張載易學主要是從道德層面去分析各爻位，就乾卦九五爻位而言，張載認為是大而成聖，是天德聖位。他說：「直待己實到窮神知化，是德之極盛處也」，「五，乾之極盛處，故以此當聖人之成德」。〔註34〕張載在這裡強調了五位作為盛德之位不同於帝王之位的原因，他說：「不言『帝王』而言『天德』，位不足道也，所性不存焉。」〔註35〕朱伯崑說：「依據此種觀點，張載在其《橫渠易說》中，儘量從道德修養的角度解釋卦爻辭，把卦爻辭看成是從事道德修養的格言，此是張載解易的一大特色。」〔註36〕「其對『飛龍在天』的解釋，可以說是對傳統的『九五之尊』說的突破，表現了張載對富貴之位的輕視。」〔註37〕張載易學，以盛位解易有如下：

　　如：師卦六五，張載說：「柔居盛位，見犯乃較，故无咎。任寄非一，行師之凶也。」

　　大有六五，張載說：「柔得盛位，非所固有，故曰大有。」

　　萃卦九五，張載說：「居得盛位，不能見大人之德，係應於二，故曰『有位』，履非不正，故无咎。然非君人之大信，為德非厚，不能無悔，故元永貞而後悔亡。」

　　兌卦九五，張載說：「說六三之進，則是孚於剝，近危之道也。故處乎盛位者，佞不可親也，當正位而進小人，信乎剝之道也。」

　　節卦九五，張載說：「以剛居中，得乎盛位，憂為其節者也，守之不懈，富貴常保，故曰『往有尚』」。

　　中孚卦九五，張載說：「處乎盛位而信不交物，未免於咎也。」

　　萃卦九五，張載說：「居得盛位，不能見以大人之德，係應於二，故曰『有位』，履非不正，故无咎。」

〔註34〕《張載集》，第 77 頁。

〔註35〕《張載集》，第 78 頁。

〔註36〕朱伯崑：《易學哲學史》第二卷，崑崙出版社 2005 年版，第 298 頁。

〔註37〕朱伯崑：《易學哲學史》第二卷，崑崙出版社 2005 年版，第 300 頁。

三、取象說

《繫辭》說:「是故《易》者,象也。」在易卦中有卦象與爻象之別,卦象是一卦之整體象,爻象即一爻之象。《繫辭》說:「《彖》者,言乎象者也」,「爻象動乎內,吉凶見乎外」,「八卦以象告,爻象以情言」。易象頗為複雜,且變化多端,歷代易學家對易象的解釋可謂眾說紛紜,因此對易象的研究也無止境。

《周易正義》在對「《易》有四象」的解釋時引用了莊氏(周易義疏家,姓名尚待考辨)的注解,「莊氏云:四象,謂六十四卦之中,有實象,有假象,有義象,有用象,為四象也。」莊氏認為《易》有四象,其實是《周易》中象的四種運用,孔穎達並不贊同莊氏的四象之說,認為在解釋卦象之中,已經不止這四種用法,但他並沒有做進一步的說明。莊氏對象的四種用法的解釋應當比較準確。易象的設置,其目的還是在於「聖人立象以盡意」。在《橫渠易說》中,張載並不廢象,肯定了易象的作用,他說:「象,謂一卦之質。」〔註38〕《橫渠易說》中對象的解釋亦在莊氏的四象的四種用法範圍之內,如:「不曰天地而〔曰〕乾坤云者,言其用也。…陰陽言其實,乾坤言其用,如言剛柔也。」「四象即乾之四德,四時之象,故下文云『變通莫大乎四時』。」此是指乾坤之象為用象;〔註39〕「鼎,象也,足陰腹陽,耳虛鉉剛,故曰「剛柔節」也。」「雲雷皆是氣之聚處,屯,聚也。」此當為實象;「又言「隱高於卑,謙之象也。……地中有山謙,夫山者崇高之物,非謙而何!」「山下有雷,畜養之象。」此當為假象;「家道之始,始諸飲食烹飪,故曰『風自火出』。」「靜之動也無休息之期,故地雷為卦,言反又言復,終則有始,循環無窮,入,指其化而裁之耳。」「无妄,雷行天動也,天動不妄,故曰无妄。」雷行天動當為實像,天動不妄此當為義象。

四、取義說

張載易學是屬於義理易學,故在解易中取義說相當豐富。自王弼一掃象數,開闢義理易學一派以來,一般認為王弼易只談義理不見象數。王弼易掃黜象數所針對的是漢易中紛繁瑣碎、穿鑿附會、龐雜不經的象,從《左傳》、《國語》及《易傳》所記載來看,古時解易有上下體、互體,主要採用八卦卦象解

〔註38〕《張載集》,第 180 頁。
〔註39〕《張載集》,第 204 頁。

易，除此還有爻象解易。王弼易捨棄漢易中的互體、卦變等方法，甚至連上下體也幾乎不用，創建了以爻象為基礎的義理易學。因此王弼易並不是要掃黜一切象數，王弼易依舊保留了爻象，且重視爻象的內在邏輯並以之建立起來的義理易學體系是毋庸置疑的。所以就張載易學的取義說而言，主要還是要對照王弼易來談。以王弼易作為參照，張載易學中取義說是核心解易體例，雖然張載易學也注重易象，並以易象來發揮義理，但相較而言並不是很多。

參照王弼易，張載取義說主要有以下兩個方面：

第一，對《彖傳》和《象傳》主要以義理解釋。在《彖傳》與《象傳》中有很多是關於上下體易象的言辭，如觀卦《大象傳》曰：「風行地上，觀，先王以省方觀民設教。」取上下體之象，坤下巽上，坤地巽風，張載沒有取上下體，他解釋說：「內順外巽，示民以順而外從巽，此祭所以為教之本，故盥而不薦。」賁卦《大象傳》曰：「象曰：山下有火，賁，君子以明庶政，無敢折獄。」賁卦離下艮上，離火艮山，張載解釋說：「無敢折獄者，明不兼於下，民未孚也，故止可明政以示民耳。」也沒有取上下體之象。而有的時候，張載並不完全採取取義說，以取義兼取象互為補充說明。如无妄卦，張載說：「物因雷動，雷動不妄則物亦不妄，故曰『物與无妄』。」无妄卦，震下乾上，震雷乾天，天下雷行，張載取上下體象闡明義理。再如頤卦《大象傳》曰：「山下有雷，頤，君子以慎言語，節飲食。」張載說：「山下有雷，畜養之象。」即以上下體結合義理說明。

第二，對《繫辭》主要以義理解釋，偶有取象說。

在《橫渠易說》中，對於《繫辭》中的「製器尚象」十三卦之間器與象之間的關係，除大過卦未作解釋，對大壯卦採用取象說，對其他各卦，張載主要採取取義說。現摘錄如下：

作結繩而為罔罟，以佃以漁，蓋取諸離。

張載說：「柔附於物，飲血茹毛之教，古所先有。一作無有。」

「包犧氏沒，神農氏作，斫木為耜，揉木為耒，耒耨之利以教天下，蓋取諸益。」

張載說：「天施地生〔而〕損上益下，〔故〕播種次之。」（此處天施地生當為天旋地生，見益卦《彖辭》）

日中為市，致天下之民，聚天下之貨，交易而退，各得其所，蓋取諸噬嗑。

張載說：「聚而通〔貨〕、交相有無次之。」

黃帝、堯、舜垂衣裳而天下治，蓋取諸乾坤。

張載說：「君逸臣勞。上古無君臣尊卑勞逸之別，故制以禮，垂衣裳而天下治，必是前世未得如此，其文章禮樂簡易樸略，至堯則煥乎其有文章。」

刳木為舟，剡木為楫，舟楫之利以濟不通，致遠以利天下，蓋取諸渙。

張載說：「舟車之作，舟易車難，故舟先於車。」

服牛乘馬，引重致遠，以利天下，蓋取諸隨。

張載說：「不勞而得其欲，故動而悅。取諸隨」

重門擊柝以待暴客，蓋取諸豫。

張載說：「有備則無患，故豫。」

斷木為杵，掘地為臼，臼杵之利，萬民以濟，蓋取諸小過。

張載說：「備物致用，過以養物。〔小過〕」

五、合陰陽

以爻是否合陰陽、居陰陽之正來判斷吉凶，也是張載易學的又一發明。

在對坤卦卦辭的解釋中，張載說：

「西南得朋，東北喪朋」，江沱之間，有嫡不以其媵備數，是不能喪朋也；媵遇勞而無怨，卻是能喪朋者，其卒嘯也歌，是「乃終有慶」也。此婦人之教大者也。西南，致養之地，東北，反西南者也，陰陽正合，則陰相對者必陽也。「西南得朋」，是始以類相從而來也。「東北喪朋」，喪朋，相忘之義，聽其自治，不責人，不望人，是喪其朋也，喪朋則有慶矣。江有沱、有汜、有渚，皆是始離而終合之象也。有嫡不以其媵備數，是不能喪朋；媵遇勞而無怨，是能喪朋也，以其能喪朋，故能始離而終合。「之子歸」，自嫡也；「不我以」，「不我與」，「不我過」，皆言其始之不均一也。「其後也悔」，嫡自悔也。處，「既安既處」之處也，始離而終既處也。歌是「乃終有慶」，慶則同有慶。〔註40〕

這裡，張載提出「陰陽正合」之說，在《後天八卦圖》中，西南為坤，東北為艮，坤為陰，艮為陽，陰陽正對，「則陰相對者必陽也」，這就是「陰陽正合」的意思。所以合陰陽，有陰陽正對、相應的意思。張載易學中的這種解易體例是對傳統易學體例的極大豐富。

〔註40〕《張載集》，第 80 頁。

《後天八卦圖》

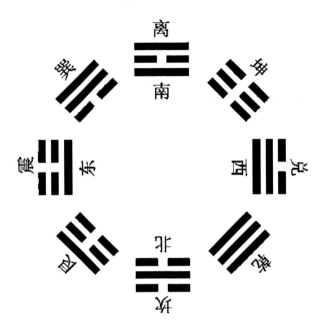

如泰卦，六四，翩翩，不富以其鄰，不戒以孚。象曰：「翩翩」「不富」，皆失實也。「不戒以孚」，中心願也。

張載說：「陰陽皆未安其分，故家不富，志不寧。」

六五，帝乙歸妹，以祉元吉。象曰：「以祉元吉」，中以行願也。

張載說：「雖陰陽義反，取交際為大義。」

泰卦六四與六五居上卦坤之中，泰卦上坤下乾，天下地上，與實際不符，所以張載說「陰陽皆未安其分」，「雖陰陽義反」，這種情形雖屬於陰陽相對，但卻不合。

賁卦，六五，賁於丘園，束帛戔戔，吝終吉。象曰：六五之吉，有喜也。

張載說：「陰陽相固，物所阜生，柔中之德比於上九。上九敦素，因可恃而致富，雖為悔吝，然獲其吉也。其道上行，故曰『丘園』。悔一作陷。」是說六五與上九陰陽相合。

習坎卦，六四，樽酒簋貳用缶。納約自牖，終无咎。象曰：「樽酒簋貳」，剛柔際也。

張載說：「四五俱得陰陽之正，險阻之際，近而相得，誠素既接，雖簡略於禮无咎也。上比於五，有進出之漸，故無凶。」是說六四與九五合陰陽。

第四章　張載解易特徵

　　雖說「大道至簡」，但宋易的派別絕對不簡單。有劉牧為代表的圖書派，有邵雍所創的數學派，有張載、二程為代表的義理派。還有漢唐以來的道家易、佛家易，象數易等等，《四庫全書總目提要》說：「易道廣大，無所不包，旁及天文、地理、樂律、兵法、韻學、算術，以逮方外之爐火，皆可援易以為說，而好易者又援以入易，故橫渠易說至繁。」張載易學屬於義理派，主要借《易》闡發儒家義理，但也不排斥象數。張載易學天道與人事「一滾論之」，以昭天道變化，明道德修養，達經世致用，承儒家道統，等等，其特徵鮮明，主旨明確，內容豐富，涵蓋廣泛。就解易特徵而言，具體有以禮解《易》，以時中釋《易》，以經、史證《易》。

第一節　以禮解《易》

　　史稱張載「尊禮貴德」、「以禮為教」，在其傳世名著《正蒙》中有專論禮學的《樂器》、《王禘》等篇，《經學理窟》中有《周禮》、《禮樂》、《祭祀》、《喪紀》等篇以專論禮學。在哲學史中建立了旗幟鮮明、體系完備的禮學體系。據歷史記載，由於張載力行和推崇古禮，「關中風俗一變而至於古」〔註 1〕，周、孔古禮漸在關中遍地開花，「學者用禮漸成俗」。〔註 2〕其弟子呂大鈞兄弟還撰寫了《鄉約》、《鄉儀》，並實踐於其鄉京兆藍田（今陝西藍田）。《橫渠易說》中，對卦爻辭及《易傳》的詮釋，以禮學觀點解易也是張載易學的一

〔註 1〕〔清〕黃宗羲：《宋元學案》，中華書局版 1986 年，第 664 頁。
〔註 2〕《張載集》，第 337 頁。

個鮮明特點。故張載的哲學理論帶有強烈地實踐性，對明清實學產生了深遠影響。

《宋史》載張載因精通古禮，「熙寧丁巳歲，天子召以為禮官，至京師，予始受其書而質問焉。」〔註3〕程伊川評價張載說：「子厚以禮教學者最善，使學者先有所據守。」〔註4〕張載以學術與實踐相結合，在他的努力之下，關中地域的風氣便大有改觀，人們都多遵從禮教。《張載集‧後錄上》記載：「子厚言：『關中學者用禮漸成俗。』正叔言：『自是關中人剛勁敢為。』子厚言：『亦是自家規矩太寬。』」〔註5〕這段話中顯示出張載的煥然自信，說明關中禮教已經深入人心，作為張載「自家規矩」的禮學已逐漸深入到關中學者的世俗生活之中，禮教融入生活，有著別開生面的動人之感。

張載弟子呂大臨說：「先生慨然有意三代之治，望道而欲見。」〔註6〕三代之治是張載的畢生的理想，他推崇古制，但不是盲目的全盤肯定，而是有所取捨，在一些重大事件的看法上他也決不讓步，堅持自我原則，雖相從者寡，但他依然堅守心中的信念，表現了一代理學宗師的風骨！《呂大臨橫渠先生行狀》記載：

> 會秦鳳帥呂公薦之曰：「張載之學，善法聖人之遺意，其術略可措之以復古，乞召還舊職，訪以治體。」詔從之。先生曰：「吾是行也，不敢以疾辭，庶幾有遇焉。」及至都，公卿聞風慕之，然未有深知先生者，以所欲言嘗試於人，多未之信。會有言者欲請行冠婚喪祭之禮，詔下禮官。禮官安習故常，以古今異俗為說，先生獨以為可行，且謂「稱不可非儒生博士所宜」，眾莫能奪，然議卒不決。郊廟之禮，禮官預焉。先生見禮不致嚴，亟欲正之，而眾莫之助，先生益不悅。會有疾，謁告以歸，知道之難行，欲與門人成其初志，不幸告終，不卒其願。〔註7〕

咸寧十年（1077），由秦鳳帥呂大防力薦，張載被對於有心回復古制的宋神宗召見並擔任同知太常一職。此時張載不顧肺病已嚴重，認為機遇難得，不敢以疾病請辭，以望實現其所願，但實際情況卻異常艱難。僅對於行冠婚喪祭

〔註3〕《張載集》，第 3 頁。
〔註4〕《張載集》，第 336 頁。
〔註5〕《張載集》，第 337 頁。
〔註6〕《張載集》，第 381 頁。
〔註7〕《張載集》，第 381 頁。

之禮，禮官以古今異俗為理由，不循古制，張載提出批評，稱這不是「儒生博士」所做的事，在眾說紛紜、一番爭執之後還是未能依張載意見而定。在行郊廟之禮的事件中，儘管禮官事先就做了準備，但張載認為禮不嚴謹，細節有不周之處，欲做改正。但這次相較前次，前面眾人的態度是「眾莫能奪，然議卒不決」，而這次卻是「眾莫之助」，眾人成為看客，只觀望不參與，張載孤立無援，內心不悅。後以有疾告以歸鄉，曾抱著莫大的期望而來，卻鬱鬱寡歡而去，未能「成其初志」、「不幸告終」。在回鄉途中，「中道疾甚，沐浴更衣而寢，旦而卒」〔註8〕。司馬光深切緬懷說，「舊廬不能到，丹旒風翩翩」〔註9〕。至此一顆哲學巨星隕落！

　　張載「以禮為教」，「教人學雖博，要以禮為先」，張載禮學的理論建構與《周易》哲學思想有密切的關係，在《橫渠易說》中，張載禮學創建的思想脈絡逐漸明晰起來。

一、禮的起源

　　禮作為道德規範和典章制度，首先從具體的服飾穿著開始，後擴展、涉及到社會生活的方方面面。《說文》：「禮，履也，所以事神致福也。」《釋名》：「禮，體也。得其事體也。」

　　《繫辭》云：「黃帝、堯、舜垂衣裳而天下治，蓋取諸乾坤。」

　　「垂衣裳而天下治」，韓康伯注曰：「垂衣裳以辨貴賤，乾尊坤卑之義。」〔註10〕《正義》說：「『垂衣裳』者，以前衣皮，其制短小，今衣絲麻布帛所作衣裳，其制長大，故云『垂衣裳』也。『取諸乾坤』者，衣裳辨貴賤，乾坤則上下殊體，故云『取諸乾坤也』。」〔註11〕

　　韓注孔疏重點在於解釋「垂衣裳」，卻沒有與「天下治」聯繫起來，因此，缺乏社會歷史的解讀眼光。對此，張載解釋說：

　　　　君逸臣勞。上古無君臣尊卑勞逸之別，故制以禮，垂衣裳而天下治，必是前世未得如此，其文章禮樂簡易樸略，至堯則煥乎其有文章。然傳上世者，止是伏犧神農。此仲尼道古也，猶據聞見而言，以上則不可得而知。所傳上世者未必有自，從來如此而已。安知其

〔註8〕《張載集》，第385頁。
〔註9〕《張載集》，第388頁。
〔註10〕李學勤主編：《周易正義》，北京大學出版社1999年版，第300頁。
〔註11〕李學勤主編：《周易正義》，北京大學出版社1999年版，第301頁。

間（固）〔故〕嘗有禮文，一時磨滅爾，又安知上世無不如三代之文
章者乎！然而如周禮則不過矣，可謂周盡。今言治世，且指堯舜而
言，可得傳者也。歷代文章，自夫子而損益之，見其禮而知其政，
聞其樂而知其德，不可加損矣。〔註12〕

張載試圖從歷史發展的過程陳述禮是如何產生的，認為在上古時期君臣
的職位分工並不明顯，「君逸臣勞」現象不存在，君尊臣卑無法得以體現，因
此必須制禮以作區別。在張載看來禮儀制度是隨著社會生產力的發展而逐漸
產生、發展起來的。在社會生產力水平低下的上古時期，「無君臣尊卑勞逸之
別」，其後「垂衣裳而天下治」，禮儀制度才逐漸被創建起來。「垂衣裳」與「天
下治」是緊密聯繫的，天下治，禮儀制度才有產生和體現的基礎，天下亂，禮
儀制度缺乏社會基礎，禮崩樂壞是必然的。《繫辭》說禮為黃帝、堯、舜所制，
張載並不完全贊同，他認為孔子敘述古時情形必須有所依據，而這依據主要是
根據「聞見」。張載認為禮最初是從服飾的具體規定開始的，制定禮儀來達到
和體現君尊臣卑、君逸臣勞的目的，上古君臣無尊卑勞逸的區別，所以聖人制
以禮。「垂衣裳而天下治」是君臣地位的區分，顯示出君的尊貴安逸，《禮記正
義·序》說：「非禮無以事天地之神，辯君臣長幼之位，是禮之時義大矣哉！」
〔註13〕，即禮的功能特徵。

二、制禮以教天下

管子有言：「倉廩實而知禮節，衣食足而知榮辱」。張載認為禮教必須要以
物質條件作為前提，他說：「雲上於天，物皆有待之象。比必有所畜，故受之
以小畜。物畜然後有禮，故受之以履。」〔註14〕

作為制禮的聖人，能知神見易，聞性與天道而後制禮作樂，張載說：「知
神而後能饗帝饗親，見易而後能知神。是故不聞性與天道而能制禮作樂者未
矣。」〔註15〕

張載的禮是內在工夫與外在實踐相統一，禮不是徒有形式的外在表現，而
是有著豐富內容的儒家道德工夫。他說：

誠意而不以禮則無徵，蓋誠非禮無以見也。誠意與行禮無有先

〔註12〕《張載集》，第 212 頁。
〔註13〕李學勤主編：《禮記正義》，北京大學出版社 1999 年版，第 3 頁。
〔註14〕《張載集》，第 239 頁。
〔註15〕《張載集》，第 18 頁。

後，須兼修之。誠謂誠有是心，有尊敬之者則當有所尊敬之心，有養愛之者則當有所撫字之意，此心苟息，則禮不備，文不當，故成就其身者須在禮，而成就禮則須至誠也。〔註16〕

張載指出誠意要以禮來體現，誠意與禮互為一體，誠意必然以禮來顯現，禮是誠意的體現，誠意與禮無分先後，須同時休養。誠意與禮是內與外的關係，誠意是禮的根本，禮是誠意的落實。誠意修心於內，由誠意而產生道德之心，如誠意之心停止運作，那麼禮就不完備，因此誠意與禮須同時修行。所以，禮要以誠意來完成、實現，外在的禮與內在的誠合而為一，君子方能成就自身。

張載認為仁、義、禮、智、信是逐一實現的過程，仁為根本、核心，得仁則可行義、立禮、智知、守信。禮的作用在於能夠加固、守成內心的仁。對於儒者來說，學而行之，心中有誠信，不疑惑，必須要學禮以守固心中之仁。故張載認為無論是內心的誠意、仁，知禮守禮是內在道德的基本要求。張載說：

仁不得義則不行，不得禮則不立，不得智則不知，不得信則不能守，此致一之道也。〔註17〕

學之行之而復疑之，此習矣而不察者也。故學禮所以求不疑，仁守之者在學禮也。〔註18〕

至於學禮的目的性，張載強調了學禮的實踐特徵，這也是儒者所追求的「內聖外王」的直接體現，張載說：

學得《周禮》，他日有為卻做得些實事。以某且求必復田制，只得一邑用法。若許試其所學，則周禮田中之制皆可舉行，使民相趨如骨肉，上之人保之如赤子，謀人如己，謀眾如家，則民自信。〔註19〕

禮（成）教備，養道足，而後刑可行，政可明，明而不疑。備一作修。〔註20〕

張載的禮學其目的在於「實事」，如復井田，他反對法家主張的以嚴刑峻法治國，認為禮儀制度與道德修養是前提、基礎，然後才可以實施刑法，國家政治方能清明。

〔註16〕《張載集》，第 266 頁。
〔註17〕《張載集》，第 274 頁。
〔註18〕《張載集》，第 265 頁。
〔註19〕《張載集》，第 282 頁。
〔註20〕《張載集》，第 214 頁。

三、禮的形上根據

張載教導世人應知禮成性，對於「知禮」，張載從「知」與「禮」兩個層次來說，知可崇德，禮可廣業。張載注解《繫辭》說：「『知崇禮卑』，叩其兩端而竭也，崇既效天，卑必法地。」「非知，德不崇；非禮，業不廣」。知禮，是效法天地的尊卑，天與地，天崇而地卑，這昭示出禮是秩序、法度。德與業，知與禮，是互為一體的內在根據和外在表現的關係。有知方能崇德，有禮方可廣業，內在的知，外在的禮，內在的德，外在的業，是君子修德敬業的目標追求。禮制效法天地，無比崇高偉大，知禮作為儒家的道德要求和禮儀規範，它有著無與倫比的形上性，知禮是對天地的效法、模擬，天地的德性是知禮的形上根據，這就賦予了知禮的神聖、不可動搖的地位。如此方能與佛、道兩家所提出的社會倫理、禮儀規範相抗衡，才能使儒者建立起一種堅不可摧的強大自信。張載說：

> 〔知〕崇，天也，形而上也。通晝夜之道而知，其知崇矣。知及之而不以禮性之，非己有也，故知禮成性而道〔義〕出，如天地〔設〕位而易行。

> 天地位定而易行〔乎〕其中，知禮成性而道義出。夫《易》，聖人所以崇德廣業，以知為德，以禮為業也，（蓋）〔故〕知崇則德崇矣。此論《易》書之道，而聖人亦〔所〕以教人。「天地設位而易行乎其中」，比下文「成性存存道義之門」而言也。天地設位，故易行於乎其中，知禮成性，則道義自此（而）出也，道義之門（者）〔蓋〕由仁義行也。

> 聖人亦必知禮成性，然後道義從此出，譬之天地設位則造化行（於）〔乎〕其中。知則務崇，禮則惟欲乎卑，成性須是知禮，存存則是長存。知禮亦如天地設位。〔註21〕

這裡張載賦予了「知禮成性」的形上根據，對知與禮又作了進一步的細緻闡釋。「知」是對天的尊崇，這既是對日月星辰自然之天的參悟，也是對義理之天的崇拜。人應該通過參悟天地晝夜之道而崇拜上天。張載認為「禮」是聖人通過對天地的認知通達於具體的事務，以之成為道德的規範，行為的準則。因此，禮不僅有外在的形式，而且也表現為內化成性的過程。張載合而論之為

〔註21〕《張載集》，第 191 頁。

「禮性」，如果沒有「性」作為禮的內在規定，那麼禮則是空洞、虛偽的，徒有形式而已。所以「知」、「禮」、「性」三者應該是相統一的。「知」可以達乎性，而「禮」則是中間環節，起到了橋樑和紐帶的作用。如此，「知禮成性」才能實現。這即是禮的重要性和價值所在。

　　而在《禮記正義》中，禮的形上之義昭然若是，「夫禮者，經天緯地，本之則大一之初；原始要終，體之乃人情之欲。」「夫禮者，經天地，理人倫，本其所起，在天地未分之前。故《禮運》云：『夫禮必本於大一。』是天地未分之前已有禮也。禮者，理也。」〔註22〕在《橫渠易說》中張載也有所繼承。張載以易之為道切入到知禮成性。天地尊卑，天地位定，萬物井然有序，各居其所，皆是易道使然。聖人效法易道，崇德廣業，知崇天道，推崇德性，同時實踐禮的事業。聖人知禮成性，廣弘仁義，道義有所出，所以說知禮成性應是道義之門，是道義的根源所在。知崇就要致力於崇高，但作為禮卻要從最卑微處做起。成性與知禮是合二為一的，聖人知禮成性而道義出，聖人成性長存不變。既然「知」「禮」來自於聖人，就如天地設位不能更改。「禮亦有不須變者，如天敘天秩之類，如何可變！」張載認為如「天秩天序」一類的至高古禮更不可更改，表現出張載對待傳統禮制的堅定和維護之情。

　　對知禮成性的實踐路徑，張載說：

> 何以致不息？成性則不息。誠，成也，誠為能成性也，〔如〕仁人孝子所以成〔其〕身。柳下惠，不息其和也；伯夷，不息其清也；於清和以成其性，故亦得為聖人也。然清和猶是〔性之〕一端，不得（完）〔全〕正，不若知禮以成性，〔成性〕即道義從此出。〔註23〕

　　史稱張載以「以《中庸為體》」，張載從《中庸》中得出君子成性的路徑，指出成性是一個漫漫不息的過程，唯誠才可以成性。認為即使如柳下惠之和，伯夷之清，也只是性之一端，要得全正，唯知禮成性方可。既然誠作為成性的路徑，那麼「知」「禮」其實就是對誠的認識和實踐。這樣，張載就把誠與知禮成性統一起來了。

　　「知」就是要把握高玄的天道，「禮」要落實於具體的實在，這是對天地之道的效法。人必須以禮而立於天地之間，失禮如失天道，道義自然就不存在。張載說：

〔註22〕李學勤主編：《禮記正義》，北京大學出版社 1999 年版，第 2 頁。
〔註23〕《張載集》，第 192 頁。

知極其高，故效天；禮著實處，故法地。人必禮以立，失禮則孰為道？〔註24〕

對於學者未能成性，張載指出是患在不努力、不勵勉，因此無法堅持下去。如果達到成性的境界，雖不自勉但卻符合中道，雖不思考但可知悉一切，所言所行皆是仁義。張載認為除了如「天敘天秩之類」的禮不能變更之外，在生活中一些禮可以隨時代變遷而發生變化，如「孔子喪出母，子思不喪出母」之類。說明張載對待古禮並不是一味固守，認為禮也要靈活變通以適應時代需要。張載說：

〔時措之宜便是禮，禮實時措時中見之事業者。非禮之禮，非義之義，但非時中皆是也。非禮之禮，非義之義，又不可以一概言，如孔子喪出母，子思（守禮）〔不喪出母，又不可〕以〔子思守禮〕為非也。又如制禮（以）〔者〕小功不稅，他外反。日月已過乃聞而服曰稅。使曾子制禮，又不知如何。以此不可易言。時中之義甚大，須是精義入神以致用，〔始得〕觀其會通以行其典禮，此（則）〔方是〕真義理也。行其典禮而不達會通，則有非時中者（也）〔矣〕。〔今學者則須是執禮，蓋禮亦是自會通制之者。然言不足以盡天下之事，守禮亦未為失，但大人見之，則為非禮非義，不時中也。君子要多識前言往行以畜其德，以其看前言往行熟，則自能比物醜類，亦能見得時中。〕禮亦有不須變者，如天敘天秩〔之類〕，如何可變！〔時中者不謂此。〕〔註25〕

四、卦爻與禮

在張載易學中，以是否合禮來考察卦爻，並以此做出相應地判斷，這是張載解易的一個重要特徵，這與張載注重禮教是一以貫之的。《橫渠易說》與《伊川易傳》相比較，即可從區別中可以反映出張載以禮解易的特色。

如：習坎卦：六四，樽酒簋貳用缶。納約自牖，終无咎。象曰：「樽酒簋貳」，剛柔際也。

張載說：「四五俱得陰陽之正，險阻之際，近而相得，誠素既接，雖簡略於禮无咎也。上比於五，有進出之漸，故無凶。」〔註26〕六四與九五，各得

〔註24〕《張載集》，第 192 頁。
〔註25〕《張載集》，第 193 頁。
〔註26〕《張載集》，第 122 頁。

陰陽正位，面對險阻，近而相互幫助，因為真誠接待，禮雖簡略但可无咎。

　　孔穎達說：「正義曰：釋『樽酒簋貳』義。所以一樽之酒、貳簋之食得進獻者，以六四之柔與九五之剛兩相交際而相親，故得以此儉約而為禮也。」〔註27〕張載與《周易正義》的觀點基本是一致的。而《伊川易傳》則是完全不同的表述，程頤說：「六四陰柔二下無助，非能濟天下之險者。以其在高位，故言為臣處險之道。大當險難之際，唯至誠見信於君，其交固而不可間，又能開明君心，則可保无咎矣。夫欲上之篤信，唯當盡其質實而已。多儀而尚飾，莫如燕享之禮，故以燕享喻之，言當不尚浮飾，唯以質實。所用一樽之酒，二簋之食，復以瓦缶為器，質之至也。其質實如此，又須納約自牖。納約謂進結於君之道。」〔註28〕程頤認為習坎卦六四柔弱無應，為取信九五，不得不「納約自牖」過簡單質樸的生活。

　　恒卦：初六，浚恒，貞凶，无攸利。象曰：浚恒之凶，始求深也。

　　張載說：「柔巽在下以應於上，持用為常，求之過深也。故人道之交貴乎中禮，且久漸而成也。」〔註29〕張載認為初六的行為合乎中禮，是日益養成的結果。

　　《伊川易傳》認為：「初居下而剛為正應，柔暗之人，能守常而不能度勢；四震體而陽性，以剛居常，志上而不下，又為二三所隔，應初之誌異乎常矣，而初乃求望之深，是知常而不知變也。」〔註30〕「居恒之始，而求望於上之深，是知常而不知度勢之甚也，所以凶，陰暗不得恒之宜也。」〔註31〕程頤認為初六本與九四相應，但因九二、九三相阻，初六求望之深而不知變化，導致陷入凶境之中。可見張載與程頤的解易思維完全不同。

　　萃卦：六二，引吉，无咎。孚乃利用禴。象曰：「引吉无咎」，中未變也。

　　張載說：「物思其聚之時，能自持不變，引而後往，吉乃无咎。凡言『利用禴』，皆誠素著白於幽明之際，未孚而略禮，則神怒而民怨。」〔註32〕

　　孚，誠信。禴，祭名，字也可為礿，夏商時為春祭。《禮記·王制》記載：「天子諸侯宗廟之祭，春曰礿，夏曰禘，秋曰嘗，冬曰烝。」《禮記正義》解

〔註27〕李學勤主編：《周易正義》，北京大學出版社 1999 年版，第 133 頁。
〔註28〕〔宋〕程頤　程顥著：《二程集》下，中華書局 1981 年版，第 846～847 頁。
〔註29〕《張載集》，第 127 頁。
〔註30〕〔宋〕程頤　程顥著：《二程集》下，中華書局 1981 年版，第 862 頁。
〔註31〕〔宋〕程頤　程顥著：《二程集》下，中華書局 1981 年版，第 863 頁。
〔註32〕《張載集》，第 147 頁。

釋說：「礿者，薄也。春物未成，其祭品鮮薄也。孫炎云：礿者，新菜可礿。」
既濟卦九五爻辭曰：「東鄰殺牛，不如西鄰之禴祭。」東鄰用大牲獻祭但不如
西鄰用簡單的蔬菜獻祭，因為西鄰心中有誠信。誠素，亦作「誠愫」，情感真
誠義。著白，著明，顯明通徹。幽明，指生死。張載認為心中誠信，禮祭於神
明雖祭品簡約但可无咎。如果心無誠信且禮祭簡略，其後果是神怒民怨。

中孚卦：初九，虞吉，有他不燕。象曰：「初九虞吉」，志未變也。

張載說：「為信之始，其信未孚，而志應在四，進有二三，剛柔之間，非
以禮自防，使為眾所信，取悔之道也。故必防其萌，使志不亂，孚交如則威如
乃吉。」〔註33〕

以禮自防是說要遵從禮制，自我防備違禮行為。張載認為誠信要符合禮，
以禮來規範誠信。如此，誠信才可長久，才能真正為眾所信。

既濟卦：九五，東鄰殺牛，不如西鄰之禴祭實受其福。象曰：「東鄰殺牛」，
不如西鄰之時也。「實受其福」，吉大來也。

張載說：「東鄰，上六也；西鄰，六四也。過於濟，厚也；幾於中，時也。
濟而合禮，雖薄受福。九五既濟之主，舉上與下，其義之得不言而著也。」
〔註34〕九五作為既濟之主，所濟合乎中禮，禴祭雖薄，只因合禮而能夠受福。
說明禮在祭祀中的重要。《伊川易傳》則認為：「五中實，孚也；二虛中，誠
也；故皆取祭祀為義。東鄰，陽也，謂五；西鄰，陰也，謂二。殺牛，盛祭
也；禴，薄祭也。盛不如薄者，時不同也。二五皆有孚誠中正之德，二在濟
下，尚有進也，故受福。五處濟極，無所進矣，以致誠中正守之，苟未至於
反耳。」〔註35〕程頤認為「盛不如薄者，時不同也」，與禮無關。另外，對東
鄰、西鄰的看法，二人是完全不同的。而孔穎達則從道德層面進行了解釋，
「孔疏：祭祀之盛，莫能修德。九五履正居中，動不為妄，修德者也。苟能
修德，雖不可饗。假有東鄰不能修德，雖復殺牛至盛，不為鬼神歆饗；不如
我西鄰禴祭雖薄，能修其德，故神明降福，故曰『東鄰殺牛，不如西鄰之禴
祭，實受其福』也。」〔註36〕可見，易學家們的關注視角不同，解釋的內容
也是大相徑庭、各有千秋。

〔註33〕《張載集》，第 171 頁。
〔註34〕《張載集》，第 175 頁。
〔註35〕〔宋〕程頤 程顥著：《二程集》下，中華書局 1981 年版，第 1021 頁。
〔註36〕李學勤主編：《周易正義》，北京大學出版社 1999 年版，第 252 頁。

　　蒙卦：蒙。亨。匪我求童蒙，童蒙求我。初筮告，再三瀆，瀆則不告，利貞。

　　張載說：「禮聞取道義於人，不聞取其人之身。來之為言，屬有道義者謂之來。來學者，就道義而學之，往教者，致其人而取教也；『童蒙求我，匪我求童蒙』是也。」〔註37〕在張載看來，前來求學禮的人都是看到施教者身上的道義，而不是因為施教者地位的高貴。集禮與道義於一身，這才是求學的宗旨。禮與道義互重，不可偏廢，禮雖為外在的形式，但其實質確是涵於內的道義。《伊川易傳》則認為：「六五為蒙之主，而九二發蒙者也。我，謂二也。二非蒙主，五既順巽於二，二乃發蒙者也，故主二而言。匪我求童蒙，童蒙求我。」「匪我求童蒙，童蒙求我，志應也。」

　　噬嗑卦：六三，噬腊肉遇毒，小吝无咎。象曰：「遇毒」，位不當也。

　　張載說：「所間在四，四為剛陽，故曰『臘肉』；非禮傷義，故曰『遇毒』。能以為毒而捨之，雖近不相得，小有吝而无咎也。」〔註38〕六三處於六二與九四之間，非禮且傷道義。張載稱此種情形為「遇毒」。《伊川易傳》則認為：「六居三，處不當位，自處不得其當，而刑於人，則人不服而怨懟悖犯之」，此行為「如遇毒惡之味，反傷於口也」。〔註39〕

　　益卦：六三，益之用凶事，无咎。有孚中行，告公用圭。象曰：益用凶事，固有之也。

　　張載說：「中行者，不私於應，無所偏係也。用心不私，以拯凶難，雖非王者之佐，可以用之牧伯以為藩屏之臣矣。體躁居陽，上有剛應，持此施益，用拯凶難，乃其固能也，故无咎可必。然亦須執禮告上公而行，方合中道，其曰『告公』者，未足專進為王者之佐也。」〔註40〕這裡，張載不但強調「用心不私」，而且也強調「執禮」的重要性。《伊川易傳》強調的是誠信：說：「下專自任，上必忌疾，雖當凶難，以義在可為，然必有其孚誠，而所為合於中道，則誠意通於上，而上信與之矣。」〔註41〕

　　大壯卦：大壯。利貞。《彖》曰：大壯，大者壯也，剛以動故壯。「大壯利

〔註37〕《張載集》，第 84 頁。
〔註38〕《張載集》，第 109 頁。
〔註39〕〔宋〕程頤 程顥著：《二程集》下，中華書局 1981 年版，第 805 頁。
〔註40〕《張載集》，第 142 頁。
〔註41〕〔宋〕程頤 程顥著：《二程集》下，中華書局 1981 年版，第 915 頁。

貞」，大者正也，正大而天地之情可見矣。象曰：雷在天上，大壯，君子以非禮弗履。

張載提出「克己反禮」思路與途徑，在解釋大壯卦辭時張載作了較為詳盡的義理闡述，張載說：

> 克己反禮，壯莫甚焉，故《易》於大壯見之。

> 克己，下學上達交相養也，下學則必達，達則必上，蓋不行則終何以成德？明則誠矣，誠則明矣，克己要當以理義戰退私己，蓋理乃天德，克己者必有剛強壯健之德乃勝己。「雷在天上，大壯，君子以非禮弗履」。夫酒清人渴而不敢飲，肴乾人饑而不敢食，非強有力者不能人所不能。人所以不能行己者，於其所難者則惰，其異俗者雖易而羞縮。惟心弘則不顧人之非笑，所趨義理耳，視天下莫能移其道。然為之人亦未必怪，正以在己者義理不勝惰與羞縮之病，消則有長，不消則病常在，消盡則是大而化之之謂聖。意思齷齪，無由作事。在古氣節之士冒死以有為，於義未必中，然非有誌概者莫能。況吾於義理已明，何為不為？正以不剛。惟大壯乃能克己，蓋君子欲身行之，為事業以教天下。今夫為長者折枝，非不能也，但恥以為屈而不為耳，不顧義理之若何。〔註42〕

大壯卦，乾下震上，雷在天上，張載借大壯卦象表達了「克己反禮」的果敢與決心，下學上達天理，並不是一件簡單易行之事，所以張載說「克己者必有剛強壯健之德乃勝己」，克己就是要戰勝自我，超越自我，即《道德經》說講的「勝人者有力，自勝者強」。張載指出人不能克己的主要困難是懶惰，面對奇風異俗不能因羞縮而導致舉步不前，必須慷慨有志、勇於追尋義理，既然心中義理已明，「何為不為？正以不剛」。大壯有雷霆之勢，張載藉此以表胸懷，「惟大壯乃能克己，蓋君子欲身行之，為事業以教天下。今夫為長者折枝，非不能也，但恥以為屈而不為耳，不顧義理之若何。」「克己反禮」，「為事業以教天下」，這種果敢勇氣、超然志向值得我們學習和繼承。

第二節　時中釋《易》

《宋史·張載傳》稱張載哲學「以《易》為宗，以《中庸》為體」，在《橫

〔註42〕《張載集》，第 130 頁。

渠易說》中張載有意識地將二者作了巧妙的融合，使得《橫渠易說》的內在哲理更加渾厚。張載對儒學經典的理解認知是深刻的，對經典的融合能夠闡發出未有之新意，從達到的目的和產生的功效來看，這無疑是成功的。

一、時中之義

張載哲學「以《中庸》為體」，《中庸》哲學思想對張載哲學的建構有著重要影響。「時中」出自於《中庸》，《中庸》第二章又稱「時中章」。此章說：「仲尼曰：『君子中庸，小人反中庸，君子之中庸也，君子而時中；小人之中庸也，小人而無忌憚也。」何為「時中」，從程顥與朱熹的解釋來看，「中」就是處中，「時」就是要應時、適時。〔註43〕君子追求不偏不倚之中庸，不僅僅要隨時堅持還要做到應時變化。所以，「時中」不是固執呆板的堅守，這反而有悖於中庸，所以君子應該應時、適時而致中庸，是否「時中」是中庸的關鍵所在。「時中」之「時」就要趨時，與時偕行，而不是過時或者未時，否則就會過猶不及，而不能致中庸。

在《橫渠易說》中，張載感慨「時中之義甚大！」，並將「時中」作為一種解易原則貫徹在《橫渠易說》之中，形成了自己獨特的易學理論。在一卦之中，中指中位，一卦的二五位為中位，二位為下體之中位，五位為上體之中位。爻居中位固然十分重要，但卻不是絕對的，中位即德位，居中位即有中正之德，但是否可以保證行中庸而獲吉，則需要應時變化把握時機。《橫渠易說》中「時中」之「時」，就一卦卦爻而言，主要表現為是否有爻應等現象發生。爻居中位且有它爻相應，說明有「時」，此乃「時中」，方可中庸。這樣就可以保證中位之爻既有德又能弘道。

程門弟子稱張載與二程「共語道學之要」之後，乃至要「盡棄其學而學焉」，還告誡門人二程「深明《易》道，吾所弗及，汝輩可師之」，此種種言論毫無根據，經不起推敲。如果將《橫渠易說》與《伊川易傳》稍作比較，便可發現

〔註43〕1. 宋程顥解釋說：「此章言中庸之用。時中者，當其可而已，猶冬飲湯、夏飲水而已之謂。無忌憚，以無所取則也，不中不常，妄行而已。」〔宋〕程頤 程顥著：《二程集》下，中華書局本 1981 年版，第 1153 頁。2. 朱熹說：「君子之所以為中庸者，以其有君子之德，而又能隨時以處中也。小人之所以反中庸者，以其有小人之心，而又無所忌憚也。蓋中無定體，隨時而在，是乃平常之理也。君子知其在我，故能戒謹不睹、恐懼不聞，而無時不中。小人不知有此，則肆欲妄行，而無所忌憚矣。」朱熹撰：《四書集注》，中華書局 1983 年版，第 19 頁。

兩種易學如涇渭分明、截然不同，《伊川易傳》雖有卦德中庸、趨時之說，但遠未達到如《橫渠易說》這般特徵明顯。朱伯崑說：「張載在其《橫渠易說》中，儘量從道德修養的角度解釋卦爻辭，把卦爻辭看成是從事道德修養的格言，此是張載解易的一大特色。」〔註44〕中位有中庸之德、盛德，道德修養雖是基礎，但必須以「時」來保證，「時」是條件，「時中之義」共同構成了君子尊道貴德、修身齊家、兼濟天下的現實基礎。《橫渠易說》「時中」觀是張載對《中庸》和《易》進行儒學義理整合的創造性發揮，它的特點鮮明，鮮活而富有張力，描繪出君子「與時偕行」、「下學上達」，追求至高道德和恢弘事業的理想藍圖，體現出張載順應時代發展，力求有所作為，追求「為往聖繼絕學，為萬世開太平」的至高理想和遠大志報。

在《橫渠易說》中，張載感慨「時中之義甚大」，此句是出於對蒙卦《彖辭》的解釋，蒙卦《彖辭》說「蒙亨，以亨行時中也。」蒙卦，坎下艮上，坎為險，艮為止，表示處於進退兩難的境地，本處於困境但其結果為何會亨？王弼說：「時之所願，惟顧亨也。以亨行之得時中也。」孔疏：「正義曰：疊『蒙亨』之義，言居『蒙』之時，人皆願『亨』。若以亨道行之於時，則得中也。故云『時中』也。」〔註45〕王弼注與孔疏儘管都看到了蒙卦之時，但卻認為「以亨道行之於時」故能得時中，也就是說「以亨道行之」是原因，「得時中」才是結果。張載的注解與王弼注、孔疏幾乎是截然相反的，張載說：

> 「險而止蒙」，蒙亨以亨行時中也。夫險而不止則入於坎，入於蹇，不止則是安其危之類也。以其知險而止也，故成蒙之義方以有求。「童蒙求我，匪我求童蒙」，以蒙而求，故能時中，所以亨也。
>
> 時中之義甚大，如「蒙亨以亨行時中也」者，蒙何以有亨？以九二之亨行蒙者之時中，故蒙所以得亨也；蒙無遽亨之理，以九二循循行時中之亨也。蒙卦之義，主之者全在九二，《象》之所論，皆二之義。教者但觀蒙者時之所及則道之，此是以亨行時中也；此時也，正所謂如時雨化之。如既引之中道而不使之通，則是教者之過；當時而道之使不失其正，則是教者之功。「蒙以養正，聖功也」，養其蒙使正者，聖人之功也。〔註46〕

〔註44〕朱伯崑：《易學哲學史》第二卷，崑崙出版社2005年版，第298頁。
〔註45〕李學勤主編：《周易正義》，北京大學出版社1999年版，第38頁。
〔註46〕《張載集》，第85頁。

元亨利貞，卦之四德。比較可以看出，王弼注與孔疏重在強調亨的德性，是說以亨這種德性行之可以得時中。而張載則是認為惟有以亨行時中，蒙方能亨。蒙卦九二以剛居下卦中位，為蒙卦之主，主蒙卦卦德。九二居中位，與上下兩陰爻相應，所以亨。而蒙卦之所以能夠亨，是因為九二以亨之德行時中的緣故。這也說明九二為蒙卦之主的原因。相反，即使九二雖有亨之德，如不行時中，蒙卦也就不能亨。

《伊川易傳》以為得中就有時，中與時是合二為一的，重點強調了中位的重要性。程頤在解釋「蒙亨，以亨行時中也」時，繼承王弼注、孔疏，而且對時中作了一個基本定義，他說：「時謂得君之應，中謂處得其中，得中則時也。」〔註47〕卦爻二、五相應，九二得六五之應，即為有「時」。但這並不是主要的，主要的是「得中則時也」。雖然程頤與張載均認為九二是一卦之主，但對六五的看法是截然不同的，程頤認為六五居君位，九二得六五之應，而張載則認為六五有求於九二，「童蒙求我，匪我求童蒙」，六五雖有德但無時，故為童蒙。由此，是六五得九二之應，九二為一卦之主的體現更為明確。在《橫渠易說》中，張載在解釋《繫辭》句「聖人有以見天下之動，而觀其會通，以行其典禮」時說：

> 時措之宜便是禮，禮實時措時中見之事業者。非禮之禮，非義之義，但非時中皆是也。非禮之禮，非義之義，又不可以一概言，如孔子喪出母，子思（守禮）〔不喪出母，又不可〕以〔子思守禮〕為非也。……禮亦有不須變者，如天敘天秩〔之類〕，如何可變！〔時中者不謂此。〕〔註48〕

這一典故出自於《禮記・檀弓上》，是說子思的妻子改嫁後去逝了，子思沒有讓他的兒子為他的母親戴孝，「故孔氏之不喪出母，自子思始也。」子思一改舊制不喪出母，正是說明禮要隨著社會的發展隨時而作出調整，不能執於舊禮不放。但變化的原則一定是要時中，如此才合乎禮。如不時中，則是有違禮的宗旨。這裡，如果行時中，即使不循舊禮，也可以為禮。時中的關鍵之處在於精義入神以致用，要靈活運用，學而達到會通，不可執泥於外在的形式，要真正把握禮的基本內涵，適時依中道而行，才可以時中。張載以時中作為判斷是否合乎禮制的標準，將時中作為禮的理論核心，在易學中把《中庸》的時

〔註47〕〔宋〕程頤　程顥著：《二程集》，中華書局本 1981 年版，第 719 頁。
〔註48〕《張載集》，第 192 頁。

中與爻位、爻應相融合，在這種酣暢淋漓的易學表達中創建出了內涵豐富、實踐性強且能與時俱進的易學禮學體系。

二、卦爻時中

在《橫渠易說》中，張載吸取了王弼易學的一爻為主說，中位說，當位說，應位說，初上無位說。與之不同的是，張載不認同王弼易以二、四位為卑，三、五位為尊的觀點，張載說：「初上始終，三四非貴要之用，非內外之主，中爻以要存亡吉凶。如困卦『貞大吉无咎』，蓋以剛中也，小過小事吉，大事凶，以柔得中之類。」〔註49〕張載認為二、五爻主一卦的吉凶，爻居中位才可以言德，中位也是德位。五位為陽位，所以尊於二位，位為盛位，其德也稱之為「天德」。比如在解釋乾卦《象辭》時以二位為君德，五位為天德。張載說：

> 乾之九五曰：「飛龍在天，利見大人」，乃大人造位天德，成性躋聖者爾。
>
> 乾九二正位於內卦之中，有君德矣，而非上治也。〔註50〕

此論與王弼注、孔疏不同之處在於，張載在解釋乾卦《文言》時，將乾九二比作孔子的弟子顏回，是居龍德而隱，乾九五即是孔子成性躋聖。而孔疏以為乾九五為王位又為聖德，而孔子雖有聖德卻無王位，所以孔子不能居其位。這裡，張載認為盛德與王權是等同的，孔子作為道德聖人完全有資格居九五之尊位，孔子居其位是「德盛仁熟」的體現。張載以乾卦卦爻鋪設展開出了一個大而成聖的漸進過程，從九二到九五，呈現出道德的漸進提升，君子、大人、賢人、聖人的德性貫穿於乾卦卦爻之間，是張載易學尊德性而道問學的鮮明特徵。張載看重中位，中位固然重要，但不可不論時。如乾之九二，顏回如同潛龍，是因為有孔子在，其德當潛，而又未成性，是時未到。而九五居盛位，是大人成聖居天德。所以張載說：

> 九二、九三、九四至上九，皆是時也。〔註51〕
>
> 三四與二，皆言所遇之時。二之時平和，見龍在田者則是可至之處也。時舍，時止也，以時之和平，故利見不至於有害。三四者皆時為危難，又重剛，又不中，至九五則是聖人極致處，不論時也。〔註52〕

〔註49〕《張載集》，第 229 頁。
〔註50〕《張載集》，第 71 頁。
〔註51〕《張載集》，第 75 頁。
〔註52〕《張載集》，第 76 頁。

　　從張載對時中的有關論述中可以看出，一卦之爻是否時中要把握兩個方面：第一是卦爻是否居中位，居中位才可以有中德、行中道，這是一卦中正的基本條件；第二是中位爻是否有應，有應才有時，兩方面結合起來，唯此才可以做到時中。

　　張載易學的「時中」觀可以概括出中位之爻是否「時中」有三種情形，居中有應，卦爻時中；居中無應，居中不時；過中且無應，即不居中也不時。

　　第一，居中有應。

　　如：既濟卦：離下坎上。九五，東鄰殺牛，不如西鄰之禴祭實受其福。象曰：「東鄰殺牛」，不如西鄰之時也。「實受其福」，吉大來也。

　　張載釋說：「東鄰，上六也；西鄰，六四也。過於濟，厚也；幾於中，時也。濟而合禮，雖薄受福。九五既濟之主，舉上與下，其義之得不言而著也。」〔註53〕張載以為東鄰為上六，西鄰為六四，六四近於九五，九五居中位又應於六二，所行時中，所以六四雖然薄祭但近於時中，故可以受其福。王弼注、孔疏以為九五居既濟之尊位，履正居中，即使不殺牛祭祀，以薄祭也可以受其福，這是因為修德的緣故。比如東鄰不修德，雖殺牛祭祀，也不如西鄰修德薄祭受福。《伊川易傳》以為：「東鄰，陽也，謂五；西鄰，陰也，謂二。殺牛，盛祭也；禴，薄祭也。盛不如薄者，時不同也。」〔註54〕九五處既濟之極，不能有所進，而六二在濟下，還能有所進，所以六二受福。九五至極，雖然有善，終不如六二，「故爻象難言其時也」。

　　萃卦：坤下兌上。九五，萃有位，无咎。匪孚，元永貞，悔亡。象曰：「萃有位」，志未光也。

　　王弼說：「處聚之時，最得盛位，故曰『萃有位』也。四專而據，己德不行，自守而已，故曰『无咎匪孚』。夫修仁守正，久必悔消，故曰『無永貞，悔亡』。」〔註55〕《伊川易傳》基本上是採用王弼注、孔疏，「九五居天下之尊，萃天下之眾而君臨之，當正其位，修其德。以陽剛居尊位，稱其位矣，為有其位矣，得中正之道，無過咎也。」〔註56〕無論是王注孔疏，還是伊川易學，他們都認為九五居尊位，所以有位，有其位必有其德。而張載則不贊同這個觀點，他說：「居得盛位，不能見大人之德，係應於二，故曰『有位』，履非不正，故

〔註53〕《張載集》，第175頁。
〔註54〕〔宋〕程頤 程顥著：《二程集》下，中華書局本1981年版，第1021頁。
〔註55〕李學勤主編：《周易正義》，北京大學出版社1999年版，第191頁。
〔註56〕〔宋〕程頤 程顥著：《二程集》下，中華書局本1981年版，第934頁。

无咎。然非君人之大信，為德非厚，不能無悔，故元永貞而後悔亡。」〔註57〕認為九五雖居盛位，但無大人之德。因為有應於六二，才有其位。言九五无咎，並非是身居尊位所致，而是履九四中正所致。

豐卦：離下震上。六二，豐其蔀，日中見斗，往得疑疾，有孚發若，吉。象曰：「有孚發若」，信以發志也。

王弼認為，卦爻六二能夠獲吉，是因為「履中當位」，六五獲慶譽，是因為以陰之質而處尊陽之位。程頤易學認為六二無應但卻中正，六五以陰柔之才成為豐之主，雖不能與六二相應，但可以相互利用。「五與二雖非陰陽正應，在明動相資之時，有相為用之義。」〔註58〕而對卦爻六五，張載認為卦爻六五有慶是因為反比於九四，遇陽而明，並非是處於尊位或與六二相以為用。

賁卦：離下艮上。六五，賁於丘園，束帛戔戔，吝終吉。象曰：六五之吉，有喜也。

王弼說：「處得尊位，為飾之主，飾之盛者也。施飾於物，其道害也。施飾丘園，盛莫大焉，故賁於束帛，丘園乃落，賁於丘園帛，乃『戔戔』。用莫過儉，泰而能約，故必『吝』焉乃得終吉也。」〔註59〕王弼強調六五處得尊位，為飾之主。設飾在於丘園質素之地，則不浪費財物，束帛才可以眾多。說明為園之道，應不尚華奢，而應貴儉約。而張載以為：「陰陽相固，物所阜生，柔中之德比於上九。上九敦素，因可恃而致富，雖為悔吝，然獲其吉也。其道上行，故曰『丘園』。」〔註60〕是說六五親比上九，陰陽相應，物才雲集生成，六五以柔中之德親近上九，而上九儉素，故可恃以而致富，雖然有所悔吝，但最終可以獲吉。程頤認為「六五以陰柔之質，密比於上九剛陽之賢，陰比於陽，復無所係應，從之者也，受賁於上九也。」〔註61〕此處解釋，張載與程頤的觀點基本一致。

家人卦：離下巽上。九五，王假有家，勿恤，吉。象曰：「王假有家」，交相愛也。

王弼說：「假，至也。履正而應，處尊體巽，王至斯道，以有其家者也。

〔註57〕《張載集》，第 148 頁。
〔註58〕〔宋〕程頤 程顥著：《二程集》下，中華書局本 1981 年版，第 988 頁。
〔註59〕李學勤主編：《周易正義》，北京大學出版社 1999 年版，第 107 頁。
〔註60〕《張載集》，第 110 頁。
〔註61〕〔宋〕程頤 程顥著：《二程集》下，中華書局本 1981 年版，第 811 頁。

居於尊位，而明於家道，則下莫不化矣。父父、子子、兄兄、弟弟、夫夫、婦婦，六親和睦交相愛樂而家道正，『正家而天下定矣』。故『王假有家』，則勿恤而吉。」〔註62〕孔疏與之同。王弼注與孔疏看重的是爻居九五尊位所帶來的一系列效果。對此，程頤、張載都認為是九五與六二有正應的緣故。程頤說：「九五男而在外，剛而處陽，居尊而中正，又其應順正於內，治家之至正至尊者也。……五恭己於外，二正家於內，內外同德，可謂至矣。」〔註63〕張載：「有應在二，得男女內外，家道大正，足以化成天下，故王假之。」〔註64〕

第二，居中無應。

如：訟卦：坎下乾上。九二，不克訟，歸而逋其邑人三百戶，无眚。象曰：「不克訟」，歸逋竄也。自下訟上，患至掇也。

張載解釋說：「處險體剛，好訟者也，上下二陰具非己應，理為不直，故不訟。歸而逋竄，使其邑人之眾無辜被禍，故曰『邑人无眚』。」〔註65〕是說九二雖居內卦中位，但卻無應，上下兩個陰爻初六應九四，六三應上九，九五身居尊位且中正，而九三卻與之為敵，可以說不時，因而九二會牽連無辜，招致禍患。

履卦，兌下乾上。九二，履道坦坦，幽人貞吉。象曰：「幽人貞吉」，中不自亂也。

王弼說：「而二以陽處陰，履于謙也。居內履中，隱顯同也。履道之美，於斯為盛。故『履道坦坦』，無險厄也。在幽而貞，宜其吉。」〔註66〕程頤也說：「九二居柔，寬裕得中，其所履坦坦然，平易之道也。」〔註67〕對此，張載解釋說：「中正不累，無援於上，故中不自亂，得幽人之正。」〔註68〕認為履卦兌下乾上，兌應於乾，上下體相應，而二與五卻不應。因為二與五都為陽。九二雖不應於九五，但卻得中位能夠自正。而這種自正也只是「幽人之正」。與王弼注、孔疏不同在於，王弼注、孔疏是強調九二是以陽處陰位，身處險位當以謙退幽居而處正。

〔註62〕李學勤主編：《周易正義》，北京大學出版社1999年版，第160頁。

〔註63〕〔宋〕程頤　程顥著：《二程集》下，中華書局本1981年版，第887頁。

〔註64〕《橫渠易說·家人》，《張載集》，第135頁。

〔註65〕《橫渠易說·訟》，《張載集》，第88頁。

〔註66〕李學勤主編：《周易正義》，北京大學出版社1999年版，第64頁。

〔註67〕〔宋〕程頤　程顥著：《二程集》下，中華書局本1981年版，第751頁。

〔註68〕《橫渠易說·履》，《張載集》，第93頁。

巽卦：巽下巽上。九二，巽在床下，用史巫紛若，吉无咎。象曰：紛若之吉，得中也。

王弼注、孔疏以為九二是以陽居陰位，為卑，所以說「巽在床下」，所幸的是能夠居中而不失其德。九五爻辭說：「貞吉悔亡，无不利，无初有終。先庚三日，後庚三日，吉。」王弼注、孔疏以為九五是以陽居陽，違背謙巽之道，固然有悔。然而執乎中正後能夠獲吉。《伊川易傳》與之相同。而張載以為九二「以陽居陰，其志下比，無應於上，故曰『巽在床下』」。九五「雖體陽居尊，無應於下，故不可為事之唱乃吉。」〔註69〕

大壯卦：乾下震上。六五，喪羊於易，無悔。象曰：「喪羊於易」，位不當也。

王弼說：「居於大壯，以陽處陽，猶不免咎，而況以陰處陽，以柔乘剛者乎？羊，壯也。必喪其羊，失其所居也。能喪壯於易，不於險難，故得『無悔』。二履貞吉，能幹其任，而已委焉，則得『無悔』。委之則難不至，居之則敵寇來，故曰『喪羊於易』。」〔註70〕是說六五居所非位，又無應援。張載以為：「羊外柔而內很，六五以陰處陽，羊喪之象也，能去其內剛，不拒來者，則無悔，故曰『喪羊於易無悔』。履柔危之地，乘壯動之剛，固之必悔者，位非其所堪也。」是說六五以陰居陽，又乘九四之剛，如果一味堅持固守，不積極應變，結果則必悔。〔註71〕而《伊川易傳》以為：「羊群行而喜觸，以象諸陽羊並進。四陽方長而並進，五以柔居上，若以力制，則難勝而有悔，唯和易以待之，則群陽無所用其剛，是喪其壯於和易也。如此，則可以無悔。」〔註72〕程頤很看重五位，說：「五：以位言則正，以德言則中，故能用和易之道，使群陽雖壯無所用也。」認為陽爻居九五之位，雖然危險，但最終可以化險為夷。

第三，過中且無應。

張載非常看重中位和爻應，此是把握時中的關鍵所在。基於時中，張載還以「過中」解易，過則不時且不中，稱之為「過中」。這裡，張載易學的解易方法不同於王弼注、孔疏、《伊川易傳》，「過中」解易屬於張載易學的獨創發明、自成體系。

〔註69〕《橫渠易說‧巽》，《張載集》，第 166 頁。
〔註70〕《十三經注疏‧周易正義》，北京大學出版社，1999 年，第 150 頁。
〔註71〕《橫渠易說‧大壯》，《張載集》，第 131 頁。
〔註72〕〔宋〕程頤 程顥著：《二程集》下，中華書局本 1981 年版，第 872 頁。

　　如：无妄卦：震下乾上。」上九，无妄行，有眚，无攸利。象曰：无妄之
行，窮之災也。

　　王弼說：「處不可妄之極，唯宜靜保其身而已，故不可以行也。」〔註73〕
《伊川易傳》以為：「上九居卦之終，无妄之極者也。」〔註74〕而張載的解釋
是「進而過中，是无妄而行也。」〔註75〕

　　習坎卦：坎下坎上。上六，係用徽纆，寘於叢棘，三歲不得，凶。象曰：
上六失道，凶三歲也。

　　王弼說：「險峭之極，不可升也。嚴法峻整，難可犯也。宜其囚置於思過
之地。三歲，險道之夷也。險終乃反，故三歲不得自修，三歲乃可以求復，
故曰『三歲不得凶』也。」〔註76〕《伊川易傳》認為：「上六以陰柔而居險之
極，其陷之深者也。以其陷之深，取牢獄為喻。如繫縛之以徽纆，囚置於叢
棘之中，陰柔而陷之深，其不能出矣。故云至於三歲之久，不得免也，其凶
可知。」〔註77〕而張載以為是：「上六過中，逃險而失道者也，不附比陽中，
幾於迷復之凶，故為所繫累也。」〔註78〕

　　家人卦：離下巽上。九三，家人嗃嗃，悔厲吉。婦子嘻嘻，終吝。象曰：
「家人嗃嗃」，未失也；「婦子嘻嘻」，失家節也。

　　王弼說：「以陽處陽，剛嚴者也。處下體之極，為一家之長者也。行與其
慢，寧過乎恭；家與其瀆，寧過乎嚴。是以家人雖『嗃嗃悔厲』，猶得其道。」
〔註79〕《伊川易傳》從於王弼注。張載以為：「位為過中，則履非得宜，與其
慢也寧嚴。」〔註80〕

　　通過分析可以得出，張載在解易時雖然繼承了王弼注、孔疏的中位說，認
為中位承擔著一卦卦德，具有中道、中正之義。爻居中位即有德，也就是有德
者居之。但同時認為，爻居中位一定要應時，要適時而動，中位之爻一定要有
所應之爻，如此才可以獲吉，亨通，才可以發揚中正之德。中位有二、五位，
二為陰位，五為陽位，即使以陰居陽或以陽居陰，只要二五位可以爻應，就不

〔註73〕李學勤主編：《周易正義》，北京大學出版社1999年版，第118頁。
〔註74〕〔宋〕程頤　程顥著：《二程集》下，中華書局本1981年版，第827頁。
〔註75〕《橫渠易說·无妄》，《張載集》，第116頁。
〔註76〕李學勤主編：《周易正義》，北京大學出版社1999年版，第133頁。
〔註77〕《周易程氏傳》，《二程集》，程顥、程頤著，中華書局，1981年，第849頁。
〔註78〕《橫渠易說·習坎》，《張載集》，第122頁。
〔註79〕李學勤主編：《周易正義》，北京大學出版社1999年版，第160頁。
〔註80〕《橫渠易說·家人》，《張載集》，第135頁。

會致凶。有所區別的是，王注孔疏、《伊川易傳》都非常看重中位，認為居中位即使無爻相應，只要保持中正之德，仍然可以貞吉。張載以「時中」解《易》，獨到創新，自成體系，在解易中融匯《中庸》思想，有前人之未發，「有二程未到處」。

第三節　引經、史證《易》

《周易》成書複雜，《十翼》成書年代不一，如《繫辭》的成書時間，朱伯崑從範疇、概念、命題發展的歷史來看，認為《繫辭》的上限當在《彖》文和《莊子·大宗師》之後，屬於戰國後期陸續形成的著述，其下限可斷於戰國末年。而張政烺經過考古論證，認為《繫辭》大約是漢初以後的東西。《易經》中其他的也是如此，學界認為形成時間不一。林忠軍認為《周易》通行本出自漢代費氏古文本，東漢後，古文經流行，後經過漢儒整理和校勘，《周易》今古文版本不會有差別，唐代取王弼易為官學而為之疏，古文《周易》定為學界一尊。在疑經惑經思潮的影響下，宋儒有改經之習慣，經清代阮元等人校勘，《周易》古本成為今之標準本或通行本。在一個長期的歷史過程中，就有一些老莊的範疇、概念融入其中，也有大量的儒家經典滲透其中，如在《繫辭》中出自於《論語》的語句就不少。在《橫渠易說》中，張載解《易》豐富，善於引用儒學經典和歷史人物，並以此作為解釋的依據。張載之學精於六經，其學渾厚精深，《橫渠易說》雖簡約，但引注卻不少。

一、引經證《易》

在《橫渠易說》中，張載以儒學經典解釋《彖傳》、《象傳》和《繫辭》等，儒學經典互證，互相融合、匯通，使得《橫渠易說》的內容較為豐富，思想性強，促進了新儒學義理的建構。

《橫渠易說》乾卦

孔子喜弟子之不仕，蓋為德未成則不可以仕，是行而未成者也。……「用則行，捨則藏，惟我與爾有是夫！」顏子龍德而隱，故「遯世不見知而不悔」。

〔按〕此句出自《論語·公冶長》：「子使漆雕開仕。對曰：『吾斯之未能信。』子悅。」及《論語·述而》：「子謂顏淵曰：『用之則行，舍之則藏，唯

我與爾有是夫！」及《禮記‧中庸》：「子曰：『素隱行怪，後世有述焉，吾弗為之矣。君子遵道而行，半途而廢，吾弗能已矣。君子依乎中庸，遯世不見，知而不悔，唯聖者能之。』」

孟子不得已而用潛龍者也，顏子不用潛龍者也。孟子主教，故須說「予豈好辯哉？予不得已也」。

〔按〕「予豈好辯哉？予不得已也」，此句出自《孟子‧滕文公下》。

顏氏求龍德正中而未見其止，故擇中庸得一善則拳拳服膺，歎夫子〔之〕忽焉前後也。

〔按〕「故擇中庸得一善則拳拳服膺」，此句出自《中庸》，原文：「子曰：『回之為人也，擇乎中庸，得一善，則拳拳服膺而弗失之矣。』」及《論語‧子罕》：「顏淵喟然歎曰：『仰之彌高，鑽之彌堅；瞻之在前，忽焉在後。夫子循循然善誘人，博我以文，約我以禮。欲罷不能。既竭吾才，如有所立卓爾。雖欲從之，末由也已。』」

如禹之德，斯可謂之大矣，其心以天下為己任，規模如此；又克己若禹，則與聖人直無間別，孔子亦謂「禹於吾無間然矣」，久則須至堯舜。

〔按〕「禹於吾無間然矣」，此句出自《論語‧泰伯》。原文：「子曰：『禹，吾無間然矣。菲飲食，而致孝乎鬼神；惡衣服，而致美乎黻冕；卑宮室，而盡力乎溝洫。禹，吾無間然矣。』」

孔子猶自謂「若聖與仁則吾豈敢」，倘曰「吾聖矣」，則人亦誰能知！故曰「知我者其天乎」。

〔按〕「若聖與仁則吾豈敢」，此句出自《論語‧述而》。原文：「子曰：『若聖與仁，則吾豈敢？抑為之不厭，誨人不倦，則可謂云爾已矣。』」「知我者其天乎」，此句出自《論語‧憲問》：「不怨天，不尤人，下學而上達，知我者其天乎！」

孟子所謂終始條理，集大成於聖智歟！

〔按〕此句出於《孟子‧萬章下》：「孟子曰：『伯夷聖之清者也。伊尹，聖之任者也。柳下惠，聖之和者也。孔子，聖之時者也。孔子之謂集大成。集大成也者，金聲而玉振之也。金聲也者，始條理也。玉振之也者，終條理也。始條理者，智之事也。終條理者，聖之事也。智，譬則巧也。聖，譬則力也。由射於百步之外也，其至，爾力也：其中，非爾力也。』」

　　　　有以子貢為賢於仲尼者。

　〔按〕此句出自《論語・子張》:「叔孫武叔語大夫於朝,曰:『子貢賢於仲尼。』子服景伯以告子貢。子貢曰:『譬之宮牆,賜之牆也及肩,闚見室家之好。夫子之牆數仞,不得其門而入,不見宗廟之美,百官之富。得其門者或寡矣。夫子之云,不亦宜乎!』」

　　　　如夷之清,惠之和。

　〔按〕此句出自《孟子・萬章下》:「孟子曰:『伯夷,聖之清者也……柳下惠,聖之和者也。』」

　　　　顏子之徒,隱而未見,行而未成,故曰「吾聞其語矣,未見其
　　　　人也」。「龍德而隱」,聖修而未成者也,非如學者之未成。凡言龍,
　　　　喻聖也,若顏子可以當之,雖伯夷之學猶不可言龍。

　〔按〕此句出自《論語・季氏》:「孔子曰:『見善如不及,見不善如探湯。吾見其人矣,吾聞其語矣。隱居以求其志,行義以達其道。吾聞其語矣,未見其人也。』」

《橫渠易說》坤卦

　　　　「西南得朋,東北喪朋」,江沱之間,有嫡不以其媵備數,是不
　　　　能喪朋也;媵遇勞而無怨,卻是能喪朋者,其卒嘯也歌,是『乃終
　　　　有慶』也。此婦人之教大者也。西南,致養之地,東北,反西南者
　　　　也,陰陽正合,則陰相對者必陽也。「西南得朋」,是始以類相從而
　　　　來也。『東北喪朋』,喪朋,相忘之義,聽其自治,不責人,不望人,
　　　　是喪其朋也,喪朋則有慶矣。江有沱、有汜、有渚,皆是始離而終
　　　　合之象也。有嫡不以其媵備數,是不能喪朋;媵遇勞而無怨,是能
　　　　喪朋也,以其能喪朋,故能始離而終合。「之子歸」,自嫡也;「不我
　　　　以」,「不我與」,「不我過」,皆言其始之不均一也。

　〔按〕此段中有諸多出自《國風・召南・江有汜》,原文:「江有汜,之子歸,不我以。不我以,其後也悔。江有渚,之子歸,不我與。不我與,其後也處。江有沱,之子歸,不我過。不我過,其嘯也歌。」及《毛詩序》:「江有汜,美媵也,勤而無怨,嫡能悔過也。文王之時,江沱之間,有嫡不以媵備數,媵遇勞而無怨,嫡亦自悔也。」

　　　　與《中庸》必得之義同。

　〔按〕此句出自《禮記・中庸》:「子曰:『舜其大孝也與?德為聖人,尊

為天子，富有四海之內，宗廟饗之，子孫保之。故大德必得其位，必得其祿，必得其名，必得其壽。』」

《橫渠易說》蒙卦

禮聞取道義於人，不聞取其人之身。來之為言，屬有道義者謂之來。來學者，就道義而學之，往教者，致其人而取教也。

〔按〕此句取自《禮記‧曲禮上》：「禮聞取於人，不聞取人。禮聞來學，不聞往教。」

如告子之不動心。

〔按〕此句出自《孟子‧公孫丑上》：「孟子曰：『否。我四十不動心。』……曰『是不難。告子先我不動心。』」

《橫渠易說》否卦

子欲居九夷，未敢必天下之無邦，或夷狄有道，於今海上之國盡有仁厚之治者。

〔按〕此處出自《論語‧子罕》：「子欲居九夷，或曰：『陋，如之何？』子曰：『君子居之，何陋之有？』」

包桑，從下叢生之桑，叢生則其根牢。《書》云「厥草惟包」，如竹叢蘆葦之類。河朔之桑，多從根斬條取葉，其生叢然。

〔按〕《尚書‧夏書‧禹貢》有：「厥草惟繇」，「筱蕩既敷，厥草惟夭，厥木惟喬。」

《橫渠易說》噬嗑卦

子路禮樂文章未足盡為政之道，以其重然諾，言為眾信，故片言可以折獄。

〔按〕此典出於《論語‧先進》：「子路、曾皙、冉有、公西華侍坐。子曰：『以吾一日長乎爾，毋吾以也。居則曰：『不吾知也！』如或知爾，則何以哉？』子路率爾而對曰：『千乘之國，攝乎大國之間，加之以師旅，因之以飢饉；由也為之，比及三年，可使有勇，且知方也。』夫子哂之。『求，爾何如？』對曰：『方六七十，如五六十，求也為之，比及三年，可使足民；如其禮樂，以俟君子。』『赤，爾何如？』對曰：『非曰能之，願學焉。宗廟之事，如會同，端章甫，願為小相焉。』『點，爾何如？』鼓瑟希，鏗爾，舍瑟而作，對曰：『異乎三子者之撰。』子曰：『何傷乎？亦各言其志也。』曰：『莫春者，春服

既成；冠者五六人，童子六七人，浴乎沂，風乎舞雩，詠而歸。』夫子喟然歎曰：『吾與點也！』三子者出，曾皙後。曾皙曰：『夫三子者之言何如？』子曰：『亦各言其志也已矣！』曰：『夫子何哂由也？』曰：『為國以禮，其言不讓，是故哂之。』」及《論語·顏淵篇》「子曰：『片言可以折獄者，其由也與？』子路無宿諾。」

《橫渠易說》无妄卦

「无妄之疾」，疾无妄之謂也，欲妄動而不敢妄，是則以无妄為疾者也，如孟子言「有法家拂士」，是疾无妄者也。

〔按〕「无妄之疾」出自无妄卦之卦爻九五：「无妄之疾，勿藥有喜。」「有法家拂士」出自《孟子·告子下》：「入則無法家拂士，出則無敵國外患者。」

《橫渠易說》咸卦

孔子以富不可求，則曰「從吾所好」，以思為無益，則曰「不如學也」，故於咸三以見此義。

〔按〕此句出自《論語·述而》：「富而可求也，雖執鞭之士，吾亦為之。如不可求，從吾所好。」及《論語·衛靈公》：「吾嘗終日不食，終夜不寢，以思，無益，不如學也。」

《易》曰：「何思何慮，天下殊途而同歸，一致而百慮。」

〔按〕此句引自《易經·繫辭下》。

「精義入神以致用。」「精義入神以致用，利用安身以崇德。」

〔按〕此兩句皆引自《易經·繫辭下》：「精義入神，以致用也；利用安身，以崇德也。」

《橫渠易說》臨卦

及泰之三曰：「無平不陂，無往不復。」

〔按〕此處引泰卦爻辭。

《橫渠易說》離卦

惟鄭衛之音能令人生此意。

〔按〕見《禮記·樂記》：「鄭衛之音，亂世之音也。」

《橫渠易說》革卦

然顏子〔學〕舉措亦無不致文中節處，自〔是〕謂「博我以文」，

則文豈不足？但顏子不以為意，所謂「有若無，實若虛」也。有顏
子之心，則不為顏子之文可也。

〔按〕此處引《論語・子罕》：「夫子循循然善誘人，博我以文，約我以
禮。」及《論語・泰伯》：「曾子曰：『以能問於不能，以多問於寡；有若無，
實若虛，犯而不校，昔者吾友嘗從事於斯矣。』」

《橫渠易說》謙卦

　　須意我固必。

〔按〕此句出自《論語・子罕》：「子絕四：毋意，毋必，毋固，毋我。」

《橫渠易說》大畜卦

　　故《大學》定而至於能慮。

〔按〕此句出自《禮記・大學》：「知止而後有定，定而後能靜，靜而後能
安，安而後能慮，慮而後能得。」

《橫渠易說》恒卦

　　《易》言天地之大義。

〔按〕此句出自《易經・家人》：「家人，女正位乎內，男正位乎外，男女
正，天地之大義也。」及《易經・歸妹》：「歸妹，天地之大義也。」

《橫渠易說》大壯卦

　　今夫為長者折枝，非不能也，但恥以為屈而不為耳。

〔按〕此句出自《孟子・梁惠王上》：「挾太山以超北海，語人曰：『我不
能』，是誠不能也。為長者折枝，語人曰：『我不能』，是不為也，非不能也。
故王之不王，非挾太山以超北海之類也；王之不王，是折枝之類也。」

《橫渠易說》艮卦

　　如素夷狄行乎夷狄，素患難行乎患難。

〔按〕此句引自《禮記・中庸》：「君子素其位而行，不願乎其外。素富貴
行乎富貴，素貧賤行乎貧賤，素夷狄行乎夷狄，素患難行乎患難。君子無入而
不自得焉。」

《橫渠易說・繫辭》

　　猶不知禮而考《春秋》也。

〔按〕此處提及《春秋》。

惟其平易，則易知易從，「信則人任焉」。

〔按〕此句出自《論語・陽貨》：「曰：恭、寬、信、敏、惠。恭則不侮，寬則得眾，信則人任焉，敏則有功，惠則足以使人。」

坤至柔而動也剛。

〔按〕此句引自《坤・文言》：「坤至柔而動也剛，至靜而德方，後得主而有常，含萬物而化光。」

經正則道前定，事豫立。

〔按〕此句出自《孟子・盡心下》：「經正則庶民興；庶民興，斯無邪慝矣。」及《禮記・中庸》：「凡事豫則立，不豫則廢。言前定則不跲，事前定則不困，行前定則不疚，道前定則不窮。」

意，有思也；必，有待也：固，不化也：我，有方也。

〔按〕此句出自《論語・子罕》：「子絕四：毋意，毋必，毋固，毋我。」

然後不夢周公。

〔按〕此句出自《論語・述而》：「子曰：『甚矣吾衰也！久矣吾不復夢見周公。』」

仁知見之，所謂曲能有誠。

〔按〕此句出自《禮記・中庸》：「自誠明謂之性。自明誠謂之教。誠則明矣，明則誠矣。唯天下至誠，為能盡其性。能盡其性，則能盡人之性。能盡人之性，則能盡物之性。能盡物之性，則可以贊天地之化育。可以贊天地之化育，則可以與天地參矣。其次致曲，曲能有誠，誠則形，形則著，著則明，明則動，動則變，變則化。唯天下至誠為能化。」

孟子曰：「天下之生久矣，一治一亂。」

〔按〕此句出自《孟子・滕文公下》。

叩其兩端而竭。

〔按〕此句出自《論語・子罕》：「子曰：『吾有知乎哉？無知也。有鄙夫問於我，空空如也，我叩其兩端而竭焉。』」

柳下惠，不息其和也：伯夷，不息其清也。

〔按〕此句出自《孟子・萬章下》：「孟子曰：『伯夷，聖之清者也。伊尹，聖之任者也。柳下惠，聖之和者也。孔子，聖之時者也。』」

孔子喪出母，子思不喪出母。

〔按〕此句出自《禮記・檀弓上》：「子上之母死而不喪，門人問諸子思曰：

『昔者子之先君子喪出母乎？』曰：『然。』『子之不使白也喪之，何也？』子思曰：『昔者吾先君子無所失道，道隆則從而隆，道污則從而污。伋則安能？為伋也妻者，是為白也母。不為伋也妻者，是不為白也母。』故孔氏之不喪出母，自子思始也。」

　　　　孟子謂「我於辭命則不能」，又謂「浩然之氣難言」。

　〔按〕此句出自《孟子・公孫丑上》：「宰我、子貢善為說辭。冉牛、閔子、顏淵『善言德行。孔子兼之』曰：『我於辭命，則不能也。』」及「曰：『我知言，我善養吾浩然之氣。敢問何謂浩然之氣？』曰：『難言也。其為氣也，至大至剛，以直養而無害，則塞於天地之間。』」

　　　　仲尼竭兩端而空空。

　〔按〕此句出自《論語・子罕》：「子曰：『吾有知乎哉？無知也。有鄙夫問於我，空空如也，我叩其兩端而竭焉。』」

　　　　《中庸》所謂至矣。

　〔按〕此句出自《禮記・中庸》：「仲尼曰：『君子中庸，小人反中庸。君子之中庸也，君子而時中。小人之中庸也，小人而無忌憚也。』子曰：『中庸其至矣乎！民鮮能久矣。』」

　　　　上天之載，無聲臭可象，正惟儀刑文王，當冥契天德而萬邦信說。

　〔按〕此句出自《詩・大雅》：「上天之載，無聲無臭。儀刑文王，萬邦作孚。」

　　　　則是意必固我已絕。

　〔按〕此句出自《論語・子罕》：「子絕四：毋意，毋必，毋固，毋我。」

　　　　義以反經為本，經正則精。

　〔按〕此句出自《孟子・盡心下》：「君子反經而已矣。經正則庶民興；庶民興，斯無邪慝矣。」

　　　　《中庸》曰「至誠為能化」，《孟子》曰「大而化之」。

　〔按〕此句出自《禮記・中庸》：「唯天下至誠為能化。」及《孟子・盡心下》：「大而化之之謂聖。」

　　　　知微之顯，知風之自，知遠之近，可以入德。

　〔按〕此句出自《禮記・中庸》：「君子之道：淡而不厭，簡而文，溫而理，知遠之近，知風之自，知微之顯，可與入德矣。」

　　　　顏子心不違仁。

　〔按〕此句出自《論語·雍也》：「子曰：『回也，其心三月不違仁。其餘則日月至焉而已矣。』」

　　　　吾未見能見其過而內自訟。

　〔按〕此句出自《論語·公冶長》。

　　　　困而不知變，民斯為下矣。

　〔按〕此句出自《論語·季氏》：「困而不學，民斯為下矣。」

　　　　故曰「莫我知也夫！」「知我者其天乎！」

　〔按〕此句出自《論語·憲問》：「子曰：『莫我知也夫！』子貢曰：『何為其莫知子也？』子曰：『不怨天，不尤人，下學而上達，知我者其天乎！』」

《橫渠易說·說卦》

　　　　如孟子曰「苟求其故，則千歲之日至可坐而致也。」

　〔按〕此句出自《孟子·離婁下》：「天下之言性也，則故而已矣。故者以利為本。所惡於智者，為其鑿也。如智者若禹之行水也，則無惡於智矣。禹之行水也，行其所無事也。如智者亦行其所無事，則智亦大矣。天之高也，星辰之遠也，苟求其故，千歲之日至，可坐而致也。」

二、以史證《易》

　　《易經》中的卦辭中就有「高宗伐鬼方」、「箕子之明夷」和「帝乙歸妹」等歷史事件。在馬王堆出土的帛書《繆和》第二章中，就有以商湯、文王、秦穆公、齊桓公及越王句踐等歷史人物來解釋《周易》困卦「困而能達」的道理。從唐代李鼎祚的《周易集解》中採集整理的諸多易學大師的注解可以看出，漢代的焦贛、崔篆、馬融、鄭玄及苟爽，魏晉時期的王弼、虞翻、干寶都曾引史證《易》，到了宋代，以史證《易》已成普遍。如北宋的胡瑗、阮逸、程頤在其易學著作中都有引用歷史事件、人物的習慣。這在《橫渠易說》中也有很直觀的體現。

《橫渠易說》師卦

　　　　丈人剛過，太公近之。剛正、剛中，則是大人聖人，得中道也。

　　太公則必待誅紂時，雖鷹揚，所以為剛過，不得稱大人。

　〔按〕此是指姜太公協助周武王討伐商紂一事。

《橫渠易說》明夷卦

文王體一卦之用，箕子以六五一爻之德，文王難在外，箕子難
在內也。

〔按〕「文王難在外，箕子難在內」，指殷紂將文王拘於羑里，將箕子囚於
殷都。

《橫渠易說》姤卦

如李德裕處置閹宦，徒知其帖息威伏，而忽於志不忘〔妄〕逞，
照察少不至則失其幾也。

〔按〕指李德裕限制宦官權力一事。《資治通鑑・唐紀六十四》：「德裕乃
與樞密使楊欽義、劉行深議，約敕監軍不得預軍政，每兵千人聽監使取十人自
衛，有功隨例沾賞。二樞密皆以為然，白上行之。」如王夫之《讀通鑑論・卷
二十六・唐武宗》：「宦者監軍政於外而封疆危，宦者統禁兵於內而天子危。監
軍之危封疆，李德裕言之至悉矣。乃天子之危，非宦者之統禁兵遽能脅之而死
生廢立之也。天子之兵，散佈於天下，將皆其臣，卒皆其民也。其在內而為禁
兵，如唐神策軍者，但百之一耳，又非百戰立功能為天下雄者也。宦者雖握固
之以為己有，而勢不能與天下爭衡。……於是而知德裕之為社稷謀，至深遠矣。
其以出征屢敗為言者，指其著見之害以折之，使不敢爭耳。顯糾其沮撓軍事之
失，而不揭其攬權得眾之禍，使無所激以相牴牾，則潛伏之大慝，暗消於忘言
矣，此德裕之所以善於安主而防奸也。」〔註81〕

「以杞包瓜」，文王事紂之道，厚下以防中潰，盡人謀而聽天命
者歟！

〔按〕《史記・周本紀》記載姬昌遵后稷、公劉之業，效先祖古公、父親
季歷之法，倡導「篤仁，敬老，慈少，禮下賢者」的社會風氣，使周國的社
會經濟得以發展。商紂王發明了名為炮烙的酷刑，姬昌向紂王表示願意獻上
周國洛河西岸的一塊土地，以此換取廢除炮烙之刑。紂王答應了西伯的要求，
廢除了炮烙之刑，姬昌得到了天下百姓的愛戴。

《橫渠易說》升卦

得臣無家，堯之志也，貞吉升階，舜之志也。

〔註81〕《讀通鑑論・卷二十六・唐武宗》：中華書局 1998 年版。

〔按〕指堯為王者臣天下，無私家也。舜有志於繼承堯之王位。以堯舜之事蹟解釋說明。

《橫渠易說》節卦

> 王弼於此无咎又別立一例，只舊例亦可推行，但能嗟其不節有過之心則亦无咎也。若武帝下罪己之詔而天下悅，大人過既改，則復何咎之有！

〔按〕此處王弼說：「以陰處陽，以柔乘剛，違節之道，以至哀嗟。自己所致，無所怨咎，故曰无咎。」武帝乃指漢武帝，《漢書·西域傳》：「孝武……末年遂棄輪臺之地，而下哀痛之詔。」即公元前 89 年（征和四年）漢武帝於輪臺下《罪己詔》。

《橫渠易說·繫辭》

> 自古困於內無如舜，困於外無如孔子。

〔按〕此句提及舜與孔子事蹟。

第五章 《橫渠易說》之發明

張載哲學「以《易》為宗」，《橫渠易說》是其奠基之作。張載易學有著強烈的時代性，屬於時代精神的精華，在《橫渠易說》中有著對儒學傳承的深切擔憂和對天下蒼生的關愛和擔當，表現出了作為一位理學宗師的寬闊胸襟和心憂天下的精神品質和道德修養。張載易學風格鮮明，內涵豐富，有諸多創造，南宋馮椅稱「多所發明，有二程未到處」。張載易學繼承了《周易》「觀象取義」的思維方法，重義理但不廢象數，注重義理與象數相結合，互相作用，使得整部《橫渠易說》鮮活生動，奧義精深。王夫之評價說：「張子略言之，象言不忘，而神化不遺，其體潔靜精微之妙，以益廣周子《通書》之蘊，允矣至矣，惜乎其言約，而未嘗貫全《易》於一揆也。」〔註 1〕

第一節　易象多維

一、盈天地之間，法象而已

《周易·繫辭》說：「在天成象，在地成形，變化見矣。」「古者包羲氏之王天下也，仰則觀象於天，俯則觀法於地，觀鳥獸之文與地之宜，近取諸身，遠取諸物，於是始作八卦，以通神明之德，以類萬物之情。」在《繫辭》中象與形是有區別的，象主要是指天象，包括日月風雷雲雨之象，形主要是指在地之萬般物形，包括山澤草木鳥獸之形。老子在《道德經》中說：「大象無形，

〔註 1〕〔明〕王夫之：《周易內傳·周易大象解·周易稗疏·周易外傳發例》二，嶽麓書社 2011 年版，第 653 頁。

—145—

大音希聲。」象與形的區別在於象較為抽象，形比較具體。象是抽象思維、理性的產物，形是感性直觀的。例如古人將夜晚的繁星稱之為「星象」，其實就表明宇宙星空無邊無際，不能況之以形。韓康伯云：「象，況日月星辰；形，況山川草木也。」〔註2〕張載說：「氣之蒼蒼，目之所止也；日月星辰，象之著也；當以心求天之虛。」〔註3〕「形聚為物，形潰反原」，「幾者象見而未形也，形則涉乎明，不待神而後知也。」張載指出象先而形後，象幽形明，象變化成形是由幽轉化成明的過程。形潰又返回無形的氣象。此過程圖式如下：

聚

氣（象）　　　　　　　　　　　　　　　　　物（形）

散

對於張載關於象與形的區分，朱伯崑說：「形指大小方圓等形狀或形體，象指剛柔動靜等性能。有象者，不一定有形，有形者，必有象。就六十四卦說，其卦畫，有形可見，為形；其性質有陰陽，有吉凶，為象。就八卦所取的物象說，如艮為山，離為火，坎為水，都有形可見，為形；巽為風，震為雷，風雷無形卻有象。就卦爻說，奇偶兩畫為形，其剛柔動靜為象。這些說法，並不始於張載，但他特別重視二者的區分。」〔註4〕鄭萬耕也提出類似的觀點，他認為張載「提出『無形而有象』說，用以說明卦爻象和所取物象的特點。『形』指大小方圓等形狀或形體，『象』指剛柔動靜等性能。就六十四卦說，其卦畫有形可見，為形；其性質有陰陽、有吉凶，為象。就八卦所取之物象說，艮為山，離為火，坎為水，有形可見為形；巽為風，震為雷，風雷無形卻有象。總之，凡未成形或無形的事物，張載皆歸之為象。有象者不一定有形，如晝夜寒暑之象，吉凶進退之象；有形者必有象，如雞之形有飛之象，地之形有生物之象。其無形而有象的領域，在哲學上主要指氣而言，所謂『凡象皆氣也』（《正蒙·乾稱》），『有氣方有象，雖未形，不害象在其中』（《橫渠易說·繫辭下》）。」〔註5〕

《橫渠易說》中的象大體分為兩種：一種是自然物象，這個物象主要是在氣範疇之中，即「凡象皆氣也」。一種是易象，易象有取自然物的，如乾馬坤

〔註2〕〔魏〕王弼著　樓宇烈校釋：《王弼集校釋》上，中華書局 1980 年版，第 535 頁。
〔註3〕《張載語錄·語錄中》，《張載集》，第 326 頁。
〔註4〕朱伯崑：《易學哲學史》第二卷，崑崙出版社 2005 年版，第 307 頁。
〔註5〕朱伯崑主編：《周易知識通覽》，齊魯書社 2004 年，第 324 頁。

牛之類，也有對陰陽爻進行抽象思維之後得出的如剛柔動靜等性能。這些性能屬於卦爻的本質、內在的反映。取自然物的，可以稱其為物象；《易傳》說「聖人立象以盡意」，表示內在本質屬性的，可以稱其為義象。義象反映事物的本質，具有強烈地思辨性，張載以這種思維方式去分析、思考無形清通的太虛與無形有象的氣，從而拓展了儒學的視野，把學人引領到一個嶄新的思維境界中，給人以更多的遐思和啟迪。張載易學中，義象內涵豐富，其中有表現事物具體性質、反映本質屬性的，筆者稱之為「性象」，如「太極」、「兩儀」、「乾坤」等。

對於易象，《繫辭》云：「象也者，像也」，象是卦取物象以表意，取物象的目的是為了能夠清楚的表達卦意。張載非常重視卦象，「象謂一卦之質」，[註6]卦體的性質是由卦象所決定的。在《周易》中，易象分為兩種，卦象和爻象，通常是將卦象稱為大象，爻象稱為小象。卦象存於卦體之中，對八經卦而言，除了有自然物象之外，還有表示卦體性質的象。以八經卦為例，《周易·說卦》中對八經卦所取的物象有：乾為馬，坤為牛，震為龍，巽為雞，坎為豕，離為雉，艮為狗，兌為羊。乾為首，坤為腹，震為足，巽為股，坎為耳，離為目，艮為手，兌為口，等等。表示卦體性質的象，「乾，健也；坤，順也；震，動也；巽，入也；坎，陷也；離，麗也；艮，止也；兌，說也。」對於六十四卦，卦有上下兩體，所以通常在一卦之中存有兩種物象，也有一卦為一種物象的。對六十四卦舉例：蒙，「《象》曰：山下有泉，蒙，君子以果行育德。」需，「《象》曰：雲上於天，需，君子以飲食宴樂。」觀，「《象》曰：風行地上，觀，先王以省方觀民設教。」等等。如鼎卦，就取鼎一個物象。《周易》中取象本不多，後經諸多易學家發明創造，如《焦氏易林》中就歸納、總結出很多逸象，再如在《乾鑿度》、《乾坤鑿度》、《梅花易數》中取象也更多，更為複雜。張載認為：「吉凶變化，悔吝剛柔，易之四象歟！」[註7]取象的根本目的在於表達吉凶變化，悔吝剛柔，這才是取象的初衷。張載的易學是重義理兼象數，有時也會通過象數來闡發義理，他在《橫渠易說》中的取象之處有：

> 咸之為道，以虛受為本，有意於中，則滯於方體而隘矣。拇、腓、股、脢、輔，以一卦通體高下為言。

> 鼎，象也，足陰腹陽，耳虛鉉剛，故曰「剛柔節」也。

〔註6〕《橫渠易說·繫辭上》，《張載集》，第 180 頁。
〔註7〕《橫渠易說·繫辭上》，《張載集》，第 179 頁。

—147—

《易》大抵以艮為止，止乃光明。易言「光明」者，多艮之象，著則明之義也。

蓋孚者覆乳之象，有必生之理，信且正天之道也。

小過有飛鳥之象，故因曰「取彼在穴」。

家道之始，始諸飲食烹飪，故曰「風自火出」。

四象即乾之四德，四時之象，故下文云「變通莫大乎四時」。

雲雷皆是氣之聚處，屯，聚也。

无妄，雷行天動也，天動不妄，故曰无妄。

山下有雷，畜養之象。

靜之動也無休息之期，故地雷為卦，言反又言復，終則有始，循環無窮，入，指其化而裁之耳。

色以離見，聲以震聞，臭以巽知，味以坎達。

隱高於卑，謙之象也。……地中有山謙，夫山者崇高之物，非謙而何！

羊外柔而內很，六五以陰處陽，羊喪之象也，能去其內剛，不拒來者，則無悔，故曰「喪羊於易無悔」。

不以三狐自累，上合於五，則得黃矢之象也。

不正而近比二剛，不能致一，故有小人負乘之象，貪以致寇也。

五在君位，故以斗喻夜見之象。

四處陰應下，堅介難致，雉之象也，以力致之，徒喪其矢。

三止於下，隱伏之象，故曰「在穴」。

克己反禮，壯莫甚焉，故易於大壯見之。

張載說：「因爻象之既動，明吉凶於未形，故曰『爻象動乎內，吉凶見乎外』。」〔註8〕爻象動靜變化，「明吉凶於未形」，這是理性思維的結果。需要仔細甄別，做出合理判斷。因為吉凶「未形」，它不可能靠感性直觀。卦象也是如此，如頤卦，張載說：「山下有雷，畜養之象」，這個畜養之象也出於理性思考，山下有雷，春雷滾滾，自山而出，萬物萌發，生機盎然，所以張載說畜養之象。再如張載說：「克己反禮，壯莫甚焉，故易於大壯見之。」克己反禮，有大壯之象，大壯卦象是天上有雷，因為克己反禮艱難異常，一定要以雷霆之勢，果敢勇猛方可成之。

〔註8〕《橫渠易說·繫辭下》，《張載集》，第210頁。

二、有氣方有象

在《橫渠易說》中，易象有物象和義象，通過物象可以去思考和把握其背後的隱藏的義象，如乾為馬，是說乾之健性；坤為牛，是說坤之順性；震為龍，是說震之動性；巽為雞，是說巽之燥性；卦爻有陰陽兩種，有剛柔動靜等性質，爻象變化的原因主要是陰陽爻之間互相作用、變化而導致的。而爻象關係到一卦性質，如坎卦由兩陰一陽爻組成，陰多陽少，但以陽為主，卦性為陽。離卦由兩陽一陰爻組成，陽多陰少，但以陰為主，卦性為陰。氣有陰陽，有剛柔動靜等性質。張載認為陰陽之氣互相作用產生千變萬化而氣象萬千，張載說：

> 雲雷皆是氣之聚處，屯，聚也。〔註9〕

> 自我西郊，剛陽之氣進而不已也。〔註10〕

> 坎離者，天地之中二氣之正交。〔註11〕

張載認為千姿百態的自然現象是陰陽二氣作用的結果。氣有陰陽，陽氣清而升，陰氣濁而降，在一升一降的過程中，相感相遇生成萬物，陰感於陽，物以形顯；陽感於陰，象著而未形。張載說：

> 浮而上者陽之清，降而下者陰之濁，其感通聚結，為風雨，為雪霜。〔註12〕

> 陽為陰累，則相持為雨而降；陰為陽得，則飄揚為雲而升。〔註13〕

> 天象者，陽中之陰；風霆者，陰中之陽。〔註14〕

> 日質本陰，月質本陽，故於朔望之際精魄反交，則光為之食矣。〔註15〕

> 地純陰凝聚於中，天浮陽運旋於外。〔註16〕

> 凡陰氣凝聚，陽在內者不得出，則奮擊而為雷霆；陽在外者不得入，則周旋不捨而為風。〔註17〕

〔註 9〕《橫渠易說·屯》，《張載集》，第 83 頁。
〔註10〕《橫渠易說·小畜》，《張載集》，第 92 頁。
〔註11〕《橫渠易說·習坎》，《張載集》，第 121 頁。
〔註12〕《正蒙·太和》，《張載集》，第 8 頁。
〔註13〕《正蒙·參兩》，《張載集》，第 12 頁。
〔註14〕《正蒙·參兩》，《張載集》，第 12 頁。
〔註15〕《正蒙·參兩》，《張載集》，第 11 頁。
〔註16〕《正蒙·參兩》，《張載集》，第 10 頁。
〔註17〕《正蒙·參兩》，《張載集》，第 12 頁。

水者，陰凝而陽未勝也；火者，陽麗而陰未盡也。……陽陷於
陰為水，附於陰為火。〔註18〕

這是以經卦坎、離、震、巽來解釋自然物，坎（☵），二陰一陽，陽入於
陰之中，陽為主，性為陽；離（☲），二陽一陰，陰入於陽之中，陰為主，性
為陰。震（☳），二陰一陽，陰附於陽，陽為主，性為陽；巽（☴），二陽一陰，
陽附於陰，陰為主，性為陰。充分體現出陰陽二氣互相滲透，陰中有陽，陽中
有陰。雨雲為陰，陽升陰降，陽為陰所阻礙，即「陽為陰累」，故相持二者，
由於陽性發散，陰性凝聚，雨雲凝結成雨降落，此時陽方能暢通。陰氣緩聚欲
升，得陽氣助之而升騰為雲。天象，日月星辰之類，有象無形，氣聚而有象，
聚是陰氣使之然，故「陽中之陰」。風與雷霆，陰氣聚而形成，由於「陰中有
陽」，然不得不發散化為無形。「地純陰」，即地為坤（☷）。「天浮陽」，即為乾
（☰），純陽浮於外。「日質本陰，月質本陽」，張載說：「乾坤（止）〔正〕合
為坎離，〔坎離〕之數當六七，精為日月，粗為水火，坎離合而後萬物生。」
日為離（☲），月為坎（☵），離，其性為陰；坎，其性為陽。張載由震、巽卦
象（☳☴）得出「凡陰氣凝聚，陽在內者不得出，則奮擊而為雷霆；陽在外者
不得入，則周旋不捨而為風」。由坎、離卦象（☵☲）得出「水者，陰凝而陽
未勝也；火者，陽麗而陰未盡也。……陽陷於陰為水，附於陰為火」。

氣作為形而下，氣無形而有象，物象屬於氣象，「凡象皆氣也」，如朱震云：
「氣聚而有見故謂之象，象成而有形故謂之器。」〔註19〕對於象與形的區別，
朱伯崑說：「可以看出，張載所謂的象，是一種比形體更為廣泛的關於事物存
在的概念，這種概念是從易學中的卦象和物象中概括出來的。他辨別形和象，
提出無形而有象，其目的在於說明無形的東西不能歸之於虛無。在他看來，王
弼派的錯誤之一，是把形和象混問起來，由於追求無形，進而排斥象，走上『忘
象以求義』和『天地萬物以無為本』的玄學道路。」〔註20〕

張載說：

氣之為物，散入無形，適得吾體；聚為有常，不失無常。〔註21〕
散殊而可象為氣，清通而不可象為神。〔註22〕

〔註18〕《正蒙·參兩》，《張載集》，第 13 頁。
〔註19〕〔宋〕朱震：《漢上易傳》，上海古籍出版社 1989 年，第 241 頁。
〔註20〕朱伯崑：《易學哲學史》第二卷，崑崙出版社 2005 年版，第 308 頁。
〔註21〕《正蒙·太和》，《張載集》，第 7 頁。
〔註22〕《正蒙·太和》，《張載集》，第 7 頁。

顯其聚也，隱其散也，顯且隱，幽明所以存乎象。〔註23〕

氣本之虛則湛一無形，感而生則聚而有象。〔註24〕

凡不形以上者，皆謂之道，惟是有無相接與形不形處知之為難。
須知氣從此首，蓋為氣能一有無，無則氣自然生，〔氣之生即〕是道
（也）是易（也）。〔註25〕

張載指出，氣作為物，有聚散變化功能，氣聚而有象或有形，氣散為無形
無象。也就是說凡是可見的氣象，都是氣凝聚的結果，聚與散，是顯和隱的過
程，此過程有可見與不可見的變化，張載把這種變化稱之為「幽明」。對無形
不可見，王夫之認為：「無形則人不得而見之，幽也。無形，非無形也，人之
目力窮於微，遂見為無也。心量窮於大，耳目之力窮於小。」〔註26〕張載把清
通而不可象稱之為太虛，太虛無形無象，氣聚散於太虛，氣散於太虛時，如冰
化於水中，此時氣無形無象，二氣相感聚而有象。氣散入太虛，無形無象，對
這個無形無象的氣，本質與有象而無形的氣相比本質內涵是不同的，無形無象
的氣，是清通之氣，可謂太和之氣。張載說「散殊而可象為氣，清通而不可象
為神」，王夫之解釋說：「太和之中，有氣有神。神者非他，二氣清通之理也。
不可象者，即在象中。陰與陽和，氣與神和，是謂太和。」〔註27〕張載說：「太
虛為清，清則無礙，無礙故神；反清為濁，濁則礙，礙則形。」張載認為太虛
就是清通之神，牟宗三稱之為太虛神體，牟宗三說：「又據橫渠『兼體不累以
存神』之義說，橫渠正是『兼清濁虛實』以言神者，神並非是單屬於清也，亦
非是以神為清氣之質性，以氣說神也。」〔註28〕即保證氣之清通，只是太虛之
神的其中一個作用。對太虛神體，牟宗三說：「是則太虛、虛空、虛無，即清
通而不可象之神也。此猶是誠體寂感之神之別名。…以『清通而不可象』為神
規定『太虛』，此確然是儒家之心靈。」〔註29〕

「太虛無形，氣之本體」，氣以太虛清通之神為體。至於氣從何而來，在
《橫渠易說》中張載說：「凡不形以上者，皆謂之道，惟是有無相接與形不形

〔註23〕《橫渠易說‧繫辭上》，《張載集》，第190頁。
〔註24〕《正蒙‧太和》，《張載集》，第10頁。
〔註25〕《張載集》，第207頁。
〔註26〕〔明〕王夫之：《張子正蒙注》，中華書局1975年版，第13頁。
〔註27〕〔明〕王夫之：《張子正蒙注》，中華書局1975年版，第2頁。
〔註28〕牟宗三：《心體與性體》上，吉林出版集團有限責任公司2013年版，第363頁。
〔註29〕牟宗三：《心體與性體》上，吉林出版集團有限責任公司2013年版，第367頁。

處知之為難。須知氣從此首，蓋為氣能一有無，無則氣自然生，〔氣之生即〕是道（也）是易（也）。」「有無相接與形不形處」即是氣之初始，無形以上是道，「無則氣自然生」，氣自然生成不同於虛空生氣，氣自然而然的產生就是道是易。《正蒙》說：「若謂虛能生氣，則虛無窮，氣有限，體用殊絕，入老氏『有生於無』自然之論，不識所謂有無混一之常」，所以「無則氣自然生」是「有無混一」的，這與「太虛即氣」宗旨是一貫的。張載以此來反對道家的有無之論，無並非絕對虛空，無只是不可見，不可見為幽，可見為明，幽明是氣的兩種狀態，幽明、陰陽是混一的，陽並非無陰，陰並非無陽，陽非純陽，陰非純陰，陰陽只是氣的兩種性質變化，是辯證統一的，王夫之說：「易以《乾》之六陽、《坤》之六陰大備，而錯綜以成變化為體，故《乾》非無陰，陰處於幽也；《坤》非無陽，陽處於幽也。」〔註30〕

對於無形而有象的氣，對它如何認識，張載說：

所謂氣也者，非待其鬱蒸凝聚，接於目而後知之。〔註31〕

苟健順、動止、浩然、湛然之得言，雖可名之象爾，然則象若非氣，指何為象？時若非象，指何為時？〔註32〕

張載認為對於無形無象之氣已經不能靠感覺器官去認識了，這種認識超越了感性認識的範疇而上升到理性認識的範疇，「健順、動止、浩然、湛然」，氣的這些性質不是靠感覺得來的，這是理性思考的結果，這些特點是氣的本質特徵。朱伯崑說：「張氏的觀點是，以健順、動止等性能為氣之象，不是象王弼和程頤所說的那樣，以健順為氣之理。謂氣有健順、動止之象，來於對卦爻象的解釋；謂其有浩然、湛然之象，來於對天象的觀測。張載把這些性質歸之於氣之象，表明氣作為萬物的本原，有其物質屬性，其屬性不是肉眼可以看到的，具有某種抽象的性質。」〔註33〕所以，張載講氣之象是講氣的本質屬性，氣的本質屬性要以心來體會，以感官得到的認識是「見聞之知」，以心體悟到的認識是「德性之知」。張載說：「大其心則能體天下之物，物有未體，則心為有外。世人之心，止於聞見之狹。聖人盡性，不以見聞梏其心，其視天下無一物非我，孟子謂盡心則知性知天以此。天大無外，故有外之心不足以合天心。

〔註30〕〔明〕王夫之：《張子正蒙注》，中華書局1975年版，第239頁。
〔註31〕《橫渠易說·繫辭下·張載集》，第219頁。
〔註32〕《橫渠易說·繫辭下·張載集》，第219頁。
〔註33〕朱伯崑：《易學哲學史》第二卷，崑崙出版社2005年版，第314頁。

見聞之知，乃物交而知，非德性所知；德性所知，不萌於見聞。」〔註34〕對氣之象的理性思考屬於德性之知，張載論談氣之象的最終目的是要告訴儒者要回歸本心，「由象識心，徇象喪心」，要通過思考天地萬象而達到識心見性的目的，真正地從靈魂深處理解儒學義理。

三、易象太極

《易傳·繫辭上》：「易有太極，是生兩儀。兩儀生四象，四象生八卦。」從易學史來看，太極的重要性是毋庸置疑的。無論哪一派易學都重視對太極的解讀和闡發。太極在漢唐以來呈現出由形而下向形而上的發展過程，由宇宙生成的質料逐漸成為宇宙存在的根據，這種變化從漢唐到兩宋的易學發展中表現是很明顯的。

漢易的太極觀是把太極看做是宇宙生成其中的一個階段，《孝經·鉤命訣》說：「天地未分之前，有太易；元氣始萌，謂之太初；氣形之端，謂之太始；形變有質，謂之太素，質形已具，謂之太極。」《易緯·乾鑿度》：「故曰有太易，有太初，有太始，有太素也。太易者，未見氣也；太初者，氣之始也；太始者，形之始也；太素者，質之始也；氣形質具而未離，故曰渾淪。渾淪者，言萬物相混成，而未相離。視之不見，聽之不聞，循之不得，故曰易也，易無形畔，易變而為一，一變而為七，七變而為九；九者氣變之究也，乃復變而為一。」〔註35〕宇宙生成的整個過程以圖式展示：太易→太初→太始→太素→渾淪→天地→萬物。《易緯·乾坤鑿度》說：「太易始著，太極成。太極成，乾坤形。（鄭玄注太易無也，太極有也。）」〔註36〕從太易到太極是一個從無至有的過程，太極是二氣渾淪一體未分，然後變化而萬物生成。虞翻：「太極，太一。分為天地，故『生兩儀』。」〔註37〕朱伯崑說：「『太一』為何物？虞翻未明言。或指北辰星，或指元氣。」〔註38〕馬融認為太極是北極星，「《易》有太極，謂北辰也。太極生兩儀，兩儀生日月，日月生四時，四時生五行，五行生十二月，十二月生二十四氣。北辰居位不動，其餘四十九轉運而用也。」〔註39〕漢代易

〔註34〕《張載集》，第 24 頁。

〔註35〕《易緯·黃氏逸書考·漢學堂叢書》，民國修補本。

〔註36〕《易緯·黃氏逸書考·漢學堂叢書》，民國修補本。

〔註37〕李鼎祚：《周易集解》，中國書店 1984 年版。

〔註38〕朱伯崑：《易學哲學史》第一卷，崑崙出版社 2005 年版，第 234 頁。

〔註39〕李學勤主編：《周易正義》，北京大學出版社 1999 年版，第 279 頁。

學家認為日月星辰都是元氣之精華，這其實與太極元氣說是如出一轍的。管輅則把幽明、死生納入到「太極」之中，他說：「幽明同化，死生一道，悠悠太極，終而復始。」〔註40〕

魏晉以後，經過兩漢易學向玄學易的轉變，玄學易成為易學史上的一大流派。王弼就是這一流派的創始人。王弼通過對《繫辭》句「大衍之數五十，其用四十有九」以哲學詮釋，提出了自己的太極觀。王弼認為：「演天地之數，所賴者五十也。其用四十九，則其一不用也。不用而用之以通，非數而數以之成，斯《易》之太極也。四十有九，數之極也。夫無不可以無明，必因於有，故常於有物之極，而必明其所宗也。」〔註41〕一為太極，一不用，這是以「以無為用」思想解釋太極。太極為虛無實體，這是王弼的太極觀。朱伯崑認為，王弼「認為作為世界本原的『無』，是不能用『無』來說明的，必須憑藉有形有象的具體的事物顯示其作用，……顯然，這是以其玄學中的『無』來解釋筮法中其一不用的『一』和易學中的太極。」〔註42〕學術界對王弼易中太極的研究，結論有很大爭議，一種認為王弼的太極有本體論含義，一種認為王弼的太極為一不用，並無實質性意義。王弼後學韓康伯基本繼承了王弼的觀點：「原夫兩儀之運，萬物之動，豈有使之然哉？莫不獨化於大虛，欻爾而自造矣。造之非我，理自玄應；化之無主，數自冥運，故不知所以然而況之神。是以明兩儀以太極為始，言變化而稱極乎神也。」〔註43〕「夫有必始於無，故太極生兩儀也。太極者，無稱之稱，不可得而名，取有之所極，況之太極者也。」〔註44〕韓康伯易學作為魏晉時期義理派的代表，其易學繼承了王弼的玄學解易的思想。湯用彤認為：「無者非別，即有之所極。萬有或大或小，皆可以數形容。『有』可以有數，『無』無數。蓋數者所以記物。四十有九，其一非數，以非『有物』故。然有無非二，有物之極與所由之宗非二。其一不用之一，非數之一，乃形上學之一，一即全，即不二。」〔註45〕到唐代，孔穎達的《周易正義》，一方面繼承了王弼的太極虛無思想，另一方面又揉合了漢易的太極元氣說，

〔註40〕《三國志·魏書·管輅傳》下，嶽麓書社2006年版，第553頁。
〔註41〕〔魏〕王弼著 樓宇烈校釋：《王弼集校釋》下，中華書局1980年版，第547～548頁。
〔註42〕朱伯崑：《易學哲學史》第二卷，崑崙出版社2005年版，第327頁。
〔註43〕〔魏〕王弼著 樓宇烈校釋：《王弼集校釋》下，中華書局1980年版，第543頁。
〔註44〕《周易正義》卷七，北大出版社，1999年，第289頁。
〔註45〕湯用彤：《魏晉玄學論稿》，上海世紀出版社2005年版，第125頁。

認為「太極謂天地未分之前，元氣混而為一，即是太初、太一也。」〔註46〕朱伯崑認為：「但孔疏據取象說，將太極釋為『元氣混而為一』，顯然是不贊成韓注以虛無實體解釋太極。如果說，漢易提出了太極元氣說，而王弼以虛無實體為太極否定了元氣說，那麼，孔疏又義太極元氣說否定了虛無實體說。但孔疏的太極元氣說，並非簡單恢復漢易的說法，而是通過王弼派的易學，拋棄了《易緯》中的太橫渠易說和太一神說，使漢人講的太極元氣具有明顯的原始物質的涵義。此是孔疏解易在哲學史上的一個貢獻。其太極元氣說，對唐宋時期的唯物主義自然觀的發展起了重要的影響。」〔註47〕北宋周敦頤的《太極圖說》受道家易影響，認為「太極為陰陽二氣混而未分的狀態。太極動則生陽，靜則生陰，陽變陰合，相互作用，生出水、火、木、金、土五行，五行順布，即為四時，陰陽五行相交便生出萬物和人類。」〔註48〕這與漢易太極元氣說有相近之處。南宋朱熹的太極觀具有超越的形上義，太極不再是元氣，而是「理」。《朱子全書》卷二十一：「朱子曰：且夫《大傳》之太極者，何也？即兩儀、四象、八卦之理，具於三者之先而蘊於三者之內者也。」〔註49〕「總天地萬物之理，便是太極。」〔註50〕「太極是無形象，只是理。」〔註51〕「太極只是個理。」〔註52〕「太極非是別為一物，即陰陽在陰陽，即五行而在五行，即萬物而在萬物，只是一個理而已。因其極至，故名曰太極。」〔註53〕在朱熹看來，太極與氣的關係是太極主宰氣，但仍不離開氣而單獨存在。同時，太極又融入、貫通於陰陽、五行、萬物之中。

在《橫渠易說》中，張載首先認為太極是《周易》中的一個易象，易象主要有物象和性象，太極不是一物，它只是一個稱謂，張載說：「一物而兩體，其太極之謂與！」「一物兩體〔者〕，氣也」，太極是太虛之性象，以象太極性體。對此，張載說：

　　一太極兩儀而象之，性也。〔註54〕

〔註46〕李學勤主編：《周易正義》，北京大學出版社1999年版，第289頁。
〔註47〕朱伯崑：《易學哲學史》第二卷，崑崙出版社2005年版，第436頁。
〔註48〕朱伯崑主編：《易學基礎教程》，九洲圖書出版社2006年版，第182頁。
〔註49〕朱熹撰：《朱子全書》（貳拾壹），上海古籍出版社2002年版，第1567頁。
〔註50〕《朱子語類》，（宋）黎靖德編，中華書局1994年版，第2375頁。
〔註51〕《朱子語類》，（宋）黎靖德編，中華書局1994年版，第2375頁。
〔註52〕《朱子語類》，（宋）黎靖德編，中華書局1994年版，第2366頁。
〔註53〕《朱子語類》，（宋）黎靖德編，中華書局1994年版，第2371頁。
〔註54〕《橫渠易說・說卦》，《張載集》，第233頁。

太極、兩儀作為《周易》的易象，其作用在於「象之」，以之作為太虛性體之象。此性像是太虛性體之象，太虛無聲無臭，無形無象，雖無物象，但有性象可明，張載以太極兩儀來闡明何為太虛。張載此論，摒棄了漢易的太極元氣說和魏晉玄學以太極為虛無實體之論，將太虛安置為超越萬物且貫通於萬物之中的形上之本，開拓了易學太虛形上本體論的新境界。侯敏說：「其實，《易經》中最大的取象是『太極』。」〔註55〕對於《繫辭》中「聖人立象盡意」，王弼解釋：「夫象者，出意者也。言者，明象者也。盡意莫若象，盡象莫若言。言生於象，故可尋言以觀象；象生於意，故可尋象以觀意。意以象盡，象以言著。」〔註56〕王弼認識到了象的功能和作用，並對《繫辭》進行了創造性發揮，王弼把《繫辭》「立象以盡意」解釋為「象生於意」，象是聖人用來表意的，儘管王弼最後走向了「得意忘象」的道路，但是他對象與意的認識是深刻的。對此，張載說：「形而上者，得意斯得名，得名斯得象；不得名，非得象者也。故語道至於不能象，則名言亡矣。」〔註57〕張載的說法與王弼說法略有不同，王弼認為是先意後象最後言，張載認為是先意後名最後象。這說明王弼與張載對象的理解是不同的，王弼認為意、象、言都是主觀的，象、言都是表意的工具，所以可以「得意忘象」、「得意忘言」。張載認為意、名是主觀的，象是客觀的，追求的是主觀與客觀相統一。張載說：「《易》說製作之意蓋取諸某卦，止是取〔其〕義與象契，非必見卦而後始有為也，然則是言夫子之言爾。」張載認為聖人不是觀象而後製器，而是取某卦之義與物象而合，這是主客觀相統一的說法，與「有氣方有象」是相符的。故太極兩儀之象是太虛性體之性象，張載以此來表明太虛之性體。

第二節　天地之間，何數之有

在《易傳》中一章是關於「數」論的，文字較短，但卻注釋繁多，眾說紛紜。原文如下：

> 大衍之數五十，其用四十有九。分而為二以象兩，掛一以象三，揲之以四以象四時，歸奇於扐以象閏；五歲再閏，故再扐而後掛。

〔註55〕侯敏：《易象論》，北大出版社2006年版，第206頁。
〔註56〕〔魏〕王弼著　樓宇烈校釋：《王弼集校釋》下，中華書局1980年版，第609頁。
〔註57〕《正蒙・天道》，《張載集》，第15頁。

天數五，地數五。五位相得而各有合，天數二十有五，地數三十，凡天地之數五十有五，此所以成變化而行鬼神也。乾之策二百一十有六，坤之策百四十有四，凡三百六十，當期之日。二篇之策，萬有一千五百二十，當萬物之數也。是故四營而成易，十有八變而成卦，八卦而小成。引而伸之，觸類而長之，天下之能事畢矣。顯道神德行，是故可與酬酢，可與祐神矣。子曰：「知變化之道者，其知神之所為乎。」

一、大衍之數

就大衍之數為何為五十，說法有很多，總體而言分為三種：

一種認為大衍之數與天文、曆法有關，主要表現為漢代的卦氣學說。

京房云：「五十者，謂十日、十二辰、二十八宿也，凡五十。其一不用者，天之生氣，將欲以虛來實，故用四十九焉。」馬融說：「《易》有太極，謂北辰也。太極生兩儀，兩儀生日月，日月生四時，四時生五行，五行生十二月，十二月生二十四氣。北辰居位不動，其餘四十九轉運而用也。」〔註58〕

一種認為與八卦五行有關。

荀爽云：「卦各有六爻，六八四十八，加乾、坤二用，凡有五十。《乾》初九『潛龍勿用』，故用四十九也。」〔註59〕鄭玄云：「天地之數五十有五，以五行氣通。凡五行減五，大衍又減一，故『四十九』也。……天一生水於北，地二生火於南，天三生木於東，地四生金於西，天五生土於中。陽無偶，陰無配，未得相成。地六成水於北，與天一併；天七成火於南，與地二並；地八成木於東，與天三並；天九成金於西，與地四並；地十成土於中，與天五並也。大衍之數五十有五，五行各氣並，氣並而減五，惟有五十。以五十之數不可以為七八、九六卜筮之占以用之，故更減其一，故四十有九』也。」〔註60〕鄭玄對大衍之數的表述與劉牧的「河圖」的結構相吻合。

最後一種看法是將數五十歸於神化之妙。王弼說：「演天地之數，所賴者五十也。其用四十有九，數之極也。不用而用以之通，非數而數以之成，斯《易》之太極也。四十有九，數之極也。夫無不可以無明，必因於有，故常於有物之

〔註58〕李學勤主編：《周易正義》，北京大學出版社1999年版，第279頁。

〔註59〕李學勤主編：《周易正義》，北京大學出版社1999年版，第279頁。

〔註60〕〔宋〕王應麟 著 鄭振峰等點校：《周易鄭康成注·六經天文編·通鑒答問》，中華書局2012年版，第57頁。

極，而必明其所由之宗也。」〔註61〕《周易正義》引顧歡的解釋說：「立此五十數，以數神，神雖非數，因素而顯。故虛其一數，以明不可言之義。」《周易正義》基本是贊同此觀點的，說「只如此意，則別無所以，自然而有此五十也。今依用之」，「但賴五十者，自然如此，不知其所以然。」〔註62〕

　　對於《繫辭》中的大衍之數是否為天地之數，歷代易學家看法不一。

　　劉牧認為大衍之數就是天地之數，他說：「大衍之數，天地之用數也。蓋由天五不用，所以大衍之數少天地之數五也。或曰：天五不用，何以明其不用之由？答曰：天五不用，非不用也，是用四象者也。且天一、地二、天三、地四，此四象生數也，天五所以幹四象生數而成七、九、六、八之四象，是四象之中皆有五也。則知五能包四象，四象皆五之用也。舉其四，則五在其中矣。故《易》但言四象，以示不言五象也。今揲蓍之義，以筮而尚占者也，以象天地之用數，所以大衍之數藏天地之數五也。」〔註63〕

　　《周易正義》認為大衍之數與天地之數是不同的，說：「『凡天地之數五十有五』者，是天地二數相合為五十五，此乃天地陰陽奇耦之數，非是上文演天地之策也。」〔註64〕認為大衍之數五十是用來演化天地的，而天地之數是天地二數相合，二者是不一樣的。

　　朱熹認為大衍之數與天地之數無關，認為「大衍之數五十，蓋以河圖中宮天五乘地十而得之。」〔註65〕

　　高亨在《周易大傳今注》中引用金景芳的觀點，認為二者相同，認為在流傳過程中「大衍之數五十有五」脫去「有五」。原文為：

　　金景芳說：「當做『大衍之數五十有五』，轉寫脫去『有五』二字。」（《易通》）是也。《正義》引姚信董遇云：「天地之數五十有五，者其六以象六爻之數（者當做省），故減之而用四十九。」足證姚董本作「大衍之數五十有五。」此言用《易經》演算，備蓍草五十五策，但只用四十九策。所以備五十五策者，下文曰：「凡天地之數五十有五。」此以天地之數定大衍之數也。所以作六策而不用者，以此六策標明六爻之數也。〔註66〕

〔註61〕李學勤主編：《周易正義》，北京大學出版社1999年版，第279。
〔註62〕李學勤主編：《周易正義》，北京大學出版社1999年版，第280。
〔註63〕〔宋〕劉牧：《易數鉤隱圖》，上海古籍出版社1989年第一版，第10頁。
〔註64〕李學勤主編：《周易正義》，北京大學出版社1999年版，第281。
〔註65〕〔宋〕朱熹 撰 廖名春點校：《周易本義》，中華書局2011年版，第235頁。
〔註66〕高亨：《周易大傳今注》，清華大學出版社2010年版，第396頁。

　　朱伯崑認為：「就筮法說，認為大衍之數來於天地之數，…大衍之數五十屬於五之倍數，其中有筮法中的奇偶之數。」〔註67〕

　　張載認為大衍之數與天地之數是一致的，《橫渠易說》原文如下：

> 「大衍之數五十，其用四十有九」，天地之數也，一固不為用。「天一，地二，天三，地四，天五，地六，天七，地八，天九，地十。」夫〔天〕混然一物，無有終始首尾，其中何數之有？然〔此〕言〔者〕特示有漸爾，理須先數天，又〔必〕須先言一，次乃至於十也。且天下之數止於十，窮則自十而反一。又數當止於九，其言十者，九之耦也。揚雄亦曰「五復守於五行〔與五相守〕」者，蓋地數無過天數之理，孰有地大於天乎？故知數止於九，九是陽極也，十也者姑為五之耦焉耳〔爾〕。〔註68〕

　　大衍之數與天地之數的關係是怎樣的？張載認為大衍之數就是天地之數，天地之數從天一至地十，其實天九為數之終，即「又數當止於九，其言十者，九之耦也」，地數不能大於天數，地數十隻是為了與天數九之配對而已。故大衍之數本是始於天一，終於天九，再加參天兩地自然之數五，和總為五十。此過程也顯示出「參伍之變」的神妙變化。張載說：

> 一地兩，二也。三地兩，六也，坤用。五地兩，十也。一天三，三也。三天三，九也，乾用。五天三，十五也。凡三五乘天地之數，總四十有五，並參天兩地（者）〔自然之〕數（之）五，共五十。虛太極之一，故為四十有九。〔註69〕

　　參天兩地為自然之數，天為 3，地為 2，和為 5；一地兩，為 2；三地兩為 6；五地兩為 10；一天三為 3；三天三為 9；五天三為 15，其中的數字相加過程為：2+6（為 2×3 得出）+10（為 2×5 得出）+3+9（為 3×3 得出）+15（為 3×5 得出）+5（自然之數）=50 此圖式如下：

〔註67〕朱伯崑：《易學哲學史》第一卷，崑崙出版社 2005 年版，第 70 頁。
〔註68〕《張載集》，第 194 頁。
〔註69〕《張載集》，第 195～196 頁。

```
                    ☰（3）      +      ☷（2）      = 5 ┐
                                         ┌ ☰（3）
                          ┌ ☰（3）       │ ☰（3）
          ☰（3）+  │ ☰（3）   +  │ ☰（3）      = 27  │
                          └ ☰（3）       │ ☰（3）           │
                                         └ ☰（3）           ├ = 50   大衍之數
                                         ┌ ☷（2）           │
                          ┌ ☷（2）       │ ☷（2）           │
          ☷（2）+  │ ☷（2）   +  │ ☷（2）      = 18 ┘
                          └ ☷（2）       │ ☷（2）
                                         └ ☷（2）
```

參　　　伍　　　之變

這個過程都有數字3、5參與而且分別與參天兩地天地之數相乘,所以張載說「凡三五乘天地之數,總四十有五,並參天兩地者〔自然之數〕五,共五十。」要說明的是,「凡三五乘天地之數」,這裡的「天地之數」與「『大衍之數五十』,其用四十有九,天地之數也」中的「天地之數」不同,「凡三五乘天地之數」中的「天地之數」是指參天兩地數為五,與大衍之數相對應的「天地之數」是指從天一至地十。為什麼數字三五要參與在大衍之數的演變之中,這是緣於張載對《繫辭》句「參伍以變,錯綜其數,通其變,遂成天地之文,極其數,遂定天下之象,非天下之至變,其孰能與於此!」的解讀。張載說:「氣之聚散於太虛,猶冰凝釋於水,知太虛即氣〔則無有有無。故聖人語性與天道之極,盡於參伍之〕神變易而已。」〔註70〕對「參伍以變」,高亨解釋說:「三五代表較小而不定之數字。變之爻變從而卦變。《易經》各卦六爻之變三五不定。」〔註71〕高亨是從卦爻三五之變來解釋。《繫辭》中的「參伍之變」,虞翻認為「參伍之變」屬於卜筮方法,他說:「逆上稱錯。綜,理也。謂『五歲再閏,再扐而後卦』,以成一爻之變,而倚六畫之數。卦從下降,故『錯綜其數』,則『三天兩地而倚數』者也。」〔註72〕是說一卦兩揲兩扐為「五歲再閏」,三變而成一爻,其中在一爻之變中顯示出三與五,這就是「參伍之變」。孔穎達

〔註70〕《張載集》,第200頁。
〔註71〕高亨:《周易大傳今注》,清華大學出版社2010年版,第401頁。
〔註72〕〔清〕李道平:《周易集解纂疏》,中華書局1994年版,第591頁。

覺得參伍之變並不是多麼重要，只是為了舉例說明而已，他說：「或三或五，以相參合，以相改變。略舉三五，諸數皆然也。」朱子說：「此尚象之事，變則象之未定者也。參也，三數之也；伍者，五數之也。既參以變，又伍以變，一先一後，更相考核，以審其多寡之實也。錯者，交而互之，一左一右之謂也。綜者，總而挈之，一低一昂之謂也。此亦皆謂揲蓍求卦之事。蓋通三揲兩手之策，以成陰陽老少之畫，究七、八、九、六之數，以定卦爻動靜之象也。參伍錯綜皆古語，而參伍尤難曉。」〔註73〕朱子認為「參伍以變」屬於卜筮類，是講卜筮方法方面的。除了以筮法來解釋「參伍之變」，另一種就是圖書派的解釋，劉牧認為「參伍」是與五相配，如天一配五為地六。

劉牧《易數鉤隱圖》之「地四右生天九圖」

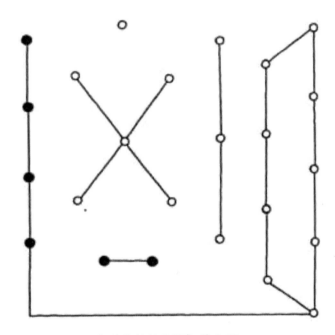

見《易數鉤隱圖》第六頁。

劉牧解釋說：

> 《經》曰：「參伍以變，錯綜其數。通其變，遂成天地之文；極其數，遂定天下之象。」義曰：「參，合也；伍，為偶配也，為天五合配天一，下生地六之類是也。以通其變化，交錯而成四象、八卦之數也。成天地之文者，為陰陽交而著其文理也。極其數者，為極

〔註73〕〔宋〕朱熹：《周易本義·繫辭上》，天津古籍書店1986年版，第310頁。

天地之數也。天地之極數，五十有五之謂也。遂定天地之象者，天地之數既設，則象從而定也。」〔註74〕

與劉牧的「易圖」不同，還有一種「河圖」是宋末元初道家易的雷思齊通過對《周易乾鑿度》「九宮圖」的演繹，試圖以此圖式來解釋「參伍之變」。對圖式的文字解釋說：「坎以一始於正北，而一五為乾六於西北；坤以二分於西南；而二五為兌七於西；震以三出於東，而三五為艮八於東北；巽以四附於東南，而四五為離九於正南。故陽得五而陰，偶得五而奇，陰得五而陽，奇得五而偶，是生數之所以成，成數之所以生者也。生數少於五，無所待以制中也，故陽數之一與三，自為中於乾六艮八成數之陰之外。……參以天五，是參五也。古文之五×，古今文之十皆十，是其象也。變而通之，生數之所以成，成數之所以生也。坎一巽四而五，故乾六離九而十五也，合之而二十。坤二震三而五，故兌七艮八而十五也，合之亦二十。是一、二、三、四之十成六、七、八、九之三十。故『河圖』之數止於四十，而虛用天五與地十，而為天地之數五十有五也。」〔註75〕雷思齊的圖式其實質就是合五之變，一、二、三、四生數合五生六、七、八、九成數，生數與成數和為四十，再加上天五與地十，成為天地之數五十有五。其圖式是建立在《周易乾鑿度》「九宮圖」的基礎之上，屬於對漢代「九宮圖」的一種演繹，雷思齊認為演繹後的圖為「真」「河圖」，其實此圖式基於「九宮圖」。雷思齊認為舊的「河圖」是方體，圓體符合「河圖」「四方四維」的特點，因此他改造後的「河圖」就為圓體，此外他認為「河圖」數止為四十，「虛用天五與地十」，此圖式對「參伍之變」結合「九宮圖」進行了解釋，因為有新意、創新所在，作為一獨特視角在此予以引出，可以與張載易學作比較。

《周易乾鑿度》「九宮圖」

巽 四	離 九	坤 二
震 三	中 五	兌 七
艮 八	坎 一	乾 六

〔註74〕〔宋〕劉牧：《易數鉤隱圖》，上海古籍出版社1989年第一版，第6頁。
〔註75〕〔元〕雷思齊：《易圖通變》，上海古籍出版社1989年第一版，第7～8頁。

雷思齊《易圖通變》之「參伍以變錯綜數圖」

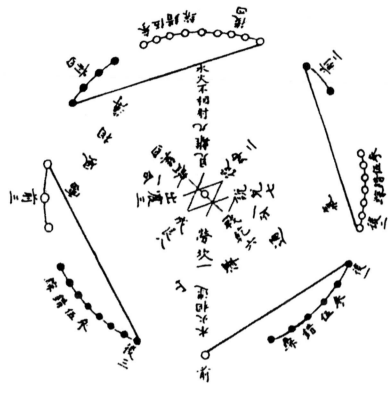

見《易圖通變》第五頁。

在劉牧和雷思齊的易學圖式中，天五的重要性不言而喻，天五在宇宙生成過程之中承擔著承上啟下的重要作用，劉牧認為大衍之數虛缺天數五，總為五十，天地之數五十有五，減去天數五即為大衍之數，大衍之數虛缺天數五，是不用為用，雖然天數五不在其中，但是天一、地二、天三、地四卻因天數五而生成六、七、八、九之數。雷思齊的易圖中天數五雖也虛缺，但是同樣在乾六、兌七、艮八、離九的形成過程中起著至關重要的作用。天數五的虛缺，以劉牧之言來概括，就是：「蓋由天五為變化之始，散在五行之位，故中無定象。」〔註76〕張載對大衍之數的詮釋是以「參天兩地」和「參伍之變」結合起來形成的。《說卦》有云：「參天兩地而倚數」，參天兩地數為五，但並非劉牧或者雷思齊易圖中的天五，說明張載的易學與劉牧的「河圖」和圖書學派並無關係，也談不上有什麼影響。

〔註76〕〔宋〕劉牧：《易數鉤隱圖》，上海古籍出版社 1989 年第一版，第 12 頁。

二、天地之數

張載對天地之數的注釋是從宇宙生成論上論述的。張載說：

極^{兩兩}，是為天參。數雖三，其實一也，象成而未形也。^{兩兩}，地兩效剛柔之法也。〔地兩兩，剛亦效也，柔亦效也。〕七離九。六坎八。

〔註77〕

此處在第一章第二節作了考辨。

參天兩地，此但天地之質也，通其數為五。乾坤（止）〔正〕合為坎離，〔坎離〕之數當六七，精為日月，粗為水火，坎離合而後萬物生。得天地〔之〕最靈為人，故人亦參為性，兩為體，推其次序，數當八九。八九而下，土其終也，故土之為數終於地十。過此以往，萬億無窮，不越十終反一而已。陽極於九，陰終於十，數乃成，五行奇耦乃備。過此周而反〔復〕始，滋至無算，不越於是。陽用其極，陰不用極而用六者，十者，數之終，九之配也。地無逾天之理，終於其終而已焉。參天兩地，五也。〔註78〕

這段文字以此圖式表示（僅為說明文字所作，太極、兩儀圖只是使用習慣）：

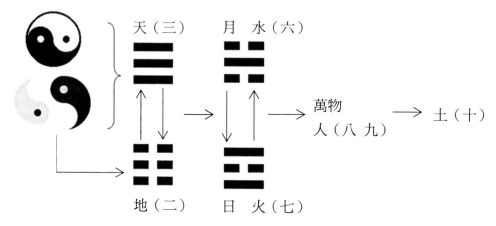

天（三）　月　水（六）

地（二）　日　火（七）

萬物
人（八九）

土（十）

劉牧的《易數鉤隱圖》中，兩儀、四象、分別與天地之數相對應，兩儀分陰陽，陽為天一、天三，陰為地二、地四，兩儀生四象，天一、地二、天三、地四與天五相配生地六、天七、地八、天九四象。此四象為即老陽、老陰、少陽、少陰之數，六為老陰，七為少陽，八為少陰，九為老陽。劉牧不贊成孔穎

〔註77〕《張載集》，第 195 頁。

〔註78〕《張載集》，第 195 頁。

達四象為金、木、水、火之說，認為金、木、水、火為有形之物，怎能為象。坎、離、震、兌居四象之正位，即四正卦。四象生八卦是，七、八、九、六之數，六去三餘三，三為坎，其餘數三為乾；七去三餘四，三為離，餘數四為巽；八去三餘五，三為震，餘數五為艮；九去三餘六，三為兌，餘數六為坤。張載認為坎為地數六，離為天數七。坎六、離七之說本有淵源，在《尚書大傳·五行傳》有記載：「天一生水，地二生火，天三生木，地四生金。地六成水，天七成火，地八成木，天九成金，天五生土。」在《漢書·五行志》中亦有類似記載，後被鄭玄所繼承和推崇。所以張載採用此說本不足為奇。但是需要指出的是，張載關於天地之數與八卦相互關係的論述與劉牧的易圖與詮釋大相徑庭，張載論述的核心要點是「參天兩地」、「乾坤《易》之門戶」，整個結構是以此核心展開的。一太極，天數一；兩儀，陰陽；太極兩儀，一物兩體是謂「天參」，為天三；地兩效剛柔之法，是為坤二，為地二；參天兩地，為天五；坎六離七；止於人，數當八九，八九之數也並非「顯得粗糙和牽強附會」〔註79〕，而是張載認為「坎離合而後萬物生」，「人亦參為性，兩為體」，坎六離七，各加地二，即人以「兩為體」，因此，八九之數當為人。所以，張載是以「參天兩地」為核心，對天地之數重新進行了宇宙生成論的思考和定位，將「參天兩地」、「合兩」之性融貫於日月水火、萬物化育、人類文明的整體過程之中，是屬於深思熟慮的精巧設計，與其易學整體思想是和諧統一的。

對於天地之數之間的關係，張載說：「此相間循環之數也。」

徐必達本《橫渠易說》

	六	
五		七
四		八
三		九
二		十
	一	

對天地之數由一至十之間的循環，對這樣的一個循環究其本質而言，張載認為：「夫〔天〕混然一物，無有終始首尾，其中何數之有？然〔此〕言〔者〕特示有漸爾，理須先數天，又〔必〕須先言一，次乃至於十也。且天下之數止於十，窮則自十而反一。又數當止於九，其言十者，九之耦也。」〔註80〕由此可見，張載的象數思想與象數派有根本性的不同，象數一派尤其是邵雍的象數思想，認為數先於象，數生象。邵雍說：「象起於形，數起於質，名起於言，意起於用。」〔註81〕「有意必有言，有言必有象，有象必有數。數立則象生，象生則言彰，言彰則意顯。象數，則筌蹄也。言意，則魚兔也。得魚兔而忘筌蹄則可也，捨筌蹄而求魚兔則未見其得也。」〔註82〕「神生數，數生象，象生器……神則數，數則象，象則器，器之變復歸於神也。」〔註83〕張載把數僅限於理論上的邏輯推理，認為《繫辭》中的大衍之數與天地之數，只是為了要說明筮法與天地萬物的生成演變，他並不贊同象中有數、數生象的哲學觀點，而是明確肯定氣化終始「其中何數之有？」在這個圖中，一至十呈順時針旋轉，這其實是張載要表現「天左旋」的觀點，張載說：「地在氣中，雖順天左旋」，「天左旋，處其中者順之，少遲則反右矣。」〔註84〕「日月皆是左旋」。〔註85〕張載認為日月星辰隨天左旋，不同於「天左旋，日右行」、「天左旋，地右動」的傳統觀念。一與六是相對的，可以看做是一至六，六至十的這樣一個循環。從上圖可以看出，數字六以後就是日月及天地萬物與人的生成，是太虛之氣經過一個「參伍以變」神變易之後，萬象生成階段，還包括「自十而反一」的歸於太虛之氣的過程。

天地之數之間的關係還變現為「五位相得而各有合」，張載解釋說：「『五位相得而各有合』，一二相間，是相得也；各有合，以對相合也，如一、六，二、七，三、八，四、九。各有合，神也；位相得，化也。」對於「五位」，易學家們解釋是不同的，韓康伯認為：「天地之數各五，五數相配，以合成金木水火土。」〔註86〕

〔註80〕《張載集》，第194頁。

〔註81〕《邵雍全集》三，上海古籍出版社2015年版，第1209頁。

〔註82〕《邵雍全集》三，上海古籍出版社2015年版，第1206頁。

〔註83〕《邵雍全集》三，第1239頁。

〔註84〕《張載集》，第11頁。

〔註85〕《天原發微》，卷一二。

〔註86〕〔魏〕王弼著 樓宇烈校釋：《王弼集校釋》下，中華書局1980年版，第548頁。

可見，韓康伯認為「五位」就是五行。孔穎達在《周易正義》中又作了補充說明：「正義曰：若天一與地六相得，合為水，地二與天七相得，合為火，天三與地八相得，合為木，地四與天九相得合為金，天五與地十相得，合為土也。」〔註87〕張載認為「五位」就是五組數字，「相得」是數字相間，「相合」是「以對相合」。張載對「五位相得而各有合」主旨在於闡明其神化觀，「各有合，神也；位相得，化也。」數相得體現的是氣化流行的過程，無論是萬物的生成還是歸於太虛，這一過程都是一漸進過程。數相合體現的是神妙之跡，《正蒙·神化》：「推行有漸為化，合一不測為神。」這樣，太虛之氣中「合一不測為神」就在數相合中體現出來了。辛亞民提出，張載「受圖書學派的影響，在這一生產模式中將五行八卦與數字相匹配，這是《太極圖說》所沒有的內容，而是來自劉牧的學說。」〔註88〕其實這種說法是不嚴謹的，韓康伯就曾把五行與數字相配，在鄭玄《易注》中，不但數字配以五行，而且還配以方位，「天一生水於北，地二生火於南，天三生木於東，地四生金於西，天五生土於中。」〔註89〕在劉牧的《洛書》中，主要還是數字與五行的關係。圖如下：

經朱熹考證當為《河圖》

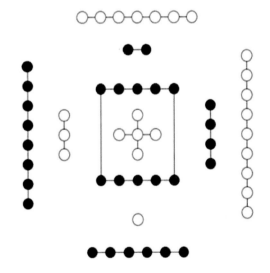

〔註87〕李學勤主編：《周易正義》，北京大學出版社 1999 年版，第 281 頁。

〔註88〕辛亞民：《張載易學研究》，中國社會科學出版社 2015 年版，第 113 頁。

〔註89〕〔宋〕王應麟 著 鄭振峰等點校：《周易鄭康成注·六經天文編·通鑒答問》，中華書局 2012 年版，第 57 頁。

劉牧的《洛書》與張載的《橫渠易說》對天地之數的表述其實是很不同的，劉牧的《洛書》一、二、三、四生數與五相合而生成成數。《橫渠易說》中天地之數的相得與相合是不同的，相得就是位相間，相合就是相對而合。按照張載的觀點審視劉牧的《洛書》，《洛書》中只有數相合而沒有數相得。《橫渠易說》的圖式與《劉牧》的圖式完全是截然不同的。從內容來看，張載與圖書一派尤其是劉牧的《洛書》毫無聯繫，張載主要還是以借用圖式來表達太虛性體、宇宙生成的哲學思想。

張載易學認為《易》與「河洛圖書」無實質、必然關係，他說：「作《易》以示人，猶天垂象見吉凶；作書契效法，猶地出圖書。一云猶河洛。」這其實也反映出張載對北宋圖書之學的不認可。

第三節　蓍龜之用

《禮記·曲禮上》曰：「龜為卜，策為筮」。蓍龜作為占筮中重要的器物，自古以來被看作是「天生神物」，是被賦予具有神秘色彩、具有神奇功能的卜筮用具。蓍，即蓍草，筮用蓍草。龜，即龜甲，卜用龜甲。《易·繫辭上》：「探賾索隱，鉤深致遠，以定天下之吉凶，成天下之亹亹者，莫大乎蓍龜。是故天生神物，聖人則之。」《繫辭》對蓍龜的評價很高，也表明蓍龜在上古時期，在人們的日常生活之中發揮了非常重要的作用。《史記·龜策列傳》說：「聞蓍生滿百莖者，其下必有神龜守之，其上常有青雲覆之。」就占卜而言，不是所有的龜都可以用來占卜，《史記·龜策列傳》認為只有八種名龜才可以：「一曰『北斗龜』，二曰『南辰龜』，三曰『五星龜』，四曰『八風龜』，五曰『二十八宿龜』，六曰『日月龜』，七曰『九州龜』，八曰『玉龜』：凡八名龜。…能得百莖蓍，並得其下龜以卜者，百言百當，足以決吉凶。」《象傳》中有「十朋之龜」之說。「朋」指的是類別，「十朋之龜」，《周易正義》解釋說：「正義曰：『朋，黨也』者，馬、鄭皆案《爾雅》云：『十朋之龜者，一曰神龜，二曰靈龜，三曰攝龜，四曰寶龜，五曰文龜，六曰筮龜，七曰山龜，八曰澤龜，九曰水龜，十曰火龜。』」認為其中只有第六種筮龜才可以用來占卜。說明在上古時期，筮龜作為卜筮用的器物，既獨特又要求甚高。這也在無形之中增加了筮龜的神秘性。

無論怎樣，蓍龜的主要作用就是占卜決疑。在《尚書·洪範》中講到稽疑之法，卜筮作為其中之一，在其中也起著很重要的作用。《尚書·洪範》曰：

「汝則有大疑，謀及乃心，謀及卿士，謀及庶人，謀及卜筮。」《繫辭》說：
「是故聖人以通天下之志，以定天下之業，以斷天下之疑。是故蓍之德圓而神，
卦之德方以知，圓者運而不窮，方者止而有分。言蓍以圓象神，卦以方象知也。
唯變所適，無數不周，故曰圓。卦列爻分，各有其體，故曰方也。」《繫辭》
認為卜筮其中一個主要功能就是「斷天下之疑」，朱熹認為《周易》本為卜筮
用，他說：「又如卜筮，自伏羲、堯、舜以來皆用之，是有此理矣。今人若於
事有疑，敬以卜筮決之，有何不可？」〔註90〕說明卜筮的作用還是以「決疑」
為主。

　　《周禮》曰：「凡國之大事，先筮而後卜。」對於蓍草為什麼可以用來占
卜吉凶，《說卦》認為：「昔者聖人之作《易》也，幽贊於神明而生蓍」，《說卦》
作者把這種現象歸於「神明」，韓康伯把蓍卦的過程稱之為「神知」，「明蓍卦
之用，同神知也。蓍定數於始，於卦為來。卦成象於終，於蓍為往。往來之用
相成，猶神知也。」〔註91〕這種「知來藏往」的過程，猶如「神知」貫穿於其
中。為何會如此？韓康伯認為：「蓍受命如向，不知所以然而然也。」〔註92〕
「神知」是不能給予理性解釋的，只能說是「不知所以然而然也」。疏不破注，
《周易正義》解釋說：「神之為道，陰陽不測，妙而無方，生成變化，不知所
以然而然者也。蓍則受人命令，告人吉凶，應人如向，亦不知所以然，而然與
神道為一⋯」，〔註93〕給出的結論就是蓍草與「神道為一」。

　　張載認為蓍龜主要有兩方面的功能：一是「天生蓍龜，聖人則之以占兆。」
〔註94〕蓍龜主要是用來占卜吉凶的。張載認為卜筮的作用在於決疑，他說：「萌
兆之事，而《易》著具著見之器；疑慮而占，則《易》示將來之驗。」〔註95〕
但不主張凡事都去占卜，對於將要發生的事情，可以通過「著見之器」來把握，
對於這個「器」，丁原明認為：「『器』指卦爻畫，就是說，《周易》概括總結了
全部人事變化之理，而卦爻畫是反映這種人事變化之理，並表現其變化苗頭
的。」〔註96〕對此「著見之器」，其實並不一定是指卦爻畫，這個「器」應該

〔註90〕〔宋〕黎靖德編：《朱子語類・卷第三十二》，中華書局1986年版，第817頁。
〔註91〕李學勤主編：《周易正義》，北京大學出版社1999年版，第287頁。
〔註92〕李學勤主編：《周易正義》，北京大學出版社1999年版，第323頁。
〔註93〕李學勤主編：《周易正義》，北京大學出版社1999年版，第324頁。
〔註94〕《張載集》，第204頁。
〔註95〕《張載集》，第231頁。
〔註96〕丁原明：《橫渠易說導讀》，齊魯書社2004年版，第17～18頁。

是針對「萌兆之事」而言的，是與「萌兆之事」相聯繫的「器」，「易道廣大，無所不包」，諸般事物在《易》中都有所顯現，而易道也在萬般「器物」中顯現出來，形上與形下相貫通，故張載所言的「著見之器」應該是指自然、人事中的器物，這些「器」的萌芽發生，其中通過易道可以做出預知、把握。而無法預知、把握的，有所疑慮的，可以以占卜對將來做出占驗。因此，「器」不應該單指卦爻。

張載對卜筮的態度是理性的，「『卜不習吉』，言下官將占，先決問人心，有疑乃卜，無疑則否。『朕志無疑，人謀僉同』，故無所用卜：鬼神必依，龜筮必從，故不必卜筮，玩習其吉以瀆神也。衍忒未分，有悔吝之防，此卜筮之所由作也。」〔註97〕認為如果人心與事理已經很明朗，志定謀同，就沒有必要再去占卜了，結果自然是吉的。如果還要卜，「卜不習吉」，重吉則瀆神。張載用了「玩習」一詞。《繫辭》有云「居則觀其象而玩其辭，動則觀其變而玩其占」，占卜和「玩習」是兩種態度，占卜是用來決疑，而「玩習」是把握易道的奧義，故不能以「玩習」的態度去對待占卜。

張載對占卜用具「龜策」的態度和《史記‧龜策列傳》對待「龜策」的態度有明顯的不同，《史記‧龜策列傳》過分誇大、神話了龜策的不同凡響，相較於張載易學，張載顯得冷靜、理性，他說：「人於龜策無情之物，不知其將如何，惟是自然莫或使之然者，陰陽不測之類也。己方虛心以鄉之，卦成於爻以占之，其辭如何，取以為占。聖人則又於陰陽不測處以為占，或於夢寐，或於人事卜之。然聖人於卜筮亦鮮，蓋其為疑少故也。」〔註98〕占卜所產生的結果，張載歸諸於「陰陽不測」的神妙作用，這其中包括了占卜者自身的虛心以待的態度。至於聖人，張載認為聖人也占卜，「或於夢寐」，「或於人事」，但聖人很少卜筮，可能是因為聖人的疑慮較少的原因。

蓍龜可以替人決疑，張載認為有兩個方面的原因，其一，張載說：「示人吉凶，其道顯；陰陽不測，其德神。顯故可與酬酢，神故可與佑神；受命如響故可與酬酢，知來藏往故可與佑神。示人吉凶，其道顯矣；知來藏往，其德行神矣。語蓍龜之用也。」〔註99〕示人吉凶，主要是從天地人事方面來講，蓍龜可以占卜吉凶，昭示易道。陰陽不測，主要是從陰陽變化方面來講，蓍龜可以

〔註97〕《張載集》，第 58 頁。
〔註98〕《張載集》，第 198～199 頁。
〔註99〕《張載集》，第 197 頁。

總結過去預知未來，對未知做出判斷，是謂神德。這句話重點闡述了蓍龜的主要功能。

其二，張載認為：「天地變化，聖人作《易》以〔蓍龜〕傚之，故曰『聖人傚之』。」〔註100〕蓍龜除了可以用來占卜，還可以模擬天地的變化。這是張載對《繫辭》句「天生神物，聖人則之；天地變化，聖人傚之」的作出的解釋。這與《周易正義》的解釋是不同的，《周易正義》認為「天地變化，聖人傚之」，是「行四時生殺，賞以春夏，刑以秋冬，是聖人傚之。」〔註101〕說明「聖人傚之」與蓍龜是沒有關係的。張載的這一看法與他對「大衍之數五十又五」的注解是保持一致的。

對於蓍龜，張載並不誇大或神話，在他看來，這只是聖人的一種選擇，《說卦》有云：「昔者聖人之作《易》也，幽贊於神明而生蓍」，對於「生蓍」的解釋，《周易正義》解釋說：「聖人作《易》，其作如何？以此聖知深明神明之道，而生用蓍求卦之法，……釋聖人所以深明神明之道，便能生用蓍之意，以神道與用蓍相協之故也。」〔註102〕張載的解釋是：「方其將有謀也，將有問也，命於蓍，此所謂「生蓍」，非謂在野而生蓍也。事在未來之前，吉凶在（書）〔方〕策〔之〕上，蓍在手中，卒歸三處一時合，豈非幽贊於神明而得爾也？起其用也。」〔註103〕張載的解釋與《周易正義》相符合，孔疏認為「蓍則受人命令，告人吉凶，應人如向，亦不知所以然，而然與神道為一」，〔註104〕張載強調說「非謂在野而生蓍也」，如果認為是「在野而生蓍也」，那麼就是對蓍草的神話。「起筮」以蓍草見吉凶，這並不是說蓍草有何神明，這只是聖人「幽贊於神明而得爾」的結果。

張載對蓍龜的態度反映了一位儒學宗師對待《易》的基本態度，「尚其辭」，「尚其變」，「尚其象」，「尚其占」作為「《易》有聖人之道四焉」，張載從儒家的內外功修予以說明：「尚辭則言無所苟，尚變則動必精義，尚象則法必致用，尚占則謀必知來，四者非知神之所為，孰能與於此！」〔註105〕在張載看來，

〔註100〕《張載集》，第 204 頁。
〔註101〕李學勤主編：《周易正義》，北京大學出版社 1999 年版，第 290 頁。
〔註102〕李學勤主編：《周易正義》，北京大學出版社 1999 年版，第 323～324 頁。
〔註103〕《張載集》，第 233 頁。
〔註104〕李學勤主編：《周易正義》，北京大學出版社 1999 年版，第 324 頁。
《張載集》，第 233 頁。
〔註105〕《張載集》，第 198 頁。

「言無所苟」,「動必精義」,「法必致用」,「謀必知來」才是易道的根本目的所在。作為儒者,不必沉溺於占筮之中,「所樂而玩者,爻之辭也」,應當玩習、體會爻辭所含的精義。「言君子未嘗須臾學不在《易》。玩,玩習也,每讀則每有益,所以可樂。」君子應時刻學習體會、踐行義理,時常閱讀《周易》,可以益於自身而倍感快樂。

第四節 《易》之太虛

「太虛」一詞學術界一般認為出自於道家,《莊子·知北遊》:「不過乎崑崙,不遊於太虛」,張湛注《列子·天瑞》:「易者,不窮滯之稱。凝寂於太虛之域,將何所見耶?」《關尹子》:「……殊不知天地雖大,能役有形而不能役無形,陰陽雖妙能役有氣而不能役無氣,心之所之則氣從之,氣之所之則形應之,猶如太虛於一泡中變成萬物,而彼一泡不名太虛,我之一心能變為氣,能變為形,而我之心無氣無形,知夫我之一心,無氣無形則天地陰陽不能役之。」〔註106〕唐代盧重元的《列子注》:「不生者,非本不生者也。無形者,非本無形者也。所言神之不生者,非本不曾生也。萬物所以生,群品所以形,皆神之所運也。以其能生,生而即體,無生滅耳。是非都無形生同夫太虛之氣。」〔註107〕以上「太虛」都有氣存在之空域的含義。

在《周易》中,最初引入「太虛」的是韓康伯的《周易注》,其中說:「嘗試論之曰:原夫兩儀之運,萬物之動,豈有使之然哉?莫不獨化於太虛,欻爾而自造矣。造之非我,理自玄應,化之無主,數自冥運,故不知所以然而況之神。」〔註108〕這裡,太虛不僅僅具有空域的含義,還包括了氣之充塞無間,因為萬物獨化光有空間是不夠的。在唐代孔穎達的《周易正義》中將「太虛」的內涵作了進一步的發展,將其看做是象、數之根本,無太虛便無象、數之生成。孔疏說:「言象之所以立有象者,豈由象而來,由太虛自然而有象也;數之所以有數者,豈由數而來,由太虛自然而有數也。是太虛之象,太虛之數,是其至精至變也。由其至精,故能制數;由其至變,故能制象。若非至精、至變、至神,則不得參與妙極之玄理也。」〔註109〕對於太虛與萬物的關係,《周

〔註106〕 〔周〕尹喜:《關尹子》中卷,《四部叢刊》影印本。
〔註107〕 〔唐〕盧重元:《列子注》卷一,清嘉慶八年秦恩復石研齋刻文淵閣影印本。
〔註108〕 〔魏〕王弼著 樓宇烈校釋:《王弼集校釋》下,中華書局1980年版,第543頁。
〔註109〕 李學勤主編:《周易正義》,北京大學出版社1999年版,第285頁。

易正義》說：「言義理備盡天下之能事，故可以顯明無為之道，而神靈其德行之事。言大虛以養萬物為德行，今易道以其神靈助太虛而養物，是神其德行也。」〔註110〕象、數出自太虛，萬物亦應如此，且認為太虛頤養萬物，體現太虛之神德，太虛即為萬物的根本，萬物不能離開太虛而存在。在《周易正義》中的太虛主要還是宇宙本原論的意義。

在張載易學中，為了解決儒學心性論、本體論、價值系統等方面的困境，張載密切注重太虛與氣之間的關係，對太虛與氣進行了全新的詮釋，賦予了多方面的新的內涵，《橫渠易說》中的「太虛」應該是張載「勇於造道」的典型體現。

在張載易學中，太虛只作為空域是遠遠不夠的，當然太虛依然具有空域的特點，其中也包括了時間，太虛是時空的統一。張載說：「氣坱然太虛，升降飛揚，未嘗止息，《易》所謂『絪縕』，莊生所謂『生物以息相吹』、『野馬』者歟！此虛實動靜之機，陰陽剛柔之始。浮而上者陽之清，降而下者陰之濁，其感（遇）〔通〕聚結，為風雨，為雪霜，萬品之流形，山川之融結，糟粕煨燼，無非教也。」〔註111〕氣充滿太虛，變化流行，升降飛揚，蔚為壯觀，萬物隨之形成，此過程呈現出時空的連續性。就太虛與氣的關係而言，張載雖不惜文字，但終因字義深奧，造成了理解上的困難，在學術界形成了張載氣本論與太虛本體論之爭。儘管仁智互見，各執一詞，但無論怎樣，一切都還是要根據文本去理解，這也是必須要做的。無論是《正蒙》或者《橫渠易說》，張載竭盡全力去探討太虛與萬物，其目的性在於闢佛老，為新儒學開闢道路。《正蒙·范育序》說：「浮屠以心為法，以空為真，故《正蒙》闢之以天理之大，又曰：『知虛空即氣，則有無、隱顯、神化、性命通一無二。』老子以無為為道，故《正蒙》闢之曰：『不有兩則無一。』至於談死生之際，曰『輪轉不息，能脫是者則無生滅』，或曰『久生不死』，故《正蒙》闢之曰：『太虛不能無氣，氣不能不聚而為萬物，萬物不能不散而為太虛。』夫為是言者，豈得已哉！」〔註112〕可見，在闢佛老的相關問題上，為求使得儒者更能明白問題的關鍵所在，以便得到清醒的認識，「太虛」這一概念的引出就顯得十分關鍵。這也是張載不費筆墨，力求達成所願的原因。在《橫渠易說》中，張載借「太虛」論《易》，

〔註110〕 李學勤主編：《周易正義》，北京大學出版社 1999 年版，第 282 頁。
〔註111〕 《張載集》，第 224 頁。
〔註112〕 《張載集·范育序》，第 5 頁。

對諸多問題進行了回答，其中有對佛教人生觀、世界觀、價值觀和鬼神觀的抨擊，張載說：

> 釋氏語實際，乃知道者所謂誠也，天德也。其語（則）〔到〕實際，則以人生為幻妄，（幻妄）以有為為疣贅，以世界為陰濁，遂厭而不有，遺而弗存。就（而人）〔使〕得之，乃誠而惡明者也。儒者則因明致誠，因誠致明，故天人合一，致學（者）而可以成聖，得天而未始（離）〔遺〕人，《易》所謂不遺、不流、不過者也。…彼（直）欲〔直語〕太虛，不以晝夜陰陽累其心，則是未始見易；〔未始見易，〕則雖欲免晝夜陰陽之累，末由也已。（已）《易》且不見，又烏能更語真際！捨真際而談鬼神，妄也。所謂實際，彼徒能（請）〔語〕之而已，未始真解也。〔註113〕

張載認為，佛教的人生觀是以人生為虛幻不真實，價值觀是認為一切努力、作為都為無用，世界觀認為世界憎逼污濁而厭倦，遂要拋棄一切。而這一切的根本原因是世界觀問題。因此，張載要以太虛來建立起包含儒學心性的世界觀，以此達到排老闢佛的目的。張載批評了佛教直講太虛而不懂陰陽、晝夜變化，佛教所謂的「實際」，在張載看來是不知「晝夜陰陽」，不知「晝夜陰陽」自然不知「性命」，不知「性命」焉能知聖人、鬼神？易道真際，其實質是「一陰一陽之謂道」，知陰陽變化自然懂得「因明致誠」、「因誠致明」，而後達到「天人合一」。所以，張載講的「太虛」已經不是空域或者充塞無間的氣那麼簡單了，它應該是蘊含易道，且能給儒學建立宏大理論體系的一個至高哲學概念。

就太虛與氣、萬物的關係而言，太虛為氣、萬物之本和存在根據。太虛有太和至高境界和變化之道，由此而使得氣相感變化無窮，氣之神化使得萬象以形顯。太虛為氣之體，氣有陰陽，屈伸相感變化無窮，究其原因，張載說：

> 太虛者，氣之（所）體。氣有陰陽，屈伸相感（而）〔之〕無窮，故神之應也無窮；其散無數，故神之應也無數。雖無窮，其實湛然；雖無數，其實一而已。陰陽〔之〕氣，散則萬殊，人莫知其一也；合則混然，人不見其殊也。〔註114〕

陰陽之氣所蘊含的相感之性，神化萬物之妙機，其根本原因是「太虛者，

〔註113〕《張載集》，第183頁。
〔註114〕《張載集》，第184頁。

氣之體。」此是太虛與氣的根本區別。也可以說無太虛則無陰陽之氣，更無萬千世界的生成。張載在《橫渠易說》中首先要把這一能夠搭建起整個儒學理論大廈的基石給夯築起來，而這一至高哲學概念的選擇就是「太虛」。張載指出，太虛蘊涵氣之神化的內在動因，張載說：

> 太和所謂道，中涵浮沉、升降、動靜、相感之性，是生絪縕、相蕩、勝負、屈伸之始。其來也幾微易簡，其究也廣大堅固。起知於易者乾乎！效法於簡者坤乎！散殊而可象為氣，清通而不可象為神。〔註115〕

在太虛之中蘊涵太和之道，這是氣之變化的動因，其性狀有浮沉、升降、動靜、相感，這種相互對立的性狀相互作用而導致至高和諧的太虛之氣發生變化，氣的存在形式主要有兩種，一種是散殊而可象，一種是清通而不可象，可象為有形萬物，不可象為太虛清通之氣。氣、萬象源自太虛，太虛為氣之本，從根源上不可分割，氣與萬物屬於本質同源。太虛與太虛之氣有形上與形下之別，太虛可使太虛之氣清通不可象，太虛所蘊含的太和之道使氣呈現出太和之境，太虛所蘊含的乾坤健順之性使氣相感變化、萬物生成。張載說：

> 太虛之氣，陰陽一物也，然而有兩〔體〕，健順而已。（又）〔亦〕不可謂天無意，陽之〔意〕健，不（耳）〔爾〕何以發散〔和一〕？陰之性常順，然而地體重濁，不能隨則不能順，（則）〔少不順即〕有變矣。有〔變〕則有象，如乾健坤順，有此氣則有此象可得而言；若無則直無而已，謂之何而可？是無可得名。故形而上者，得辭斯得象，但於不形中得以措詞者，已是得象可狀也。今雷風有動之象，須（謂）〔得〕天為健，雖未嘗見，然而成象，故以天道言；及其（發）〔法也〕則是傚也，〔效〕著則是成形，成形則（是）〔地〕道也。若以耳目所及求理，則安得盡！如言寂然湛然亦須有此象。有氣方有象，雖未形，不害象在其中。〔註116〕

因太虛內涵太和之道，太虛之氣呈現出太極之性象，陰陽未分為一物，但其中蘊含健順兩體，此兩體是氣之變化的內在動因，陰陽變化而有象，此象表現為乾健坤順。張載在《橫渠易說》中對太虛之氣作了介紹，太虛之氣不同於太虛，太虛之氣是太虛太和之道孕育出的一物，此氣陰陽一物，有健順兩體，

〔註115〕《張載集》，第7頁。
〔註116〕《張載集》，第231頁。

互生作用最後萬物生成。萬物聚散於太虛，在太和之道的作用下，轉換為不同的形態。所以，對太虛與氣關係來說，有太虛之氣與太虛即氣之說，可能為了避免引起誤會，在《正蒙》中「太虛之氣」的說法再沒有出現過。太虛之氣雖無具體的形或者象，但其中有太虛和合之性象，即「性其總，合兩也」。此性象為太極乾坤健順和合之象。太虛即氣，主要說明了太虛與氣的體用關係，太虛為氣之性體，氣因太虛而聚散變化，張載說：

> 氣之聚散於太虛，猶冰凝釋於水，知太虛即氣〔則無有有無。
> 故聖人語性與天道之極，盡於參伍之〕神變易而已。諸子淺妄，有
> 有無之分，非窮理之學也。〔註117〕

「太虛無形，氣之本體」，太虛清通有神有性，神主變化，性與天道合一使得萬有和諧有序，其聚其散符合天道。「天行有常，不為堯存，不為桀亡」，張載以太虛建立起恢弘嚴密的儒學宇宙觀，其最終用意在於塑造儒學「天道心性」的純正信仰，從而真正建立起儒學的「天人合一」理論，並以此來摒棄其他的「旁門外道」，重拾儒家自信。牟宗三評價張載「太虛」說：「落於個體生命上說，此清通之神、太虛即吾人之『性』也。（就其遍運乎氣而為之體言，亦可說性，此即是天地之性。此與就個體生命處說，其義一也。）此清通之神、太虛之體，在吾人生命處，如從其『至靜無感』說，則可認為是性體之最深之根源，即是性體之最深奧處，最隱秘處。」〔註118〕

第五節　《大易》不言有無

《周易》在不同時期的易學家的哲學詮釋過程中，不斷地糅雜、融合了各個時代的一些學術思想，其中比較典型的一個表現就是老莊哲學思想的影響，而王弼易學無疑最為典型。王弼開創了玄學易，作為該派的鼻祖與領袖，王弼易在易學哲學史中產生了巨大的影響。朱伯崑認為：「在王弼以前，已有易老結合的傳統。這對王弼以老學解易，不無影響。」「總之，王弼易學的形成是曹魏時期古文經學的發展和老莊玄學興起相結合的產物。」〔註119〕在其易學中融入了老莊「自然無為」的思想觀點，「老莊」也隨之成為玄學易的重要思想淵源。相對於王弼玄學易的「自然無為」的思想特點，漢代象數易學如孟喜、

〔註117〕《張載集》，第200頁。
〔註118〕牟宗三：《心體與性體》上，吉林出版集團有限責任公司2013年版，第384頁。
〔註119〕朱伯崑：《易學哲學史》第一卷，崑崙出版社2005年版，第277頁。

京房的卦氣說，鄭玄易學中的五行說，魏伯陽的月體納甲說等，如果把王弼易學理解為以「無」解《易》，那麼其他諸派易學就可以理解為以各種「有」來解《易》。

一、有無論《易》

王弼易影響深遠，在唐代《周易正義》中依然繼承了王弼易的「自然無為」思想，並以此來解釋卦爻辭。比如孔穎達說：「陰陽之氣無為，故積馴履霜，必至於堅冰。以明人事有為，不可不制其節度，故於履霜而逆以堅冰為戒，所以防漸慮微，慎終於始也。」〔註120〕「所以君子能用此『明夷』之道，以臨於眾，冕旒垂目，黈纊塞耳，無為清靜，民化不欺。」〔註121〕「若據乾坤相合皆無為，自然養物之始也，是自然成物之終也。」「乾以易知，坤以簡能。天地之道，不為而善始，不勞而善成，故曰易簡。」〔註122〕《周易正義》在唐代作為科舉考試的重要科目，對當時整個儒學界的影響是很大的。到北宋初期，周敦頤在《太極圖說》中闡發的「無極而太極」則是對「有無」的綜合運用。所以說，以「有無」論《易》是張載易學所必須要面對的一個傳統思維。

面對前人易學「有無」論，張載明確指出：「《大易》不言有無，言有無，諸子之陋也。人雖信此說，然不能知以何為有，以何謂之無。如人之言曰自然，而鮮有識自然之為體。」〔註123〕張載不論「有無」，其重要的一個觀點是認為：「人雖信此說，然不能知以何為有，以何謂之無。」即對「有」或「無」無法準確定義，如此則陷入概念的空洞而缺乏內涵。張載是反對以「無」論《易》的，他認為易應該是「有」，但他所要做的是要把易中之「有」給確定下來，以區別簡單空泛的以「有」論《易》。這對於張載易學而言則很有必要。

張載論《易》不言「有無」，主要是立於乾坤，「乾坤《易》之門戶也」，這樣即可把《易》之「有」給確定下來，「乾坤立則方見《易》」，以乾坤論《易》，這是張載易學與漢唐易學的區別。「易以道陰陽」，易乃陰陽變化之道，乾坤作為形上之道的實現路徑，易道以乾坤變化而展開。張載易學言乾坤，不言「有無」，「有無」則陷於有形與無形之中，而僅僅以有形無形來討論陰陽變化之道，還遠遠達不到對形上易道的本質論述。因此，張載明確地講到：「不曰天地而

〔註120〕李學勤主編：《周易正義》，北京大學出版社1999年版，第28頁。
〔註121〕李學勤主編：《周易正義》，北京大學出版社1999年版，第155頁。
〔註122〕李學勤主編：《周易正義》，北京大學出版社1999年版，第259頁。
〔註123〕《張載集》，第182頁。

〔曰〕乾坤云者，言其用也。乾坤亦何形？猶言神也。人鮮識天，天竟不可方體，姑指日月星辰處，視以為天。陰陽言其實，乾坤言其用，如言剛柔也。乾坤則所包者廣。」〔註124〕乾坤不能以有形無形來談論，比如陰陽妙用之神。乾坤不同於陰陽，陰陽很具體實在，「乾坤言其用」，乾坤之用才是乾坤的本質內涵。乾坤之性貫徹於千變萬化乃至無窮之間是易的形上之道，乾坤作為《易》之門戶，構成了張載易學的基礎。

漢易以卦氣、五行等解易，是以「有」論《易》，但這種「有」大大削弱了易道的形上性。以王弼玄學易為代表，是以「無」論《易》，但老氏思想不符合儒家宗旨，又會給佛學「空寂論」留下餘地。張載以乾坤論《易》，是對前人易學的評判、總結。張載對易道是從「一物兩體」方面來講的，「一物而兩體〔者〕，其太極之謂歟！陰陽天道，象之成也；剛柔地道，法之效也；仁義人道，性之立也。三才兩之，莫不有乾坤之道。」〔註125〕乾坤兩體太極之道，包括「陰陽天道」、「剛柔地道」、「仁義人道」，成就天地人三者之性，此之謂「乾坤則所包者廣」。易道貫通於天地人三才，「《易》一物而〔合〕三才：陰陽氣也，而謂之天；剛柔質也，而謂之地；仁義德也，而謂之人。」〔註126〕三才皆由乾坤兩體成就其性。易道在乾坤兩體的作用之下方能生生不息，造化萬物。在《易》之中，乾坤兩體遍布貫通於六十四卦及各卦爻之間，張載說：「雲行雨施，散而無不之也，言乾發揮偏被於六十四卦，各使成象。」〔註127〕「六爻各盡利而動，所以順陰陽、剛柔、仁義、性命之理也，故曰『六爻之動，三極之道也』」。〔註128〕故「順陰陽、剛柔、仁義、性命之理」，成為張載易學的解易原則。

張載認為《易》之四象由乾坤變化生成，「吉凶，變化，悔吝，剛柔，《易》之四象歟！悔吝由羸不足而生，亦兩而已。」〔註129〕此四種易象即太極乾坤「一物兩體」而生成，卦爻之變化、易象之生成無一不由易道乾坤相互作用實施而為。「《大易》不言有無」，張載易學是以乾坤易道兩體對「諸子」易學之陋進行了駁斥。

〔註124〕 《張載集》，第 177 頁。
〔註125〕 《張載集》，第 235 頁。
〔註126〕 《張載集》，第 235 頁。
〔註127〕 《張載集》，第 70 頁。
〔註128〕 《張載集》，第 180 頁。
〔註129〕 《張載集》，第 179 頁。

二、有無與幽明

　　張載易學反對以「有無」言《易》，他以「幽明」來取代「有無」，《繫辭》有云：「仰以觀於天文，俯以察於地理，是故知幽明之故。原始反終，故知死生之說」。韓康伯在《周易注》中解釋說：「幽明者，有形無形之象。」〔註130〕張載易學吸收了韓康伯的思想並闡發出新意。張載說：「盈天地之間者，法象而已；文理之察，非離不相覩也。方其形也，有以知幽之（故）〔因〕；方其不形也，有以知明之故。」〔註131〕觀天地萬象，應當以形知幽，以不形知明。這是從感性到理性的上升，這也是對《周易注》思想的繼承和發展。而張載易學的目的是要對儒學的宇宙論提供理論支撐，以便幫助儒者從思想上劃清儒釋道三者的界限，保持儒學的純潔性。他說：「天文地理，皆因明而知之，非明則皆幽也，此所以知幽明之故。萬物相見乎離，非離不相見也。見者由明而不見〔者〕非無物也，乃是天之至處。彼異學則皆歸之空虛，蓋徒知乎明而已，不察夫幽，所見一邊耳。」〔註132〕這裡，張載把「幽明」同「有無」做了區別，萬物因明而見，不見為幽，但並非無，這與老氏空虛無物有根本性的不同，張載認為如果把虛與物相隔離，最終會使得「儒、佛、老、莊混然一塗」。這種結果，會造成「入德之途，不知擇術而求，多見其蔽於詖而陷於淫矣」，從而陷於思想混亂的困境之中。

　　張載易學把「有無」、「幽明」與氣結合起來，對前人「有無」之說做了批判性的總結，這種總結體現出張載易學的儒學重構。王弼易學秉承道家「無為」思想，從易道到卦爻辭的總結與詮釋，無不滲透著「自然無為」、「清靜無為」的哲學思想。這種以「無」論《易》、以老莊玄學解易在王弼易學中是最為典型的，也最具有代表性。「在這種風氣的影響下，兩漢易學則轉向以老莊玄學解易的道路，成為易學史上的一大流派。王弼就是這一流派的創始人。」〔註133〕到唐代孔穎達作《周易正義》，對王弼易學有所揚棄，使得易學得到了進一步的發展。朱伯崑評價《周易正義》說：「從而對王弼派的易學理論，作了新的解釋，揚棄了王弼派的貴無賤有的思想，將王弼派講的虛無實體解釋為自然而有，自然無為或不知其所以然而然，將玄學中的貴無論引向崇有論。通過崇有論，又將漢易中的元氣說，陰陽二氣說重新肯定下來，並向前發

〔註130〕〔魏〕王弼著　樓宇烈校釋：《王弼集校釋》下，中華書局1980年版，第540頁。
〔註131〕《張載集》，第182頁。
〔註132〕《張載集》，第182頁。
〔註133〕朱伯崑：《易學哲學史》第一卷，崑崙出版社2005年版，第273頁。

展了。」〔註134〕《周易正義》推進了漢代陰陽二氣說、元氣說的發展，同時也對張載易學起到了承上啟下的重要作用。張載易學摒棄「有無」論，以「幽明」論氣之變化性狀，是對《周易》尤其是《易傳》部分辭句的全新解讀，是對前人易學和佛道兩派批判性的總結，影響和推進了同時期易學乃至後世易學的發展。朱熹本的周敦頤《太極圖說》首句講「無極而太極」，肯定了有生於無，雖然這裡的無極有著形上本體的特徵，但依然無法擺脫魏晉玄學一派易學的虛無說。「無極而太極」，與《周易》「《易》有太極，是生兩儀」之說不合，且無極為何而太極，因為無極概念的空洞而缺乏具體規定性，便造成了邏輯上的困境與思想上的不圓融。

「《大易》不言有無」，張載易學不言抽象的「有無」，張載認為關於「有無」議論是認識存在的誤區造成的。張載說：「盈天地之間者，法象而已；文理之察，非離不相睹也。方其形也，有以知幽之故〔因〕；方其不形也，有以知明之故。」這裡，張載從認識論出發，結合實踐和思維兩種形式，對傳統的觀念進行了理性的解釋。張載指出充盈天地之間無非是自然界的諸多現象而已，天文地理，沒有光明是無法看到的。形成幽明的原因，要通過思考形與不形方可明晰，看到有形體的事物，就要知道造成幽暗的原因，有形的事物歸於無形，就要知道形成光明的原因。也就是說有與無不是絕對的，不能把有形與無形當成絕對的有無，有無只是事物在幽明階段的不同形態。造成幽明的原因是光線的作用，無形是無法感光，有形是光在眼睛中產生的作用。張載作了接近現代科學的合理解釋。如王夫之所說：「離明，在天為日，光之所麗以著其形。有形則人得而見之，明也。無形則人不得而見之，幽也。無形，非無形也，人之目力窮於微，遂見為無也。心量窮於大，耳目之力窮於小。」〔註135〕

張載易學以《周易》中的「幽明」取代以往易學中的有無論，張載認為「幽明」取決於光線與視覺之間的相互作用，不能以幽為無，以明為有。幽明只是氣之變化的不同形態。氣聚為明，氣散為幽。張載說：

> 氣聚則離明得施而有形，氣不聚則離明不得施而無形。方〔其〕聚也，安得不謂之（有）〔客〕？方其散也，安得遽謂之無？故聖人仰觀俯察，但云「知幽明之故」，不云「知有無之故」。〔註136〕

〔註134〕 朱伯崑：《易學哲學史》第一卷，第 437 頁。
〔註135〕 〔明〕王夫之：《張子正蒙注》，中華書局 1975 年版，第 13 頁。
〔註136〕 《張載集》，第 182 頁。

三、諸子之陋

張載認為氣有聚散之變化，氣聚則有形，有形故可見；氣散於無形，無形故不可見。聖人仰觀天文、俯察地理，所以聖人說「知幽明之故」，而「諸子」大談有無之論，此是「諸子之陋」。這其中最具有代表性的是周敦頤的《太極圖說》。

周敦頤的《太極圖》源於道家易，南宋朱震提出了《太極圖》的傳承源流，「濮上陳摶以《先天圖》傳種放，放傳穆修，穆修傳李之才，之才傳邵雍。放以《河圖》、《洛書》傳李漑，漑傳許堅，堅傳范諤昌，諤昌傳劉牧。修以《太極圖》傳周敦頤，敦頤傳程顥、程頤。是時，張載講學於二程、邵雍之間，故雍著《皇極經世書》，牧陳天地五十有五之數，敦頤作《通書》，程頤著《易傳》，載造《太和》、《參兩》等篇。」〔註137〕「周敦頤的易學來源於陳摶解易系統，這是南宋以來的易學家和哲學家所公認的。」〔註138〕「就易學說，他一方面，從陳摶派易學那裏吸收了太極圖式說，給予新的解釋；另一方面又繼承了漢唐以來義理學派的傳統，並同儒家的倫理觀念結合起來，以此解釋《周易》的基本原則，從而成為宋明道學家解易的先驅。其《太極圖》和《通書》對宋明哲學的發展起到了重要的影響。」〔註139〕南宋時期朱熹作為二程學說的繼承者，高揚了周敦頤的「無極而太極」之論，經過朱熹的推崇，在南宋以後就基本上確立了周敦頤作為北宋理學宗主的地位。而對於《太極圖說》的定位，在南宋時期，因為朱熹與陸九淵的激烈爭論而一度論辯不絕，乃至在明清時期也未停止。

朱熹所整理的《太極圖說》，首句是「無極而太極」。據在朱熹所見的宋史館所修的《國史》中，《太極圖說》首句為「自無極而為太極」，朱熹認為此句有悖於周敦頤之旨，改為「無極而太極」，陸九淵懷疑此非周敦頤之書，並認為「無極」出於老氏，他說：「『無極』二字，出於《老子·知其雄章》，吾聖人之書所無有也。《老子》首章言『無名天地之始，有名萬物之母』，而卒同之，此老氏宗旨也。『無極而太極』，即是此旨。」〔註140〕又說：「老氏以無為天地之始，以有為玩物之母，以常無觀妙，以常有觀巧，直將無字搭在上面，正是

〔註137〕〔宋〕朱震：《朱震集》，嶽麓書社出版社 2007 年版，第 2 頁。
〔註138〕朱伯崑：《易學哲學史》第二卷，崑崙出版社 2005 年版，第 96 頁。
〔註139〕朱伯崑：《易學哲學史》第二卷，崑崙出版社 2005 年版，第 97 頁。
〔註140〕〔宋〕陸九淵著：《陸九淵集》，中華書局本 1980 年版，第 24 頁。

老氏之學，豈可諱也？」〔註141〕此外，陸九淵認為二程幼時受教於周敦頤，亦未曾見二程有任何關於「無極」之論。針對朱熹提出的周敦頤的無極可以使學者避免錯認為太極別為一物的說法，陸九淵指出《易·大傳》不言無極，他說：「《易》之《大傳》曰『形而上者謂之道』，又曰『一陰一陽之謂道』，一陰一陽，已是形而上者，況太極乎？曉文義者舉知之矣。自有《大傳》，至今幾年，未聞有錯認太極別為一物者。」〔註142〕

　　儘管周敦頤的《太極圖說》屬於對道教或煉丹系統的儒學改造，對北宋理學的宇宙論、倫理學和價值觀產生了重要影響，但是「無極」之論卻是儒家「四書五經」卻沒有的。如明末清初的經學家黃宗羲批評說：

> 羲、文、周、孔以易學開萬世，傳之數千年，俱稱原學者。惟是《先天》、《太極》一出，遂亂羲、文、周、孔之道，每有駕乎其上之語，而其所以欲勝前聖後聖者，則稟之黃、老也。晦庵於從信《易傳》之中，每有微詞，于邵、周二圖，則過於七十子之服孔子，此真不可解者。〔註143〕

　　甚至清代的漢學家毛奇齡、胡渭等人，認為周敦頤的易學屬於道家易學的翻版。周敦頤的《太極圖》是儒道融合匯通的結果，其內容體現了儒家的宇宙論和倫理學。「無極」與「太極」構成了一對「有無」關係，這種關係是相互包含的，而不是截然對立的。如牟宗三所言：「無極而太極，是就無中說有。（案：此言有中說無，無中說有，皆只是說太極一事，非如老子有無對言，亦不同於濂溪言誠體『靜無而動有』之有無。）」〔註144〕張載易學反對易學「有無」論，如在道家易和王弼易中，「有無」是一對至關重要的範疇，「無」是「有」的根據。「有無相生」，互相依存，不可分割，言無必言有，言有必論無。在周敦頤的《太極圖說》中「無極」與「太極」也同樣構成了一對關於「無」與「有」的關係。張載易學不同於漢易的以「有」論《易》，也不同於道家易、玄學易以「虛無」或「以無為本」論《易》，更不同於周敦頤《太極圖》的「有無」同一之論。「《大易》不言有無」，張載易學不言有無，以乾坤、太極的辯證關係出發，對氣與太虛的相互關係作了儒學義理的詮釋。張載說：

〔註141〕〔宋〕陸九淵著：《陸九淵集》，中華書局本1980年版，第28頁。

〔註142〕〔宋〕陸九淵著：《陸九淵集》，中華書局本1980年版，第23頁。

〔註143〕〔清〕黃宗羲：《易學象數論》，中華書局2011年版，第404頁。

〔註144〕牟宗三：《心體與性體》上，吉林出版集團有限責任公司2013年版，第352頁。

　　　　氣之聚散於太虛，猶冰凝釋於水，知太虛即氣〔則無有有無。
　　故聖人語性與天道之極，盡於參伍之〕神變易而已。諸子淺妄，有
　　有無之分，非窮理之學也。〔註145〕

　　《道德經》第五章說：「天地之間，其猶橐籥乎？虛而不屈，動而愈出。」
老子將天地比作內中虛空的橐籥，抽動橐籥而產生氣流，雖然很樸素的表達
了天地與萬物之間的關係，但也體現出老子對天地之間存有虛空的看法。這
是老子對天地萬物的「有無」論。與老子把天地萬物比作橐籥與氣相比而言，
張載把太虛與氣比作水與冰的關係。這種比喻其實也是對老子「有無」之論
的抨擊。氣聚為萬物如冰之有形，氣散於太虛之中如冰融於水，太虛如水之
清通，雖不可見但卻實有。氣之聚散於太虛，變化之客形，太虛為氣之體，
太虛與氣，體用不二。張載這個比喻縱然有形下之感，但卻是十分形象、貼
切，能夠很好回應佛教的空寂說和道家的虛無說。太虛如水之清通，氣之變
化出入其中，太虛神體，圓融飽滿，而氣能夠「盡於參伍之神變易」。太虛「合
兩」之性與氣之神化，神與性存於太虛，並非佛家以為萬物性空或萬物陷於
空寂之說。張載以水與冰比喻太虛與氣的相互關係，同老子的「橐籥」比喻
而言，冰凝於水或融於水，都為圓融一體，不會有任何「無」的存在，而老
子將天地之間比作「橐籥」，萬物如氣流行其中，虛無之說表述顯明。因此，
張載的「冰水」比喻與佛老的空寂、虛無之說相對應，具有豐富的儒學內容。
道家講虛空，虛生氣，無生有。張載認為虛空不空，虛空不離氣，虛氣相資，
虛氣關係不明，將會導致「儒、佛、老、莊混然一塗」，造成儒學認識中的困
境。張載說：

　　　　知虛空即氣，則有無、隱顯、神化、性命通一無二，顧聚散、
　　出入、形不形，能推本所從來，則深於易者也。若謂虛能生氣，則
　　虛無窮，氣有限，體用殊絕，入老氏「有生於無」自然之論，不識
　　所謂有無混一之常；若謂萬象為太虛中所見之物，則物與虛不相資，
　　形自形，性自性，形性、天人不相待而有，陷於浮屠以山河大地為
　　見病之說。此道不明，正由懵者略知體虛空為性，不知本天道為用，
　　反以人見之小因緣天地。明有不盡，則誣世界乾坤為幻化。幽明不
　　能舉其要，遂躐等妄意而然。不悟一陰一陽範圍天地、通乎晝夜、
　　三極大中之矩，遂使儒、佛、老、莊混然一塗。語天道性命者，不

> 罔於恍惚夢幻，則定以「有生於無」，為窮高極微之論。入德之途，
> 不知擇術而求，多見其蔽於諂而陷於淫矣。〔註146〕

張載強調虛空即氣，反對的是虛能生氣，虛生氣，是老氏「有生於無」的自然之論，有與無不是相互割裂的兩個東西，而是有無混一，不分彼此。「知虛空即氣，則有無、隱顯、神化、性命通一無二，顧聚散、出入、形不形，能推本所從來，則深於易者也。」這句話是這段的總要，虛空即氣，氣與虛空圓融一體，所謂有無、隱顯乃氣之變化，神化、性命貫穿於其中，伴隨於氣之始終，天道性命通達為一。萬象有形，氣聚為萬象，氣散為太虛，氣之聚散是太虛之性體使之然，形性、物虛相資，萬象自有太虛性體。張載對釋氏「以山河大地為見病」，視乾坤大地為幻化，人生虛幻恍惚如夢之說進行了抨擊。不明「有無混一」，反之則會陷於道家「有生於無」這種「窮高極微之論」。

〔註146〕《張載集》，第8頁。

第六章 《橫渠易說》與《正蒙》

就《橫渠易說》與《正蒙》的關係而言，據臺灣學者胡元玲統計，《正蒙》中有四分之一的內容取自《橫渠易說》。除了《大心篇第七》、《有司篇第十三》、《樂器篇第十五》、《玉禘篇第十六》四篇沒有採用外，其餘各篇都有不同程度的採用。〔註1〕其中《大易篇第十四》採取比率最高，達到 95%左右。其次為《神化篇第四》，本篇總條數採取比率達到 53.3%，本篇總字數採取比率達到 64.3%。此外《太和篇第一》、《天道篇第三》、《至當篇第九》、《乾稱篇第十七》採取比率達到了三分之一之多。從二者中的一些重要概念來看，《正蒙》是《橫渠易說》的「接著講」，有邏輯上的內在統一。《正蒙》中的一些概念屬於《橫渠易說》中相關概念的發展。本章節主要從五個方面論述了《橫渠易說》與《正蒙》之間的內在聯繫。

第一節 太虛之氣與太虛即氣

太虛之氣與太虛即氣，綜合而言，是要討論太虛與氣的關係。

在張岱年的《中國哲學史》和任繼愈的《中國哲學史》中一直認為或者強調張載屬於唯物主義哲學家，是氣本論哲學。長期以來，有學者支持或者贊同，當然還有學者表示反對、不贊同。楊立華在《氣本與神化 張載哲學述論》中說：「張載哲學中有關虛氣關係的討論，是其形上學建構的基礎。然而，究竟如何理解和把握張載對虛與氣關係的具體表述，則始終是一個爭議頗多的課

〔註1〕 胡元玲：《張載易學與道學：以〈橫渠易說〉及〈正蒙〉為主之探討》，臺灣學生書局 2006 年版，第 53～54 頁。

題。而張載哲學是否可以定性為氣一元論，並進而定性為一種古代的樸素唯物論，則是種種爭議的真正焦點。」〔註2〕楊立華認為關於哲學問題爭議頗多是符合實情的。在辛亞民的《張載易學研究》中，他說：「張載的氣論思想是張載哲學的基本問題，一直以來是張載研究的重點和熱點。」又說：「在臺灣，以牟宗三為代表反對將張載理解為『唯氣論』，但大陸關於張載研究基本上達成共識，即氣本論。」〔註3〕張載氣論思想是張載研究的重點和熱點，這不難理解，其中重要其中有爭議。一般來說，有爭議才會成為熱點。而「大陸關於張載研究基本上達成共識，即氣本論」這一論斷是如何得出的，有沒有做過統計？他又說道：「這三個概念都由『氣』貫穿起來，尤其是其中太虛與氣的關係，更是張載研究中的爭議最大、探討最多的問題，到目前為止，學界也未達成一致的看法。」〔註4〕既然大陸學術界已經達成是氣本論共識，那麼太虛與氣的關係就很很明確了，太虛就是氣，又怎會有「學界也未達成一致的看法」之說？此說前後矛盾，讓人不知所云。事實上，哲學的發展除了繼承，懷疑與批判也是促起發展的重要環節。在臺灣，以牟宗三為代表，認為太虛為「性體」、「神體」、「道體」，並非形下之氣。在大陸，丁為祥認為：「在這種條件下，太虛與氣的不可分割，既是形上形下的不可分割，同時也就是本體與現象的不可分割。」〔註5〕「太虛即超越聚散、形質的本體層存在，氣則是有聚有散並通過聚散表現為萬象生化的現象界的存在；而太虛與氣的不可分割，不僅表現著具體事物之形上與形下的統一，而且更重要的是體現著本體論與宇宙論的並建原則。」〔註6〕林樂昌認為：「『氣』只是為了說明『道』或『性』時才被提出，故『氣』僅是張載基本概念序列之外的輔助性概念，不宜任意拔高。把太虛與氣視作同質的，進而在張載哲學體系中把氣視作最高概念，無法從張載的理論綱領中獲取支持。在張載哲學中，只存在氣化論，不存在氣本論。由於張載哲學以天為本體或核心概念，故可以將它定性為『天學』，而不宜定性為『氣學』，更不宜視作物理學。」〔註7〕

〔註2〕楊立華：《氣本與神化：張載哲學述論》，北京大學出版社2008年版，第27頁。
〔註3〕辛亞民：《張載易學研究》，中國社會科學出版社2015年版，第139頁。
〔註4〕辛亞民：《張載易學研究》，第183頁。
〔註5〕丁為祥：《虛氣相即——張載哲學體系及其定位》，人民出版社2000年版，第65頁。
〔註6〕丁為祥：《虛氣相即——張載哲學體系及其定位》，人民出版社2000年版，第66頁。
〔註7〕林樂昌：《張載兩層結構的宇宙論哲學探微》，載於《中國哲學史》2008年第4期。

張載哲學是否為「氣本論」，此論還未形成定論，對此問題或許依然要繼續深究下去。

一、太虛之氣

在整部《張載集》中，只有在《橫渠易說·繫辭》部分講到「太虛之氣」，有四處講到「太虛」，對「太虛之氣」，張載說：

> 太虛之氣，陰陽一物也，然而有兩〔體〕，健順而已。(又)〔亦〕不可謂天無意，陽之〔意〕健，不(耳)〔爾〕何以發散〔和一〕？陰之性常順，然而地體重濁，不能隨則不能順，(則)〔少不順即〕有變矣。有〔變〕則有象，如乾健坤順，有此氣則有此象可得而言；若無則直無而已，謂之何而可？是無可得名。故形而上者，得辭斯得象，但於不形中得以措辭者，已是得象可狀也。今雷風有動之象，須(謂)〔得〕天為健，雖未嘗見，然而成象，故以天道言；及其(發)〔法也〕則是傚也，〔效〕著則是成形，成形則(是)〔地〕道也。若以耳目所及求理，則安得盡！如言寂然湛然亦須有此象。有氣方有象，雖未形，不害象在其中。〔註8〕

「太虛之氣，陰陽一物」，太虛之氣與陰陽之氣是不同的，在生成上，陰陽之氣來自於太虛之氣，太虛之氣不是陰陽之氣，屬於陰陽一物，一物而後二分。此氣雖是「陰陽一物」，但已經涵有乾坤健順之性，即是說促使陰陽二分的健順之性已在其中，此即太極之象，也呈太和之道境。太和即是道，也是太虛之至高和諧境界。乾陽之健性發散，坤陰之性常順凝聚，常順是指陰順從陽，陰陽和合，此是必然性，但不可能一直如此。張載說：「少不順即有變」，此乃偶然，有變則有氣象，氣象顯現，陽氣顯乾之健性，陰氣顯坤之順性。有陰陽之氣象，則可以言語、可得其名，這裡，張載對象、言、意三者關係進行了總結。這種總結對準確理解「太虛之氣」是大有裨益的。張載有相類似說法：

> 形而上者，得意斯得名，得名斯得象；不得名，非得象者也。
> 故語道至於不能象，則名言亡矣。〔註9〕

〔註8〕《張載集》，第231頁。
〔註9〕《張載集》，第15頁。

形而上者，得辭斯得象矣，故變化之理須存乎辭。言，所以顯
變化也。《易》有聖人之道〔四焉〕，而曰「以言者尚其辭」，辭者，
聖人之所（以聖）〔重〕。〔註10〕

言、象、意在《易經》中早有議論，《周易·繫辭上》曰：「『書不盡言，
言不盡意。』然則聖人之意其不可見乎？子曰：『聖人立象以盡意，設卦以盡
情偽，《繫辭》焉以盡其言。』」「聖人有以見天下之賾，而擬諸其形容，象其
物宜，是故謂之象。」《易傳·繫辭下》說：「古者包犧氏之王天下也，仰則觀
象於天，俯則觀法於地，觀鳥獸之文與地之宜。近取諸身，遠取諸物，於是始
作八卦，以通神明之德，以類萬物之情。」「是故易者，象也。象也者，像也。」
《周易·繫辭》指出所謂「象」取自物象，伏羲觀天地法象，作八卦，八卦之
象所涵豐富，包括天象、地法、鳥獸、草木、人身和器物等，分為八類，畫八
卦以象之。〔註11〕易象取自天地法象、自然諸物之象。易象的作用在於盡意，
所謂「以通神明之德，以類萬物之情」，都是聖人立象盡意的目的。王弼以為：
「夫《易》者，象也。象之所生，生於意也。有斯意，然後明之以其物，故以
龍敘乾，以馬明坤，隨其事意而取象焉。」〔註12〕「夫象者，出意者也。言者，
明象者也。盡意莫若象，盡象莫若言。言生於象，故可尋言以觀象；象生於意，
故可尋象以觀意。意以象盡，象以言著。故言者所以明象，得象而忘言；象者
所以存意，得意而忘象。……是故，存言者，非得象者也；存象者，非得意者
也。……然則，忘象者，乃得意者也；忘言者，乃得象者也。得意在忘象，得
象在忘言。」〔註13〕王弼認為言、象、意，意生象，是聖人「隨其事意而取象」，
意在象先，張載的觀點與王弼是一致的。物象是宇宙自然諸多之象，易象是為
了輔助易意而產生的。易象的目的在於盡意，或者是意的另外一種表達形式，
它與天地法象、事物之象的實存性質是不同的。因此，在王弼、張載二人的易
學中是把它們作了區分的。張載說：「形而上者，得意斯得名，得名斯得象」，
對於形而上者，它的邏輯順序是意、名、象，太極作為易象，屬於形而上，是
意的產物，因此不能說太極在張載易學中就是實存的氣，太極易象的內涵是太

〔註10〕 《張載集》，第 198 頁。

〔註11〕 高亨：《周易大傳今注》，清華大學出版社 2010 年版，第 419 頁。

〔註12〕 〔魏〕王弼著 樓宇烈校釋：《王弼集校釋》上，中華書局 1980 年版，第 215
頁。

〔註13〕 〔魏〕王弼著 樓宇烈校釋：《王弼集校釋》下，中華書局 1980 年版，第 609
頁。

極合兩之意。所以張載從未有過「太極之氣」的議論。這與周敦頤的《太極圖說》有著根本性的區別，周敦頤的《太極圖》，是太極之氣到萬物、男女的宇宙生成模式。而張載的「太極」所要表達的是太虛之氣的所蘊含的形上之意。雖都為太極，但橫渠和周敦頤的層次是不同的，周敦頤的太極是形下之氣，張載的太極是形上之道。

朱伯崑認為「太虛之氣即太極之氣」。〔註14〕「其以氣解釋太極，以太極為陰陽二氣的統一體，即一物兩體，不僅否認了王弼玄學的太極虛無說，也是對程頤以理一為太極說的打擊，問時又是對周敦頤的太極說的一種改造。周氏以太極為混沌未分之氣，認為後來分化出陽氣和陰氣，所謂『太極動而生陽，靜而生陰』。而張載以陰陽二氣統一體解釋太極，則揚棄了『動而生陽』說。認為太極之氣非居於陰陽二氣之上，太極同陰陽二氣在時間上無先後，就其統一而成為一體說為太極，就其氣化的過程說則為陰陽。此種太極觀可以說是漢唐以來的太極元氣說的新發展。」〔註15〕張載對《繫辭》關於易象的觀點，認為易象雖與天地法象、自然事物有聯繫，但易象是「得意斯得象」的結果，易象與具體實事之象有本質的不同，如謙卦卦象為「地中有山」，山在地中，與實事不符，但此易象卻能夠更貼切的表達謙卦所傳遞出的涵義。張載認為太極依然是作為易象而存在，不同於實存的自然物，更不是陰陽之氣，太極作為易象主要是要呈現為太極涵有兩儀、「一物兩體」的哲學內涵，並非是太極之氣。因此，太極與太虛之氣有著本質的不同，太虛之氣屬於形下之物，而太極則為太虛之氣的形上性體。

張載易學中的太虛之氣是陰陽和合之氣，此陰陽和合之氣不同於漢唐以來的混沌之氣，此氣雖未分陰陽，但包含原則，此原則就是此氣中所涵有得乾坤健順之性，陽健陰順，但陰陽不可能一直保持和諧狀態，就會產生陰陽變化，變則有物象，而後有物形。張載從時間維度上論述了氣象變化，物形產生的過程，也指出了其中的原因。

二、太虛即氣

在《橫渠易說》中，張載首次提出「太虛即氣」，此句為：「氣之聚散於太虛，猶冰凝釋於水，知太虛即氣〔則無有有無。故聖人語性與天道之極，盡於

〔註14〕朱伯崑：《易學哲學史》第二卷，崑崙出版社2005年版，第335頁。
〔註15〕朱伯崑：《易學哲學史》第二卷，崑崙出版社2005年版，第336頁。

參伍之〕神變易而已。」〔註16〕此條被《正蒙‧太和篇第一》所採取。在《正蒙》中，出現「太虛即氣」亦僅此一條。而《正蒙》中「虛空即氣」的思想觀點則屬於此觀點的延伸、發展。

張載以太虛與氣之間的關係入手，基於太虛，以此作為批判佛老的哲學依據，所以太虛的哲學內涵就尤其重要。釋氏也講太虛，但因不知易道乾坤陰陽之性，遂「則以人生為幻妄，〔以〕有為為疣贅，以世界為蔭濁，逐厭而不有，遺而弗存。」因此，張載認為，言太虛定不能撇開乾坤陰陽，「不以晝夜、陰陽累其心」，雖然簡單容易，但卻是枉然而不知真際，難免入於鬼神奇談而「未始心解」。這裡，太虛承擔著張載哲學中的至高價值本體的作用。也正是因為「太虛者，氣之體」，才會有陰陽之氣大化流行造化萬物，其聚其散，變化無窮。所以說，不能簡單的把太虛說成氣，說成太虛是氣的本然狀態。即使太虛是氣的本然狀態，那麼只能說太虛還是氣，這與氣又有什麼本質區別。如果這樣，張載不惜筆墨的去討論太虛與氣還有什麼意義？太虛出現的必要性在哪裏？又何必去講那麼多次的太虛？故太虛與氣的區別應該還是很大的。在《橫渠易說》中，張載用水與冰的關係來比喻太虛與氣，他說：

氣之聚散於太虛，猶冰凝釋於水，知太虛即氣〔則無有有無。故聖人語性與天道之極，盡於參伍之〕神變易而已。諸子淺妄，有有無之分，非窮理之學也。〔註17〕

張載以此比喻來批評「諸子淺妄，有有無之分，非窮理之學也」。氣猶冰凝釋於水一般聚散於太虛，那麼自然不會有「有無之分」，應該是只有「有」而無「無」。以此對老氏「虛空無物」之說作出回應。在這句話中，前面說「氣之聚散於太虛，猶冰凝釋於水」，冰與水的不同可以說明氣和太虛是不同的，氣有聚散，太虛則無聚散，太虛也不是空無一物的「虛空」，而是可以比作為「水」的物。接著說「知太虛即氣」，這裡「即」就不是「即是」的意思了，而應該是「不離」，因為前面講的氣不離太虛，因為氣要聚散於太虛，如果將「即」解讀為「即是」，那麼冰和水的比喻也就顯得多此一舉了。就可以直接說：「氣之聚散於太虛，知太虛即氣〔則無有有無。故聖人語性與天道之極，盡於參伍之〕神變易而已。」這樣也未嘗不可。所以，在張載看來，太虛與氣是完全不同的，而且是非常有必要區別開來的。但這個比喻

〔註16〕《張載集》，第200頁。
〔註17〕《張載集》，第200頁。

也帶來了對太虛有著形而下特點的批評，比如在朱熹與弟子的對話中就顯示出這個問題：

> 問：「橫渠有『清虛一大』之說，又要兼清濁虛實。」曰：「渠初云『清虛一大』，為伊川詰難，乃云『清兼濁，虛兼實，一兼二，大兼小』。渠本要說形而上，反成形而下，最是於此處不分明。如參兩雲以參為陽，兩為陰，陽有太極，陰無太極，他要強索精思，必得於己，而其差如此。」又問：「橫渠云『太虛即氣』，乃是指理為虛，似非形而下。」曰：「縱指理為虛，亦如何夾氣作一處？」
> 〔註18〕

二程與朱熹批評張載對太虛與氣的關係梳理存在形上形下混入一處的問題，此是把太虛即氣與太虛之氣沒有做區分的緣故，「氣之聚散於太虛」，此氣即太虛之氣，太虛之氣不離太虛，聚散於太虛，太虛無形如水，太虛之氣，「有氣方有象」，猶如冰之有形象。有形有象聚散於無形無象，張載說：「太虛無形，氣之本體，其聚其散，變化之客形爾；至靜無感，性之淵源，有識有知，物交之客感爾。客感客形與無感無形，惟盡性者一之。」〔註19〕在這裡，張載沒有直接說：「太虛，氣之本體」，而要強調「太虛無形」。可見「無形」是「氣之本體」的內在規定，太虛之無形規定了氣之無形本體，不管氣的聚散變化，客感客形，它的最終歸宿就是無形之太虛，這是太虛無形與氣之本體之間的關係。把最終的歸宿確定下來之後，氣的千變萬化只是「客形」，只是暫時的，並不長久。而張載並沒有停留於此，他要揭示出這一切所發生的內在根源，他說「至靜無感，性之淵源」，太虛蘊含「至靜無感」之性，這才是天地人萬物之性的淵源。由於「至靜無感」，方可「感而遂通」，牟宗三將太虛「至靜無感，性之淵源」稱之為太虛「性體」。因此，太虛性體才是《正蒙》中真正需要闡發的，太虛性體理論的建構就解決了太虛之氣與太虛形上形下存在的矛盾，使得二者在太虛性體之中得到了統一。太虛之氣是從宇宙生成論的角度來寫的，太虛即氣是從太虛性體的角度來寫的，正如林樂昌所言：「在張載宇宙論哲學中，太虛與氣之間的關係是其基本關係。但分析地看，太虛與氣之間的關係既有分又有合，太虛與氣分則有先後，合則無先後。太虛與氣之間的分合或先後關係，決定了張載宇宙論哲學兩個層次的劃分。……太虛與氣之間的相分關

〔註18〕〔宋〕黎靖德編：《朱子語類》，中華書局1986年版，第2538頁。
〔註19〕《張載集》，第7頁。

係，強調的是太虛本體的超越性和邏輯的先在性，這便構成宇宙本體論層次。……太虛與氣之間的相合關係，強調的是太虛與氣的關聯性和無分先後的共在性，這便構成宇宙生成論層次。……作為張載對現實世界的基本認識，『太虛即氣』表達的是，相感相合的太虛與氣是宇宙中兩種最基本的要素或力量：太虛本體是宇宙的最高實在、終極根源和主導力量，而氣則是萬物得以生成的基質、材料和活力。在萬物生成的過程中，氣的作用，是為萬物的生成和存在提供不可或缺的素材和活力；而太虛本體的作用，則是成就萬物的本性或本質，賦予其存在的根據，並推動萬物不斷運行變化。對於萬物生成過程而言，太虛和氣二者的作用是缺一不可的。現實世界是由太虛和氣構成的，宇宙萬物也是由太虛和氣構成的。」〔註20〕

《正蒙》認為唯有太虛「至靜無感」之性方能保證氣之清通，張載說：

> 太虛為清，清則無礙，無礙故神；反清為濁，濁則礙，礙則形。
> 〔註21〕

> 凡氣清則通，昏則壅，清極則神。故聚而有間則風行，〔風行則〕
> （而）聲聞具達，清之驗與！不行而至，通之極歟！〔註22〕

清通無礙為神，無礙即無形無象，此句可與「清通而不可象為神」相對照。太虛之氣與氣其實是不同的，太虛之氣，陰陽未分，清通不可象，氣分陰陽，「散殊而可象為氣」，氣象萬千。但因太虛飽含太和之道，牟宗三稱之為太和道體，所謂太和之道，即「中涵浮沉、升降、動靜、相感之性，是生絪縕、相蕩、勝負、屈伸之始。」太虛之氣，陰陽一物，在太虛道體的作用之下不得不分陰分陽，相互交感，催生萬物。張載說：「氣本之虛則湛〔一〕無形，感而生則聚而有象。有象斯有對，對必反其為；有反斯有仇，仇必和而解。故愛惡之情同出於太虛，而卒歸於物慾，倏而生，忽而成，不容有毫髮之間，其神矣夫！」此句中的「愛惡之情」不是指屬於人的愛惡之情，而是指「浮沉、升降、動靜、相感之性」，愛為合，惡為分，是蘊含在太虛之氣中的兩類不同力量，王夫之的注解最為精當，他說：「相反相仇則惡，和而解則愛。陰陽異用，惡不容已；陰得陽，陽得陰，乃遂其化，愛不容已；太虛一實之氣所必有之幾也，而感於物乃發為欲，情之所自生也。」〔註23〕這兩

〔註20〕林樂昌：《張載兩層結構的宇宙論哲學探微》，《中國哲學史》2008年第四期。
〔註21〕《張載集》，第9頁。
〔註22〕《張載集》，第9頁。
〔註23〕〔明〕王夫之：《張子正蒙注》，中華書局1975年版，第25頁。

類不同力量同出於太虛，最終在物成物慾之中顯現出來，倏忽而生成，其造化妙用不可描述，如神一般。

太虛性體，通貫萬物，張載說：

> 由太虛，有天之名；由氣化，有道之名；合虛與氣，有性之名；合性與知覺，有心之名。

太虛有天之名，太虛之性體，自為天性。天性貫通於太虛與氣，唯有天性方能如此，所以說「合虛與氣，有性之名」。張載說：

> 天地之氣，雖聚散、攻取百塗，然其為理也順而不妄。氣之為物，散入無形，適得吾體；聚為有象，不失吾常。太虛不能無氣，氣不能不聚而為萬物，萬物不能不散而為太虛。循是出入，是皆不得已而然也。然則聖人盡道其間，兼體而不異者，存神其至矣。彼語寂滅者往而不反，徇生執有者物而不化，二者雖有間矣，以言乎失道則均焉。〔註24〕

天地之氣雖然聚散、攻取百塗不同，然不妄為，順理而為。此是太和之道的作用，亦是太虛之性使之然。「吾體」、「吾常」即太虛性體，王夫之曰：「散而歸於太虛，復其絪縕之本體，非消滅也。聚而為庶物之生，自絪縕之常性，非幻成也。聚而不失其常，故有生之後，雖氣稟物慾相窒相梏，而克自修治，即可復健順之性。散而仍得吾體，故有生之善惡治亂，至形亡之後，清濁猶依其類。」〔註25〕太虛無氣，則為老氏所言之「虛無」無物，太虛之性中涵「愛惡之情」，故使「氣不能不聚而為萬物，萬物不能不散而為太虛」，此不得不為之爾，氣雖有聚散，但太虛之性、清通之神長存，所以佛教講寂滅有往無返，道家「徇生執有」以求長生不死，都是不通達知曉太和之道而「失道均焉」。故張載說：「聚亦吾體，散亦吾體，知死之不亡者，可與言性矣。」天性作為氣的內在機能，使得氣聚或散，無論物的生成、毀滅而天性永存，所以「知死之不亡，可與言性矣。」

太虛之氣，作為陰陽一物只是第一層含義，太虛即氣，是要標明太虛超越之性體，氣之聚散、成象成物變化莫測而太虛性體永恆唯一，這是第二層含義。如果不去體會第二層含義，就會造成太虛形下的詰難，而第一層含義也是必須要講的，如果太虛虛無不實有，則會與老氏「有生於物」虛能生氣一般相同。

〔註24〕《張載集》，第7頁。
〔註25〕〔明〕王夫之：《張子正蒙注》，中華書局1975年版，第5頁。

如果沒有第二層含義，太虛性體不明，那麼就為佛教以山河大地為幻化，人生有往無返之說留下了地盤。

第二節　太極與太和

在《橫渠易說》中，張載數次提到「太極」概念，在《正蒙‧太和篇第一》中首次提出「太和」。在張載哲學中，太極與太和作為兩個重要的哲學概念，有邏輯的內在統一，有哲學思想的創新。

一、性象太極

太極本是《周易》中的一個概念，《周易‧繫辭》有云：「是故《易》有太極，是生兩儀，兩儀生四象，四象生八卦。」而太極究竟是指什麼，自漢唐以來，眾說紛紜，無統一看法。如虞翻認為太極即太一，《周易乾鑿度》認為：「太一取七八九六之數，以行九宮。」馬融認為太極為北辰。韓康伯解釋太極是：「夫有必始於無，故太極生兩儀也。太極者，無稱之稱，不可得而名，取有之所極，況之太極者也。」《周易正義》認為：「正義曰：太極謂天地未分之前，元氣混而為一，即是太初、太一也。」到北宋周敦頤的《太極圖說》就形成了以陰陽論太極的說法，《太極圖說》曰：「無極而太極。太極動而生陽。動極而靜，靜而生陰。靜極復動。一動一靜，互為其根。分陰分陽，兩儀立焉。」「五行一陰陽也，陰陽一太極也，太極本無極也。」至於周敦頤《太極圖說》中的無極與太極，動與靜的相互關係此處不以贅述。凡此種種論述，無一例外都是將太極列為宇宙創生的方面去解釋，太極有著很明確的天地之始的宇宙論的概念。

《橫渠易說》賦予太極「一物兩體」新的含義，張載說：「一物而兩體〔者〕，其太極之謂歟！陰陽天道，象之成也；剛柔地道，法之效也；仁義人道，性之立也。三才兩之，莫不有乾坤之道。」〔註26〕牟宗三說：「橫渠不常言太極，然天德神體、太虛神體之圓一即太極也。」〔註27〕太極是太虛的同義之稱，但指向不同，太虛主要是言與氣之關係，太極主要言太虛性體。在《朱軾康熙五十八年本張子全書序》中指明說：「《西銘》言仁，大而非誇，蓋太極明此性之

〔註26〕《張載集》，第235頁。
〔註27〕牟宗三：《心體與性體》上，吉林出版集團有限責任公司2013年版，第392頁。

全體,《西銘》狀此性之大用,體虛而微,用弘而實焉。」〔註28〕太虛陰陽一物,太極指太虛「一物兩體」,「一物兩體」涵有陰陽乾坤健順之性,與周敦頤《太極圖說》「動而生陽」、「靜而生陰」大為不同。太極「一物兩體」雖涵有陰陽乾坤健順之性,但因「至靜無感」,呈太和道體境界。太虛有太極之性體,太虛之氣,自然也是如此,張載說:「一物兩體〔者〕,氣也。一故神,兩在故不測。兩故化,推行於一。此天之所以參也。兩不立則一不可見,一不可見則兩之用息。兩體者,虛實也,動靜也,聚散也,清濁也,其究一而已。有兩則有一,是太極也。若一則〔有兩〕,有兩亦在,無兩亦一在。然無兩則安用一?不以太極,空虛而已,非天參也。」〔註29〕

張載以氣之「一物兩體」之性解釋了氣之神化過程。兩體包含虛實、動靜、聚散、清濁,持相反對立性質,也正是如此,才可以相互作用而使氣化流行、化育萬物,這是「陰陽不測之謂神」過程的內在機理。兩與一,合為參,是為天參,「天所以參,一太極兩儀而象之,性也。」天性即太虛之性,涵有陰陽乾坤健順之性,內在於一太極、太虛之中,其結果是氣聚氣散、變化無窮,於天道為陰陽,於地道為剛柔,於人道為仁義,自然引出「太和所謂道」之奧義。

太和是太極「一物兩體」之至高境界,牟宗三稱之為太虛太和道體。「太和」是《周易》中一詞,如乾卦《彖》曰「保合太和乃利貞」,太和意為至和,至高和諧,《橫渠易說》以太和一詞來表述太虛太極的至和狀態,《正蒙》首篇為《太和篇》,太和概念對於張載哲學體系的重要性和準確理解張載哲學而言都至關重要。牟宗三說:「太和而能創生宇宙之秩序即謂為『道』。此是總持地說。若再分解地說,則可以分解而為氣與神,分解而為乾坤知能之易與簡。此是《太和篇》之總綱領,亦是《正蒙》著於存在而思參造化之總綱領,其餘皆由此展轉引生。」〔註30〕在《橫渠易說》及《正蒙》中,張載對太極論述的文字如下:

> 地所以兩,分剛柔男女而傚之,法也;天所以參,一太極兩儀而象之,性也。(見《橫渠易說・說卦》與《正蒙・參兩篇》)
>
> 一物兩體〔者〕,氣也。一故神,兩在故不測。兩故化,推行於一。此天之所以參也。(見《橫渠易說・說卦》與《正蒙・參兩篇》)

〔註28〕《張載集》,第 396 頁。
〔註29〕《張載集》,第 233 頁。
〔註30〕牟宗三:《心體與性體》上,吉林出版集團有限責任公司 2013 年版,第 378 頁。

兩不立則一不可見，一不可見則兩之用息。兩體者，虛實也，動靜也，聚散也，清濁也，其究一而已。（見《橫渠易說・說卦》與《正蒙・太和篇》）有兩則有一，是太極也。若一則〔有兩〕，有兩亦在，無兩亦一在。然無兩則安用一？不以太極，空虛而已，非天參也。（見《橫渠易說・說卦》）

　　一物而兩體〔者〕，其太極之謂歟！陰陽天道，象之成也；剛柔地道，法之效也；仁義人道，性之立也；三才兩之，莫不有乾坤之道也。（見《橫渠易說・說卦》與《正蒙・大易篇》）

　　一地兩，二也。三地兩，六也，坤用。五地兩，十也。一天三，三也。三天三，九也，乾用。五天三，十五也。凡三五乘天地之數，總四十有五，並參天兩地者〔自然之數〕五，共五十。虛太極之一，故為四十有九。（見《橫渠易說・繫辭》）

　　對於張載哲學中的太極是否為氣？學界的看法不一。朱伯崑認為：「太極作為『一物兩體』，究為何物？張載認為，此實體就是氣。」〔註31〕「此是以『一物兩體』為氣，即以太極為氣。此太極之氣，兼有虛實，動靜，聚散，清濁兩方面，即具有乾坤之道，具有一陰一陽，此即『一物兩體』。」「張載所說的太極，一物兩體，其哲學的意義即指陰陽二氣統一體。」〔註32〕余敦康認為：「關於道體的本身，張載是十分明確地用《周易》中的兩個重要範疇即『太極』和『太和』來指稱的。」「在《橫渠易說，說卦》中，他用『太極』來指稱道體，規定『性命之理』的內涵。」〔註33〕「張載的這一系列天人合一的命題都是從他的道體的思想中自然引申出來的。照張載看來，太極作為道體，其外延是『一物而合三才』，分而言之，有天、地、人三個不同的子系統，合而言之，則歸於太極之一元，故道體既可分開來說，也可合起來說，分中有合，合中有分。易學的本質不在於分而在於合，是對道體的一種全面的把握。」〔註34〕丁為祥認為：「再如『一物而兩體，其太極之謂與！』（《正蒙・大易》）比照『一物兩體，氣也』（《正蒙・參兩》），可以斷定其『太極』就指一物兩體的氣。不過，從始源性的角度看，『太極』只能指陰陽未判的元氣，而不能指

〔註31〕朱伯崑：《易學哲學史》第二卷，崑崙出版社 2005 年版，第 333 頁。
〔註32〕朱伯崑：《易學哲學史》第二卷，第 334 頁。
〔註33〕余敦康：《漢宋易學解讀》，華夏出版社出版 2006 年版，第 342 頁。
〔註34〕余敦康：《漢宋易學解讀》，第 348 頁。

陰陽已分之氣，而氣卻既可指陰陽未判的太極元氣，又可指陰陽已分之氣。這也許就是張載常用氣而少用太極的原因吧！但太極作為陰陽未判狀態的規定則是肯定的。」〔註35〕「這樣，從三『太』來看，三者顯然是三位一體的關係。『太極』即指『陰陽未判』的元氣，由於它只從『陰陽未判』或陰陽統一的角度立說，而氣則既可指陰陽未判的元氣，又可指具體的陰陽二氣，故張載只在『一物兩體』的涵義上使用『太極』概念，更多的情況則直接以氣來表達，這可能就是張載少用『太極』概念的主要原因。」〔註36〕牟宗三以為：「『一物』即太極、太虛神體之為圓為一，『兩體』即晝夜、陰陽、虛實、動靜等，此是屬於氣而言『一物兩體氣也』是渾論地言之，即『參和不偏』地言之，是表示太極太虛之不離氣，即由太極兩儀之統而為一以『即用見體』也，即氣之通貫以見天德神體之『參和不偏』、『兼體無累』也，並非說太極、太虛、天德神體亦是氣也……此豈以道體性體為形而下之氣者乎？不離氣以見其實，非謂其本身即是氣，即是形而下者也。」〔註37〕「橫渠不常言太極，然天德神體、太虛神體之圓一即太極也。」〔註38〕朱伯崑與丁為祥的看法相近，都認為張載《橫渠易說》中的「太極」是氣，但所不同的是朱伯崑認為張載的「太極」是「陰陽二氣統一體」，而丁為祥認為張載的「太極」是「陰陽未判的元氣」。余敦康認為張載的「太極」是「道體本身」。牟宗三以為張載的「太極」非氣，「此豈以道體性體為形而下之氣者乎？」，「太極」承擔著「道體」、「性體」、「天德神體」、「太虛神體」形上義理。

張載在《橫渠易說》中兩次講到「一物兩體」，一是「一物兩體〔者〕，氣也」，一是「一物而兩體〔者〕，其太極之謂歟！」認為太極是氣，皆出自於這兩句之間的聯繫，即可以推論出下一句，「太極，氣也。」但顯然「一物兩體〔者〕，氣也」和「太極，氣也」是應該加以區別的。如張載說：「陰陽者，天之氣也，亦可謂道」，〔註39〕那麼陰陽是氣還是道，氣是形下，道是形上，難道真如程顥、朱熹所言，張載不懂形上形下之理？這句話張載表達了兩層含義，一是陰陽為天之二氣，二是陰陽變化為天之道。所謂「《易》以道陰陽」，

〔註35〕丁為祥：《虛氣相即——張載哲學體系及其定位》，人民出版社 2000 年版，第 51 頁。

〔註36〕丁為祥：《虛氣相即——張載哲學體系及其定位》，第 56 頁。

〔註37〕牟宗三：《心體與性體》上，吉林出版集團有限責任公司 2013 年版，第 391 頁。

〔註38〕牟宗三：《心體與性體》上，第 392 頁。

〔註39〕《張載集》，第 324 頁。

「一陰一陽之謂道」，是指陰陽變化之道。在《橫渠易說》中「一物兩體」都是對太極的闡述，「一物」是指太極，合兩體、兩體之統一是謂太極。「兩體」指「虛實也，動靜也，聚散也，清濁也」，「一物兩體〔者〕，氣也」，是指氣中有太極，氣涵太極變化之道，太極不是氣，太極作為氣之性體，使氣分陰陽，大化流行，化育萬物，太極是天參，是性體。「天所以參，一太極兩儀而象之，性也。」天是「太虛無形」之「性之淵源」，合兩體，為太極，太極為一，有兩體，是為「天參」。太極乃氣之運行之道體，「一故神，兩故化」，神化推動，氣分陰陽，陰陽天道，在天成象，在地成形，「陰陽天道，象之成也；剛柔地道，法之效也；仁義人道，性之立也；三才兩之，莫不有乾坤之道也」，天道、地道、人道，無不是太極道體使然、作用，故張載說：「一物而兩體〔者〕，其太極之謂歟！」

太極與兩體的關係是「一」與「兩」的關係，張載說：「一物兩體〔者〕，氣也。一故神，兩在故不測。兩故化，推行於一。此天之所以參也。兩不立則一不可見，一不可見則兩之用息。兩體者，虛實也，動靜也，聚散也，清濁也，其究一而已。有兩則有一，是太極也。若一則〔有兩〕，有兩亦在，無兩亦一在。然無兩則安用一？」無太極便無兩體，有兩體則有太極，兩體統一於太極，即為「太極」。此關係不明，就會陷入「天參地兩」，天有太極，地無太極的誤區。如朱伯崑對朱熹的觀點表示認同，「此種改變，表明張載弄不清楚什麼是形而上。如其參兩說，以太極取象於天參，同地兩相對待。但天為陽，地為陰，其結果則以太極有陽而無陰，太極成了有方所之物，不懂得形而上的道。」〔註40〕朱熹原句是這樣的：「曰：渠初云清虛一大，為伊川詰難。乃云清兼濁，虛兼實，一兼二，大兼小。渠本要說形而上，反成形而下。最是此處不分明。如《參兩》云：以參為陽，兩為陰，陽有太極，陰無太極。他要強所精思，必得於己，而其差如此！」〔註41〕天參地兩，天有太極，地成剛柔，剛柔地道，「有兩則有一是太極也。」，「兩故化（推行於一）」，如果地有兩而無一，張載就不必討論「一」與「兩」的關係。因此，地兩並非地無太極，地之所以兩是太極「推行於一」的結果使之然，「陰陽天道，象之成也；剛柔地道，法之效也；仁義人道，性之立也；三才兩之，莫不有乾坤之道也」，陰陽

〔註40〕朱伯崑：《易學哲學史》第二卷，崑崙出版社 2005 年版，第 345 頁。
〔註41〕〔宋〕黎靖德編：《朱子語類・卷第九十九》，中華書局 1986 年版，第 2538頁。

天道,剛柔地道,仁義人道,都是太極乾坤之道的作用和表現。大衍之數五十,其用四十九,張載以為:「虛太極之一,故為四十有九。」太極之一為四十九之根本、宗主,一為體,四十九為用,故要虛之,虛之,故參與、貫通於四十九之中。四十九象天地萬物演化過程,太極「合兩」之性主導、融貫於其中,『參和不偏』、『兼體無累』。如牟宗三所說:

> 無太極之一,則天地之數不成,陰陽造化不立。乾天地坤,分陰分陽,天一至地十,成金木水火土,此乃太極兩體「兩故化(推行於一)」的運行過程。故雖「虛太極之一」,但太極之一無不支配、作用、參與天地之數的生成。太極之道,「三才兩之,莫不有乾坤之道也」,通達於形上形下。朱子之論有失偏頗,如牟宗三所說:「而橫渠直由參以言天德神體與性體之圓一,由兩以言形器之兩體以及其有定體,參兩通而一之,即是道體性體之『參和不偏』、『兼體無累』。其思理亦可謂深矣,而言之不易,然豈是形上形下不分者乎?其如此重言『兼體無累』與太虛神體,而朱子謂其將形而上說成形而下,不亦誤乎?」〔註42〕

二、太和道體

一太極有兩體,兩體本一故能合,張載說:「天性,乾坤、陰陽也,二端故有感,本一故能合。」太極為兩體之至合,張載以「合兩」太極發展出至高和諧的太和範疇。余敦康以為:「張載獨具慧眼,在易學史上第一次把太極歸結為太和,用這兩個範疇來指稱道體,使得他的道體的思想能夠同時滿足『為天地立心』的理論層面和價值層面的雙重需要。」〔註43〕「太和」出自《周易》乾卦《彖辭》,「乾道變化,各正性命,保合太和,乃利貞。」張載解釋說:

> 惟君子為能與時消息,順性命、躬天德而誠(之)行〔之〕也。
>
> 精義時措,故能保合太和,健利且貞,孟子所謂終始條理,集大成於聖智者歟!〔註44〕

張載在這裡將「太和」置於君子修身養性的德行層面上,是《易經》與《中庸》哲學思想的融合,《中庸》說:「喜、怒、哀、樂之未發,謂之中。發而皆中

〔註42〕牟宗三:《心體與性體》上,吉林出版集團有限責任公司 2013 年版,第 392 頁。

〔註43〕余敦康:《漢宋易學解讀》,華夏出版社出版 2006 年版,第 344 頁。

〔註44〕《張載集》,第 70 頁。

節，謂之和。中也者，天下之大本也。和也者，天下之達道也。致中和，天地位焉，萬物育焉。」張載以為君子只有與時消息，順性命、躬天德，以誠行之，精研《易經》時措義理，便能夠達到中和、中庸之道。在《正蒙》中《太和篇》為第一，太和為太虛道體，實現了天道與人事的統一。《太和篇》開篇有云：

> 太和所謂道，中涵浮沉、升降、動靜、相感之性，是生絪縕、相蕩、勝負、屈伸之始。其來也幾微易簡，其究也廣大堅固。起知於易者乾乎！效法於簡者坤乎！散殊而可象為氣，清通而不可象為神。不如野馬、絪縕，不足謂之太和。〔註45〕

太和道體中涵浮沉、升降、動靜、相感之性，此是太極「一物兩體」道體境象，太和蘊涵兩體相感之性，一太極兩儀是為天參，故張載說：「天所以參，一太極兩儀而象之，性也」，「吾儒以參為性，故先窮理而後盡性」。太和道體，創生天地萬物之過程呈現出乾坤易簡之理。這裡，張載實現了太和從人生價值向天道性體的形上轉變。「散殊而可象為氣，清通而不可象為神」，其過程皆為太和道體、性體產生作用的結果。至於「野馬」、「絪縕」，張載用詞頗為不妥，正如牟宗三所說：「然以『野馬氤氳』來形容太和，則言雖不窒，則意不能無偏。蓋野馬氤氳是氣之事，若以氣之氤氳說太和，說道，則著於氣之意味太重，因而自然主義之意味亦太重，此所以易被人誤解為唯氣論也。」〔註46〕當然，牟宗三認為張載在這裡描繪出道體創生之義，他解釋說：「橫渠有野馬氤氳說太和，說道，而顯示道體之創生義。故核實言之，創生之實體是道。而非游氣之氤氳即是道也。如此理會方可不至使橫渠成為唯氣論者。」〔註47〕至於太和之道何以「散殊而可象為氣，清通而不可象為神」，就不能不進而以「太虛」予以說明。張載說：

> 太虛無形，氣之本體，其聚其散，變化之客形爾；至靜無感，性之淵源，有識有知，物交之客感爾。客感客形與無感無形，惟盡性者一之。〔註48〕

> 太虛為清，清則無礙，無礙故神；反清為濁，濁則礙，礙則形。〔註49〕

〔註45〕《張載集》，第7頁。
〔註46〕牟宗三：《心體與性體》上，吉林出版集團有限責任公司2013年版，第378頁。
〔註47〕同上，第380頁。
〔註48〕《張載集》，第7頁。
〔註49〕《張載集》，第8頁。

太虛之氣，陰陽一物也，然而有兩體，健順而已。〔註50〕

太和道體，陰陽二氣化生萬物，對於氣之所出，張載提出太虛概念，以此來釋氣的由來與歸處。氣以太虛為本體，太虛無形，「清通而不可象為神」，「至靜無感」，具有太和之性體，如牟宗三所言：「『性之淵源』不是說性體還有另一個最深之根源，乃是說此即是性體自身最深奧處，最隱密處。」〔註51〕太虛既然為太和之性體，自然具有「合兩」之性，張載說：「性其總，合兩也」。「兩體者，虛實也，動靜也，聚散也，清濁也」，故太虛內涵「虛實、動靜，陰陽、剛柔」性之兩體，此兩體為太虛之氣所具有，而太虛之氣乃是陰陽未分之氣，是「陰陽一物」，雖「一物」而有「兩體」，綜合統一言之為乾健坤順之性。太虛蘊涵「合兩」之性，雖是「至靜無感，性之淵源」，然不得不使得太虛之氣其聚其散，相感而生，聚而有象。氣之聚散，不離太虛，「聚亦吾體，散亦吾體」，氣之聚散、攻取，「清則無礙」之太虛常在，所以說：「知死之不亡者，可與言性矣」。至於程顥詰難張載有「清、虛、一、大」之說，朱熹以為「渠本要說形而上，反成形而下。」其實不然。對於太虛之清，張載說：「太虛為清，清則無礙，無礙故神；反清為濁，濁則礙，礙則形。」此清是相對於氣之濁而言的，太虛清通為神，太虛之氣本虛湛一無形，有太虛之清通，「感而生則聚而有象」，因此會「反清為濁，濁則礙，礙則形」。氣有兩體，自然有清濁，這是氣的性質。而太虛為至清，「清極則神」，太虛之氣雖會「反清為濁」，但其非為至濁，其濁中依然涵有太虛之至清性體，故能聚散於太虛，否則就會造成太虛與氣的割裂，所以張載說：「太虛不能無氣，氣不能不聚而為萬物，萬物不能不散而為太虛。」〔註52〕太虛即氣，「即」為不離，太虛作為清通神體、「合兩」性體貫通於氣之終始。

第三節　氣之神化與太虛神體

《易‧繫辭》曰：「一陰一陽之謂道，陰陽不測之謂神。」這裡的「神」不同於《周易》中的「鬼神」之「神」。古人占筮問卜詢問鬼神，鬼神在《周易》中有人格義。張載易學對「鬼神」哲學化，將其與氣的往來屈伸聯繫起來。陰陽不測之謂神，這裡的神指神妙莫測，神與氣化共同作用，使得氣大化流行，

〔註50〕《張載集》，第 231 頁。
〔註51〕牟宗三：《心體與性體》上，吉林出版集團有限責任公司 2013 年版，第 384 頁。
〔註52〕《張載集》，第 7 頁。

聚散於太虛。張載注重《繫辭》中關於神的論述，把神與氣化密切的結合一起，形成了自己獨特的神化觀。張載認為萬物一氣，氣千變萬化生成萬物，在此過程之中，神參與其中，沒有神就不能有氣之化，神主導氣化，氣是質料，神是動力及內因。神內在與氣之中，其實質是陰陽不測與動靜合一。在《正蒙》中，張載把神與性結合起來，從結構上賦予了太虛神體的哲學內涵。以神作為聯繫的紐帶，把氣與太虛從形上與形下的對立中聯結、統一。

一、神化之道

張載在討論氣化與神的關係時，有對象數的運用，有哲學義理的詮釋。對象數的運用主要表現在對《周易》中「參伍以變」的解讀，張載認為「參伍以變」有神的參與，所以稱之為「參伍之神變易」。「參伍以變」體現了張載對神「陰陽不測」的理解，「動靜合一存乎神」主要是從哲學義理方面去詮釋氣之神。本論著在第五章第二節中已經探討了張載對「參伍以變」的詮釋，張載認為參天兩地之數經過「參伍以變」形成大衍之數，也即天地之數。這一過程呈現出神的神妙莫測的作用。

天地之數的相得相合，這其中就表現出了神的「陰陽不測」張載說：

> 「五位相得二各有合」，一二相間，是相得也；各有合，以對相合也，如一、六，二、七，三、八，四、九。各有合，神也；位相得，化也。〔註53〕

相得指天地之數的相間順序，相合指天地之數的相互位置。張載易學認為天一對地六，地二對天七，天三對地八，地四對天九，天五對地十。這是五位相合。五位相合，為神；天地之數按順序排列，為化。神與化在天地之數的組合、排列之中。張載說：

> 氣有陰陽，推行有漸為化，合一不測為神。〔註54〕

天地之數代表陰陽之氣，天地之數的相間順序表現出氣化生成的漸進過程。對於五位相合，張載吸收了鄭玄和楊雄的思想。楊雄認為：「一與六共宗，二與七共朋，三與八成友，四與九同道，五與五相守。」〔註55〕

五位相合有生成關係。張載並未吸收漢易中關於「天一生水，地六成之」等思想，而是認為「參天兩地，…通其數為五。乾坤（止）〔正〕合為坎離，

〔註53〕《橫渠易說・繫辭上》，《張載集》，第196頁。
〔註54〕《橫渠易說・繫辭下》，《張載集》，第219頁。
〔註55〕〔清〕李道平：《周易集解纂疏》，中華書局1994年版，第583頁。

〔坎離〕之數當六七，精為日月，粗為水火，坎離合而後萬物生。」〔註56〕參天兩地形成天地之質，參與了天地萬物的生成過程。其中天地之數分別代表：天一（太極），地二（兩儀，地兩兩，效剛柔之法），天三（太極、兩儀），地四（四象，四時），天五（參天兩地），地六（坎、水、月），天七（離、火、日），地八、天九（萬物、人），地十（土）。天地之數，天數為陽，地數為陰，陰與陽合，天地之數五位相合為神，顯示出陰陽不測的造化功能。在此陰陽不測的神妙作用中萬物生成。

《横渠易說》對神的詮釋是多層次的。「參伍以變」，天地之數五位相合，為陰陽不測之神。顯示出來神的神妙莫測的功能。神與氣化不是相互割裂的兩個方面，是神中有氣化，氣化中有神的關係。張載說：

> 神與易雖是一事，方與體雖是一義，以其不測，故言無方；以其生生，故言無體。然則易近於化。〔註57〕

> 《易》言「感而遂通」者，蓋語神也。雖指暴者謂之神。然暴亦固有漸，是亦化也。〔註58〕

《繫辭》說：「生生之謂易」，生生指氣化生成，氣化生成不是一蹴而就的急暴過程，而是一個漸進、速緩過程。神為不測，為急速。但神與易是一事，是一事的兩個方面。神與氣化有相同之處也有區別，相同之處都是氣的生成變化，區別在於神急化緩。二者之間的聯繫是「暴亦固有漸」，神中有氣化存在。陰陽不測之神，因為神妙莫測而難以捉摸，不能靠感覺器官去把握，而是要以理性思考做出判斷。張載說：

> 神不可致思，存焉可也；化不可助長，順焉可也。〔註59〕

> 凡言神，亦必待形然後著，不得形，神何以見？〔註60〕

在氣的聚散過程中，氣在無形與有形之間作運動。感覺器官受制於物形，物有形，神才得以見，這裡的「見」不是用眼睛看到的，而是理性思考的結果。通過體悟、理性思考，對神的作用做出判斷、推理。張載認為神是推動氣的運動的內在動力，這個過程持續存在於氣的聚散之中。張載說：

〔註56〕《張載集》，第 195 頁。
〔註57〕《張載集》，第 186 頁。
〔註58〕《張載集》，第 201 頁。
〔註59〕《張載集》，第 188 頁。
〔註60〕《張載集》，第 208 頁。

顯其聚也，隱其散也，顯且隱，幽明所以存乎象；聚且散，推
蕩所以妙乎神。〔註61〕

惟神為能變化，以其一天下之動也；人能知變化之道，其必知
神之為也。〔註62〕

天下之動，神鼓之也，神則主於〔乎〕動，故天下之動，皆神
〔之〕為之也。〔註63〕

《橫渠易說》中，張載對神的詮釋有三個層次，即從神的神妙莫測，從神
與化的聯繫與區別，從對神的認識把握這幾個層次作了論述。氣之神化的實質
內涵，在《橫渠易說》中張載也作了說明，他說：

一物兩體〔者〕，氣也。一故神，兩在故不測。兩故化，推行於
一。〔註64〕

張載指出神的實質內涵是「一」與「兩」的辯證結構而導致相互作用，一
為氣的「合兩之性」的內在統一，兩指性之兩體。氣有健順、動靜之性，其性
相互作用推動氣的運動變化。氣的「合兩之性」統一為神，神不離氣，氣不離
神。

二、神與性合

在《正蒙》中，張載把神與性結合起來進行了論述，確立了太虛神體的哲
學定位。太和為太虛之道體，其中涵有相感之性，浮沉、升降、動靜、相感之
性使氣其聚其散。張載說：

散殊而可象為氣，清通而不可象為神。〔註65〕

太虛為清，清則無礙，無礙故神；反清為濁，濁則礙，礙則形。
〔註66〕

凡氣清則通，昏則壅，清極則神。〔註67〕

可象與不可象，是指氣與太虛。王夫之所說：「太和之中，有氣有神。神

〔註61〕《張載集》，第 190 頁。
〔註62〕《張載集》，第 197 頁。
〔註63〕《張載集》，第 205 頁。
〔註64〕《張載集》，第 233 頁。
〔註65〕《正蒙·太和》，《張載集》，第 7 頁。
〔註66〕《正蒙·太和》，《張載集》，第 9 頁。
〔註67〕《正蒙·太和》，《張載集》，第 9 頁。

者非他，二氣清通之理也。不可象者，即在象中。」〔註68〕氣聚散可象，太虛
清通不可象。太虛清通無礙，相感之性和諧統一，神「不行而至，不疾而速」，
貫通於其中，形成太虛神體。太和相感之性發生作用，形成有形有象的氣，這
是「兩故化」的氣化過程。如果象與形的生成使得神不能貫通於氣化之中，那
麼就會對「窮神知化」造成障礙。就會有「氣外無神」，或者「神外無氣」之
說。程顥曾針對張載的氣與神而說：「氣外無神，神外無氣。或者謂清者神，
則濁者非神乎？」〔註69〕對此張載說：

　　氣之性本虛而神，則神與性乃氣所固有，此鬼神所以體物而不
可遺也。

　　感者性之神，性者感之體。（在天在人，其究一也。）惟屈伸、
動靜、終始之能一也，故所以妙萬物而謂之神，通萬物而謂之道，
體萬物而謂之性。

　　太虛清通，相感之性和諧統一，所謂「性其總，合兩也」。太虛神體清通
而不可象的原因是和兩之性的作用，性與神其實是一個事物的兩個方面，神與
性在本質上是同一的，只是因為作用的不同而名稱不同罷了。「合一不測」為
神，合一即合兩之性，不測即合兩之性的相互作用。神化妙用的內在根本是性。
天性貫通於萬物，神與性其實為一，也自然通達於萬物，故不可能有「氣外無
神，神外無氣」之理論障礙，妙萬物、通萬物、體萬物，其實一也。至於氣、
萬物或者人，不能通達天性或神，其原因是「形而後有氣質之性」所遮蔽。氣
內有神有性，只是受氣質之性的遮蔽無法與太虛性體、神體相貫通而已，所以
張載講要「變化氣質之性」。太虛之性與神是絕對的同一，張載稱之為「清」，
「清」，氣可入於其中，亦可入於氣中。王夫之說：「氣之未聚於太虛，希微而
不可見，故清；清則有形有象者皆可入於中，而抑可入於形象之中，不行而至
神也。」〔註70〕

　　「由太虛，有天之名。」〔註71〕「天之不測謂神，神而有常謂
天。」〔註72〕

〔註68〕《張子正蒙注·太和》，王夫之著，中華書局，1975年，第2頁。
〔註69〕〔宋〕程頤、程顥著：《二程遺書》，上海古籍出版社2000年版，第168頁。
〔註70〕〔明〕王夫之：《張子正蒙注》，中華書局1975年版，第15頁。
〔註71〕《正蒙·太和》，《張載集》，第9頁。
〔註72〕《正蒙·天道》，《張載集》，第14頁。

張載認為太虛即是天，天即是神。張載以《周易》的神作為理論起點，以《橫渠易說》的邏輯、哲學思想建構出《正蒙》的太虛神體理論，將太虛性體、神體在天地萬物之間相貫通。

第四節　太極與太虛

太極和太虛作為《橫渠易說》中重要的概念，太極和太虛之間有內在的統一。太極作為一個易學概念，在《周易》中雖只是提出，但在易學哲學史中卻被易學家廣泛關注而眾說紛紜。太虛與太極都是時間很古的哲學概念，太虛出自道家，太極出自《易經》。二者在不同的歷史時期，其哲學內涵都在發生著變化。以張載易學太極觀為基礎，對於理解張載的太虛概念的內涵本質是很有必要的。以此視角可以展現出《橫渠易說》與《正蒙》的內在聯繫。

一、乾坤、太極

乾坤在《周易》中有著極其重要的地位，《易經》六十四卦首卦為乾、次卦為坤，「八卦以象告」，乾坤卦以象天地，「天尊地卑，乾坤定矣」，天地生成，世界萬有之物，諸般人事皆一一展開。乾坤卦為純陽純陰之卦，是構架《周易》之總綱，《文言》專獨對乾坤兩卦作了解釋，認為乾坤兩卦是理解《周易》之關鍵所在。《繫辭》作者認為無乾坤便無《易》，《繫辭》說：「乾坤其《易》之縕邪？乾坤成列，而易立乎其中矣。乾坤毀則無以見易；易不可見，則乾坤或幾乎息矣。」易卦六十四皆為乾坤而生成，乾坤立則有易，無易亦無乾坤。

在《易經》中，乾坤有著深蘊之涵義，第一層涵義是以象天地，乾天地坤，所謂「在天成象，在地成形」，乾坤天地之象為易卦最大之象，《繫辭》說：「是故法象莫大乎天地」，天地最大，其次為火、水、山、雷、澤、風。第二層涵義是乾坤可象陰陽之物。乾卦純陽，坤卦純陰，《繫辭》說：「子曰：『乾坤其《易》之門邪？乾，陽物也，坤，陰物也。陰陽合德，而剛柔有體，以體天地之撰，以通神明之德。其稱名也雜而不越。於稽其類，其衰世之意邪？』」乾天地坤，天為陽，地為陰，乾父坤母，男為陽，女為陰，如此推之，乃至無窮。第三層涵義是乾坤乃乾坤易簡之道，《繫辭》說：「乾道成男，坤道成女。乾知大始，坤作成物。乾以易知，坤以簡能；易則易知，簡則易從；易知則有親，易從則有功；有親則可久，有功則可大；可久則賢人之德，可大則賢人之業。

易簡而天下之理得矣。天下之理得,而成位乎其中矣。」〔註73〕乾簡坤順,有始有終,知乾坤易簡通天下之理,「故能成象並乎天地」〔註74〕第四層涵義是乾坤具有陰陽、動靜、健順之性,《繫辭》曰:「夫乾,其靜也專,其動也直,是以大生焉。夫坤,其靜也翕,其動也闢,是以廣生焉。廣大配天地,變通配四時,陰陽之義配日月,易簡之善配至德。」「夫乾,天下之至健也,德行恒易以知險。夫坤,天下之至順也,德行恒簡以知阻。」「一陰一陽之謂道」,陰陽變化之道,內在的根由是乾坤之性的作用,陰陽、動靜、健順之性相互作用,推動天地變化、萬象生成。

在張載易學中,乾坤與太極緊密聯繫,構成了「一」與「兩」充滿辯證的哲學範疇,為解釋氣之神化與太虛性體起著舉足輕重的作用。

在張載易學中,乾坤主要是以德或者性這個層面而言的,乾坤有天地之象,此屬於乾坤的「物象」,在對《謙》卦的卦爻辭解釋時,張載說:「易大象皆是實事,卦爻小象則容有寓意而已。」「實事」即物象,所「容有寓意」即義象。張載易學解釋卦爻辭重視卦爻辭所蘊含的義象,對乾坤卦的解釋主要也是以所蘊含的義象為基礎,此義象主要體現在乾坤形上之性方面。張載說:

> 天包載萬物於內,所感所性,乾坤、陰陽二端而已,無內外之合,無耳目之引取,與人物蕝然異矣。人能盡性知天,不為蕝然起見則幾矣。(《乾稱篇》)

> 不曰天地而曰乾坤,言天地則有體,言乾坤則無形,故性也者,雖乾坤亦在其中。(《乾卦》)

> 先分天地之位,乾坤立則方見《易》,故其事則莫非《易》也。所以先言天地,乾坤《易》之門戶也。不言高卑而曰卑高者亦有義,高以下為基,亦是人先見卑處,然後見高也,不見兩則不見易。物物象天地,不曰天地而曰乾坤者,言其用也。乾坤亦何形?猶言神也。人鮮識天,天竟不可方體,姑指日月星辰處,視以為天。陰陽言其實,乾坤言其用,如言剛柔也。乾坤則所包者廣。動靜有常,剛柔斷矣;(《繫辭》)

〔註73〕高亨以為:「既得天下萬物之理,則能定其陰陽剛柔上下貴賤之分位於其中矣。」高亨:《周易大傳今注》,清華大學出版社2010年版,第385頁。

〔註74〕〔魏〕王弼著 樓宇烈校釋:《王弼集校釋》下,中華書局1980年版,下,第537頁。

> 陰陽、剛柔、仁義之本立，而後知趨時應變，故乾坤毀則無以
> 見《易》。(《繫辭》)

> 乾至健無體，為感速，故易知；坤至順不煩，其施普，故簡能。
> (《繫辭》)

張載認為乾坤無形，作為萬物性之兩端，是內在於萬物之中，張載把乾坤與天地作了區分，天地有形為實體，如同陰陽二氣一般，乾坤無形為陰陽所感之性體，乾坤交互、作用於天地萬物與人事之中，所謂「乾坤立則方見易」。「生生之謂易」，易道變化無窮，乾坤之性相互作用，有兩則有易，「不見兩則不見易」。從盡心知性知天方面講，天地萬物都是乾坤兩端相互作用而生成，萬物雖與人有「無內外之合，無耳目之引取」的不同，人雖有內心、耳目，但從生成之源思考，易即天道，天道以乾坤性之兩端相互感通，亦可相感而合，天道生萬物沒有什麼不同，都無不相感而本一，本一故能合。有須臾之所感，有須臾之相合。人性與天道因而是相同一致的。這樣，張載就把性與天道在乾坤之性的架構之中給統一起來了。

二、太虛性體

《易》云：「《易》有太極，是生兩儀。兩儀生四象，四象生八卦。」張載易學摒棄了漢唐易學中的太極元氣說，元氣是形下之器，與天地萬物在本質上無有不同，而張載認為：「盈天地之間者，法象而已」，「凡天地法象，皆神化之糟粕爾。」太極元氣說與天地法象是相同的，都為「神化之糟粕」。天地法象，皆為「實事」，為具體事物。張載認為在《易經》中有顯示具體事物之「實事」之象，也有具有「寓意」的義象。張載說：

《繫辭》所舉《易》義，是聖人議論到此，因舉《易》義以成之，亦是人道之大且要者也。

欲觀《易》先當玩辭，蓋所以說《易》象也。不先盡《繫辭》，則其觀於《易》也，或遠或近，或太艱難。不知《繫辭》而求《易》，正猶不知禮而考《春秋》也。

《繫辭》所以論《易》之道，既知《易》之道，則《易》象在其中，故觀《易》必由《繫辭》。〔註75〕

〔註75〕《張載集》，第 176 頁。

　　張載認為，易義與易象密不可分，《繫辭》中深藏有諸多易義，這些易義對於理解《易經》至為關鍵，而「玩辭」則必須觀象，觀象則能夠幫助體會易道。易象與天地法象有聯繫也有區別，其中有易象取自天地法象，如乾、坤、坎、離、艮、兌、震、巽八純卦，也有鼎卦、井卦等。其中更多的卦象雖與具體事務有聯繫，但更多的是表達了特別的寓意，如家人卦、謙卦、革卦、大壯卦等等，義象是《易經》中的主要表現形式。

　　在《橫渠易說》中，張載的太極觀與漢唐時期的易學太極觀、《太極圖說》太極觀都有很明顯的不同，漢唐以來乃至周敦頤的太極其實質就是元氣或者混沌之氣的稱謂。而張載易學卻將太極納入到易象範疇之中，認為太極乃是易象，確切的講是屬於易象中的義象。太極、兩儀都屬於易象，不是具體的物象。張載說：「一太極兩儀而象之，性也。」〔註76〕太極兩儀可「象之」，說明都屬於易象範疇。張載易學中的太極屬於無形而有象，太極之象是「一物兩體」之象，即「一太極兩儀而象之，性也。」「一太極兩儀而象之」，因何而「象之」，「象之」什麼？

　　張載說：

　　　　一物而兩體者，其太極之謂歟！〔註77〕

　　　　太虛之氣，陰陽一物也，然而有兩體，健順而已。〔註78〕

　　對於太極，作為《周易》中的一個象，張載稱太虛是太極的真實用意是什麼？張載說：「一太極兩儀而象之，性也。」這句話出自於《橫渠易說》中張載對「參天兩地」的解釋。他說：

　　　　地所以兩，分剛柔男女而傚之，法也；天所以參，一太極兩儀

　　而象之，性也。〔註79〕

　　對《周易》中「參天兩地」的解釋通常有兩種：一種說法是五個生數，天數一、三、五，地數二、四。一種解釋是以朱熹為代表對「參天兩地」的解釋：「天圓地方，圓者一而圍之，三各一奇，故參天而為三。方者一而圍四，四合二耦，故兩地而為二。」〔註80〕這兩種解釋都與張載的解釋不同，與之相比，張載的解釋更注重它的形上之意。很明確，張載是以太極、兩儀來解釋性的。

〔註76〕《張載集》，第231頁。
〔註77〕《橫渠易說・說卦》，《張載集》，第235頁。
〔註78〕《橫渠易說・繫辭下》，《張載集》，第231頁。
〔註79〕《橫渠易說・說卦》，《張載集》，第233頁。
〔註80〕〔宋〕朱熹：《周易本義》，天津古籍書店1986年版，第346頁。

太極、兩儀易象能夠作為性之象正是張載易學的一大創新之處。對於太極，張載在《橫渠易說》中這樣講到：

> 一物兩體者，氣也。一故神，（兩在故不測。）兩故化，（推行於一。）此天之所以參也。兩不立則一不可，一不可見則兩之用息。兩體者，虛實也，動靜也，聚散也，其究一而已。有兩則有一，是太極也。若一則有兩，有兩亦一在，無兩亦一在。然無兩則安用一？不以太極，空虛而已，非天參也。〔註81〕

這裡「一物兩體」之氣，此氣即為「太虛之氣」，其中陰陽和合，動靜合一，呈現出至高的「太和」狀態。不能由此認為太極就是太虛之氣，太極是太虛的名，不能將太極與太虛之氣混為一談，如說乾為馬，不能認為乾就是馬，馬只是乾的象，象的是乾的健性。所以，對於太極我們也應當這樣理解。太極所要表現的只是太虛之氣中的「一」與「兩」之間的關係，是這兩種關係達到和諧統一的至高原則。「一」是「兩」的和諧統一，而「兩」又不能離開「一」而單獨存在，「兩」蘊涵於「一」之中。同時，「一」又貫穿於「兩」之中。這也就是太極與兩儀之間的關係。對此，牟宗三曾有所論：「此首句若分解言之。『一物』即太極、太虛神體之為圓為一，『兩體』即晝夜、陰陽、虛實、動靜等，此是屬於氣。而言『一物兩體氣也』是渾淪地言之，即『參和不偏』地言之，是表示太極太虛之不離氣，即由太極兩儀之統而為一以『即用見體』也，即氣之通貫以見天德神體之『參和不偏』、『兼體無累』也，並非說太極、太虛、天德神體亦是氣。」〔註82〕朱伯崑說：「有一種理解，認為『一太極兩儀』，即『一物兩體』之義。『一太極』即『一物』。此種解釋未必妥當。因為前面所引張載關於太極的解釋，是以『一物兩體』為太極，並非以『一物』為太極，意思是太極自身包涵兩體，一乃整體之義。」〔註83〕張岱年也有此論說：「一物兩體就是統一物之中包含了對立的兩部分。因統一物中包含對立，所以發生變化。因對立的兩方面是統一的，即是彼此聯結交相作用的，所以有變化不測的本性即所謂神。對立又統一，叫做『參』。」〔註84〕在此至高的和諧之中，陰陽和合未能相感，此時太虛之性為「至靜無感」之性，超越了形下之動靜。

〔註81〕《橫渠易說・說卦》，《張載集》，第233頁。
〔註82〕牟宗三：《心體與性體》上，吉林出版集團有限責任公司2013年版，第391頁。
〔註83〕朱伯崑：《易學哲學史》第二卷，崑崙出版社2005年版，第341頁。
〔註84〕張岱年：《張岱年全集》卷三，河北人民出版社1996年版，第255頁。

那麼太極是作為太虛的名，它所要象太虛的什麼呢？張載說：

性其總，合兩也。〔註85〕

一太極兩儀而象之，性也。〔註86〕

合虛與氣，有性之名。〔註87〕

天性，乾坤，陰陽也，二端故有感，本一故能合。〔註88〕

對於天性所表現出來的乾坤、陰陽二端，根源於張載對《周易》的參悟。張載與二程均採取乾坤卦變說，他認為乾坤卦為《易》之母卦，六十四卦都是由乾坤卦卦變而來，為子卦。「乾坤立則方見《易》」，「乾坤《易》之門戶也」〔註89〕「蓋卦本天道，三陰三陽一升一降而變成八卦，錯綜為六十四，分而有三百八十四爻也。」〔註90〕他把卦同天道聯繫起來，而這樣一個生生不息、萬物生化的天道的源泉正是天性的貫通，所以張載感歎：「天地生萬物，所受雖不同，皆無須臾之不感，所謂性即天道也。」〔註91〕太極是象「性其總」，陰陽和合，在至虛無形之中陰陽不能相感，此時太虛之氣呈現「太和」的狀態。兩儀是象陰陽、健順之性之兩端，由此兩端產生出虛實、動靜、聚散、清濁，分出陰陽二氣。陽氣健，陰氣順，而後相感相交。故王夫之說：「若其在天而未成乎形者，但其有象，絪縕渾合，太極之本體，中函陰陽自然必有之實，則於太極之中，不昧陰陽之象而陰陽未判，固即太極之象，合而言之則一，擬而議之則三，象之固然也。」〔註92〕

太極作為太虛之氣「合兩」之性的象，與性之兩端即兩儀是「一」與「二」的關係。而這種「合兩」不是簡單的拼湊，其兩端是性在陰陽二氣中的不同表現，「合兩」是「一」與「二」的統一關係，為「天參」。不能只講其中的任一方面，「天參」是貫通於太虛之氣、陰陽二氣之中的。牟宗三有云：『象之性』者即由『太極兩儀之統而為一』而象示出性體之具體而真實的意義也，亦即由天之所以參而『三各一奇』亦即是『圓而神』之一而象之出也。『地可以兩』是言傳相形器之定體，『天所以參』是言萬事萬物圓一之性體。天德神體之為圓為一，

〔註85〕《正蒙·誠明》，《張載集》，第 22 頁。

〔註86〕《橫渠易說·說卦》，《張載集》，第 233 頁。

〔註87〕《正蒙·太和》，《張載集》，第 9 頁。

〔註88〕《正蒙·乾稱》，《張載集》，第 63 頁。

〔註89〕《橫渠易說·繫辭上》，《張載集》，第 176 頁。

〔註90〕《橫渠易說·繫辭上》，《張載集》，第 181 頁。

〔註91〕《正蒙·乾稱》，《張載集》，第 63 頁。

〔註92〕〔明〕王夫之：《張子正蒙注》，中華書局 1975 年版，第 29 頁。

性體之為圓為一，而太極也。就太極說，太極不離兩儀，即太虛神體之不離氣，亦即『天本參合兩偏』，『道則兼體無累』之義也，亦即《誠明篇》『性其總、合兩也』之義，《乾稱篇》『有無虛實通為一物者性也』之義。」〔註93〕

又說：「性之『總』義由『合兩』而見。『總』者即總合虛實、動靜、聚散、清濁之兩體而不偏滯於一隅（一象）以成化也。……故『性其總、合兩也』，此非是說性由合虛實、或合動靜、或合聚散、或合清濁之兩而成。如此，則成大拼湊，焉得謂之性？其意乃是說總合貫通兩體而不偏滯以見性體寂感之神也。」〔註94〕

張岱年也論道：「與參有別的兩，指外在的對立而言，即參是指包含對立的統一物，也就是內在的對立，內在的對立就是性。性即是氣的運動變化之本性，其實際內容就是內在的對立，就是統一物中包含對立。張載寫道：『性其總，合兩也。』《（正蒙・誠明）篇）性是萬物之總性，就是對立的統一。……性是『合兩』的，即內中包含對立。對立的兩方面必然相互作用。張載用『感』字與『應』字來表示這相互作用。他說：『有兩則須有感。然天之感有何思慮？莫非自然。』（《橫渠易說・說卦》）又說：『天性乾坤陰陽也，二端故有感，本一故能合。天地生萬物，所受雖不同，皆無須臾之不感。所謂性即天道也。』（《正蒙・乾稱》篇）整個世界（天）包含陰陽二端，彼此相感。萬物中的每一物也含有內的對立，也時時刻刻在相互作用之中。這二端相感，就是所謂性的內容。」〔註95〕

同樣，明代高忠憲也有所論述：「太極、兩儀本乎一而為二，故天數三象，象其性而三之。男女兼人、物言。」〔註96〕因而，性在張載哲學中是貫通形上形下的，它具有形上的超越性，表現為「至靜無感，性之淵源」，又貫通於陰陽二氣中，表現為氣之兩體。而虛實、動靜、聚散、清濁之兩體，實質上是由於乾坤「合兩」之性使之然，故此兩端必然要有所感，由於「性其總」自然能夠和諧統一。這種至高的和諧即為「太和」，在這種至高的和諧之中，氣消散入於太虛之中。對於太虛，張載稱太虛為太極，「一物而兩體者，其太極之謂歟！」〔註97〕，太極蘊含了太虛與性的同一。這樣一來，太虛、太極、性所表

〔註93〕牟宗三：《心體與性體》上，吉林出版集團有限責任公司 2013 年版，第 390 頁。
〔註94〕牟宗三：《心體與性體》上，第 425～426 頁。
〔註95〕張岱年：《張岱年全集》卷三，河北人民出版社 1996 年版，第 256 頁。
〔註96〕〔清〕黃宗羲：《宋元學案》，中華書局版 1986 年，第 674 頁。
〔註97〕《橫渠易說・說卦》，《張載集》，第 235 頁。

現出來的本體論含義則更為突出。「合虛與氣，有性之名」所要表達的是：性貫通於形上形下之間，性統一於形上的太虛，又貫通於形下的氣之中。言性是不能脫離太虛與氣的，脫離二者只會陷於空談，毫無根基可言。正如張載所說：「天性在人，正猶水性之在冰，凝釋雖異，為物一也；受光有小大、昏明，其照納不二也。」〔註98〕「性者萬物之一源，非有我之得私也。」〔註99〕性的貫通性，即在於此。

在《正蒙·乾稱》篇中，張載的性本體論表現的尤為明顯。

> 乾稱父，坤稱母；予茲藐焉，乃混然中處。故天地之塞，吾其體；天地之帥，吾其性。民吾同胞，物吾與也。大君者，吾父母宗子；其大臣，宗子之家相也。尊年高，所以長其長；慈孤弱，所以幼吾幼。聖其合德，賢其秀也。凡天下疲癃殘疾、惸獨鰥寡，皆吾兄弟之顛連而無告者也。〔註100〕

> 有無虛實通為一物者，性也；不能為一，非盡性也。飲食男女皆性也，是烏可滅？然則有無皆性也，是其無對？〔註101〕

正是張載認為性為萬物之一源，通極於太虛、萬物之中。所以，從這個角度說，萬物與人類是平等的，人和人之間也是平等的。人世間的大同社會，也只是太虛「太和」在人世間的反映。《西銘》所蘊含的哲學思想已遠遠超越了張載所處的那個時代，這種建立在性為萬物之一源理論基礎上的仁愛觀在當今社會依然具有普世性。《西銘》思想也深刻影響了後世的朱熹，他說：

> 「天地之塞吾其體，天地之帥吾其性。」塞，如孟子說「塞乎天地之間」。塞只是氣。吾之體即天地之氣。帥是主宰，乃天地之常理也。吾之性即天地之理。〔註102〕

> 人且逐日自把身心來體察一遍，便見得吾身便是天地之塞，吾性便是天地之帥；許多人物生於天地之間，同此一氣，同此一性，便是吾兄弟當與；〔註103〕

朱熹是看出了張載哲學中性本體論的思想，而他將性以理替代，創建「理

〔註98〕 《正蒙·誠明》，《張載集》，第 22 頁。

〔註99〕 《正蒙·誠明》，《張載集》，第 21 頁。

〔註100〕 《正蒙·乾稱》，《張載集》，第 62 頁。

〔註101〕 《正蒙·乾稱》，《張載集》，第 63 頁。

〔註102〕 〔宋〕黎靖德編：《朱子語類·卷第九十八》，中華書局 1986 年版，第 2520 頁。

〔註103〕 〔宋〕黎靖德編：《朱子語類·卷第九十八》，中華書局 1986 年版，第 2526 頁。

一分殊」學說。張岱年發現了這一問題，說道：「程顥認為：『《西銘》明理一而分殊』，這其實是用他自己的觀念來對於《西銘》進行解釋。假如用張載自己的範疇來講，應該說『道一分殊』。或『性一分殊』，而不應該說『理一分殊』。……到南宋初年，朱熹更對於《西銘》作了一番系統的解釋，他以為《西銘》中所謂性就是指『天地之常理』（朱熹《西銘解》）」〔註104〕

綜上所述，張載以《周易》中太極概念作為太虛的稱謂，其意義在於能夠通過太極之象闡明太虛之性。太極是太虛之性象，太極所象的是太虛的「合兩」之性體，「合兩」之性是陰陽、健順之性的統一，惟其性才能使得陰陽二氣和合為太虛。兩儀是要象「合兩」之性之兩端，由此太虛分出陰陽二氣。而性之兩端與「合總」之性又是統一的關係，不是分割的兩個方面，「一」與「二」合為「參」，內在於氣之中，貫通於形上的太虛與形下的萬物。張載易學以《周易》中太極、兩儀、乾坤、神化等概念與太虛、氣密切結合在一起，其氣勢恢宏、風格鮮明、主旨突出、深邃而不失嚴密，對宋代理學體系的建構起到了重要的影響與理論觀照。

張載以《周易》中太極概念作為太虛的稱謂，其意義在於其象徵意義，在於能夠通過太極之象闡明太虛之性。太極是太虛性體之性象，太極所要象的是太虛的「合兩」之性，「合兩」之性是陰陽、健順之性的統一，惟其性才能使得陰陽二氣和合，表現為太虛之氣。性合而未分，氣才能合於虛，氣性方能為虛。兩儀是要象「合兩」之性之兩端，由此分出陰陽二氣。而性之兩端與「合總」之性又是統一的關係，不是分割的兩個方面，「一」與「二」合為「參」，內在於氣之中，貫通於形上的太虛與形下的萬物，標著者張載以太極易象而建立起來的太虛性體論完成。

第五節　宗教鬼神與儒者信仰

北宋時期，佛道二教幾乎成為民間的普遍信仰，從唐之宋，士大夫階層有很多人都是「外儒裏佛」。他們或暢談佛教，或出入佛老，或吸收佛老理論構建儒學。周敦頤受禪宗影響頗深，對佛教理論並不完全排斥，二程稱「周茂叔窮禪客」〔註105〕。二程說：「周茂叔謂一部《法華經》，只消一個《艮》卦可

〔註104〕張岱年：《張岱年全集》卷三，河北人民出版社1996年版，第276頁。
〔註105〕〔宋〕程頤 程顥著：《二程集》，中華書局本1981年版，第85頁。

了。」又說：「看一部《華嚴經》，不如看一《艮》卦（經只言一止觀）。」「《艮》卦只明使萬物各有止，止分便定。」〔註106〕張載以復興儒學為目標，面對佛老二教根深蒂固的宗教影響，要從理論上反擊、駁斥佛老對儒學信仰的浸入、滲透，首先要明確傳統的鬼神觀念。張載並不相信有鬼神存在，他說：「范巽之嘗言神奸物怪，某以言難之，謂天地之雷霆草木至怪也，以其有定形故不怪，人之陶冶舟車亦至怪也，以其有定理故不怪。今言鬼者不可見其形，或云有見者且不定，一難信；又以無形而移變有形之物，此不可以理推，二難信。又嘗推天地之雷霆草木，人莫能為之，人之陶冶舟車，天地亦莫能為之。今之言鬼神，以其無形則如天地，言其動作則不異於人，謂人死之鬼反能兼天人之能乎？」〔註107〕可見張載的弟子范巽經常談論鬼神物怪，張載認為鬼神之說不可信，理由有二，一是鬼神無定形且無存在的內在原理，表示難信；其二是如果鬼神能以無形而變為有形，以理推之，表示難信。鬼神具備無形與有形的能力，活人尚不能如此，反倒死後便有了如此這般「兼天人」的能力，張載認為不可信。

一、明鬼神

鬼神觀念在中國古代的民間傳統信仰中往往同祖先崇拜交揉在一起，在傳統的習俗和祭祀活動中均有所體現。孔子有「敬鬼神而遠之」之說。據記載，孔夫子因為尊崇周禮，也對巫儺表示恭敬之情，「鄉人儺，朝服而立於阼階。」朱熹注曰：「儺：乃多反；所以逐疫，《周禮》方相氏掌之。阼階，東階也。儺雖古禮而近於戲。亦必朝服而臨之者，無所不用其誠敬也。或曰：『恐其驚其先祖五祀之神，欲其依己而安也。』」〔註108〕朱熹認為，雖然巫儺近於戲，但因為屬於古禮，也必須穿著朝服迎接，表現了孔子對巫儺古禮的尊崇。但朱熹也保留了另外一種解釋，認為孔子這樣做的原因是「恐其驚其先祖五祀之神」，說明孔子的鬼神觀念可能也是有的。

「鬼神」在《周易・易傳》中已有呈現，如乾卦《文言》說：「與鬼神合其吉凶」，謙卦《彖》云：「鬼神害盈而福謙」，豐卦《彖》說：「日中則昃，月盈則食，天地盈虛，與時消息，而況於人乎？況於鬼神乎？」。《繫辭》中有：「精氣為物，遊魂為變，是故知鬼神之情狀。」「天數二十有五，地數三十，

〔註106〕〔宋〕程頤 程顥著：《二程集》，中華書局本1981年版，第408、81、83頁。
〔註107〕《張載集》，第373頁。
〔註108〕〔宋〕朱熹著：《四書集注・論語集注》，嶽麓書社2004年版，第137頁。

凡天地之數五十有五，此所以成變化而行鬼神也。」《周易》本為卜筮之書，卜筮者須向鬼神占卜禍福、吉凶，因此，《易傳》中的「鬼神」應當屬於古人的原始信仰，有著鮮明的人格義。

要破除世人對佛老的迷誤，重振儒學信仰，就必然要對鬼神觀念進行哲學改造。張載把氣的運行能力稱之為「鬼神」，張載說：

「成變化〔而〕行鬼神」，成行陰陽之氣而已矣。〔註109〕

鬼神者，二氣之良能也。〔註110〕

張載對鬼神的哲學界定，超越了佛老宗教的神秘主義解釋。鬼神屬於陰陽二氣的運行，是氣的兩種不同的屬性和能力。哲學化的鬼神思想，既可以與佛老的「鬼神觀」相區別，還可以從對「鬼神」的敬畏感中解脫出來，實現儒學的天命信仰。

張載對鬼神進行哲學改造，源於對《周易》的深入研究。《繫辭》說：「日往則月來，月往則日來，日月相推而明生焉。寒往則暑來，暑往則寒來，寒暑相推而歲成焉。往者屈也，來者信也，屈信相感而利生焉。」張載採取了《繫辭》的「往來屈伸」之說，認為鬼神屬於氣化「往來屈伸」之道，氣的「往來屈伸」表現為三個方面：表現為天，就稱之為「神」；表現為「地」，就稱之為「示」；表現為人，就稱之為「鬼」。

鬼神，往來、屈伸之義，故天曰神，地曰示，人曰鬼。〔註111〕

天地人三才，都是氣的往來屈伸生成，物的生成、毀滅，亦是如此，張載說：

物之初生，氣日至而滋息，物生既盈，氣日反而游散。至之謂神，以其伸也；反之謂鬼，以其歸也。〔註112〕

神為氣的伸張，這時萬物生成。鬼為氣之曲散，這時萬物毀滅。萬物一氣，「反而游散」，歸之於太虛之氣。人死歸於太虛之氣，亦為「鬼」。有時張載以「人鬼」並稱。

依據《繫辭》，張載對「鬼」、「神」做了細緻、具體的討論。張載說：

精氣為物，遊魂為變」，精氣者，自無而有；遊魂者，自有而無。自無而有，神之情也；自有而無，鬼之情也。自無而有，故顯而為

〔註109〕《張載集》，第196頁。
〔註110〕《張載集》，第9頁。
〔註111〕《張載集》，第16頁。
〔註112〕《張載集》，第19頁。

物；自有而無，故隱而為變。顯而為物者，神之狀也；隱而為變者，
鬼之狀也。大意不越有無而已。物雖是實，本自虛來，故謂之神；
變是用虛，本緣實得，故謂之鬼。此與上所謂神無形而有用，鬼有
形而無用，亦相會合。所見如此，後來頗極推闡，亦不出此。〔註113〕

「鬼神」的情狀是這樣的：太虛之氣為「神」，表現為「自無而有」生成
天地萬物。是以無形顯為有形，此時氣當為「精氣」。「鬼」是萬物消散復歸於
太虛之氣，是有形變為無形，是「自有而無」的過程，此氣當為「遊魂」。「神」
無形但「有用」，其有用在於生成；「鬼」有形但「無用」，因為消散而不生成，
所以「無用」。所謂「人鬼」，是說人也同萬物復歸於太虛之氣。

「鬼神」是氣的往來屈伸，對於其中的內在動因，張載說：

太虛之氣，陰陽一物也，然而有兩〔體〕，健順而已。又〔亦〕
不可謂天無意，陽之意健，不爾何以發散和一？陰之性常順，然而
地體重濁，不能隨則不能順，〔少不順即〕有變矣。〔註114〕

天道不窮，寒暑也；眾動不窮，屈伸也；鬼神之實，不越二端
而已矣。〔註115〕

說明氣的運行是由於陰陽兩端的相互作用，鬼神不越陰陽兩端。張載認
為，陰陽之氣，相互作用，相互兼制，才可以無所不至，永不停止。這是事物
內在的規律。

張載對《周易》中「鬼神」思想進行符合新儒學特點的義理詮釋，具有十
分重要的意義。張載說：

鬼神常不死，故誠不可掩；人有是心在隱微，必乘間而見，故
君子雖處幽獨，防亦不懈。〔註116〕

對於君子而言，懂得了「鬼神」無形化有形、有形化無形的道理，就要始
終正心誠意，不可自欺。在獨處之時，要提防隱微的「是心」（意指佛心），因
為佛心雖隱微必乘機浸入。

二、闢佛排老

張載對佛教的批評主要有以下幾個方面：

〔註113〕 《張載集》，第 183 頁。
〔註114〕 《張載集》，第 231 頁。
〔註115〕 《張載集》，第 9 頁。
〔註116〕 《張載集》，第 16 頁。

其一，批評佛教輪迴之說。

張載對佛教輪迴說進行批評的理論依據是佛教不明「鬼神」。

> 浮屠明鬼，謂有識之死受生循環，遂厭苦求免，可謂知鬼乎？
> 以人生為妄見，可謂知人乎？天人一物，輒生取捨，可謂知天乎？
> 孔孟所謂天，彼所謂道。惑者指遊魂為變為輪迴，未之思也。〔註117〕

佛教講死後成鬼，主要吸取了中土人士的鬼神觀念，張載稱之為「此外學素所援據以質成其論者」，認為死後成鬼，要受生死輪迴，循環不已。人陷於痛苦、厭倦之中而不得不以求解脫。張載認為佛教不知鬼，認為人生為虛幻、幻妄是不知人。天和人本來一物，這樣獨斷輕率的取捨生命，是不知天。儒家講的天，即是佛教講的道。還有人把《周易》中氣的「遊魂為變」變成為人鬼的輪迴，是未深思熟慮的緣故。所以，知晝夜、陰陽的變換、更替，便能知鬼神，鬼神只是氣的不同變化形態而已，張載說：

> 大率知晝夜陰陽則能知性命；能知性命則能知鬼神，知聖人。彼
> 欲直語太虛，不以晝夜陰陽累其心，則是未始見易；未始見易，則雖
> 欲免晝夜陰陽之累，末由也已。易且不見，又烏能更語真際！捨真際
> 而談鬼神，妄也。所謂實際，彼徒能語之而已，未始真解也。〔註118〕

太虛涵有陰陽變化之道，「一陰一陽之謂道」，「《易》以道陰陽」，不知《易》便不知真理，捨真理而談鬼神只能陷於虛妄。這裡，張載主要從天道性命的角度去批評佛教，認為儒家的天道性命都體現在《易》中。「生生之謂易」，晝夜陰陽、性命的變化，是天道使然，不是簡單的死後變為鬼的輪迴、循環過程。知陰陽變化之道，即知鬼神乃氣的變化狀態，性命是隨氣而變化的，不是佛教講的不可轉移的循環。張載說：「能知性命則能知鬼神，知聖人」，聖人懂得陰陽變化之道，能順時而行、與時偕行。故張載說：「大學當先知天德，知天德則知聖人，知鬼神。」〔註119〕

其二，批評佛教認為山河大地為虛幻之說。

張載認為「鬼神」是氣從無形而有形、從有形而無形的兩種狀態。批評了佛教視有形為幻妄，視無形為寂滅的觀點。氣與太虛的關係，張載用冰和水作了比喻，他說：

〔註117〕 《張載集》，第64頁。
〔註118〕 《張載集》，第65頁。
〔註119〕 《張載集》，第64頁。

氣之聚散於太虛，猶冰凝釋於水，知太虛即氣〔則無有有無。
故聖人語性與天道之極，盡於參伍之〕神變易而已。〔註120〕

氣如冰，冰有形，亦可融於水而無形。因此，不能以無形、有形來論氣之有無。氣有有形與無形兩種狀態，不存在消失或虛幻，張載批評說：

彼語寂滅者往而不反，徇生執有者，物而不化，二者雖有間矣，
以言乎失道則均焉。〔註121〕

此一句，張載對佛道兩家都作了批評，佛教講寂滅，追求往而不返的大涅槃，道教講魂魄長存，追求長生不死。此兩家均不知陰陽變化之道。太虛實有，是氣之發生與氣之歸宿，張載說：「太虛無形，氣之本體，其聚其散，變化之客形爾」。對有形與無形，張載用《周易》中的「幽明」予以說明，幽不可見，無形實有；明可見，有形有象。佛教不知幽明，以真空寂靜為本性，視地風水火、山河大地為妄見，性真形妄，性內形外，性形為二，虛實不相資，則會「陷於浮屠以山河大地為見病之說」。

《易》講幽明，幽明為氣之無形與有形之狀態，氣聚而有形為明，氣散而無形為幽。張載說：

氣聚則離明得施而有形，氣不聚則離明不得施而無形。方〔其〕
聚也，安得不謂之（有）〔客〕？方其散也，安得遽謂之無？故聖人
仰觀俯察，但云「知幽明之故」，不云「知有無之故」。〔註122〕

佛教未達到窮理盡性之澄明，不知幽明之故，則誤以為乾坤世界為虛幻，張載批評其是「妄意而然」，他說：

明有不盡，則誣世界乾坤為幻化。幽明不能舉其要，遂躐等妄
意而然。〔註123〕

佛教《楞嚴經》曰：「心生種種法生，心滅種種法滅」，是「以心法起滅天地」。佛教主張心當不執著於外物，心無掛礙，心無、心空，認為「心性本淨，客塵所染」，要求心與外界劃清界限。張載認為人與物的關係是緊密聯繫的，物在心中，通過體物而達到窮理盡性。心偏於物，至於見聞，或心執於無，都是心小的表現，因此當「大其心」。張載說：「大其心則能體天下之物，物有未

〔註120〕《張載集》，第200頁。
〔註121〕《張載集》，第7頁。
〔註122〕《張載集》，第182頁。
〔註123〕《張載集》，第8頁。

—219—

體，則心為有外。」〔註124〕由耳目等產生的見聞之知，是由於耳目等器官的局限性造成的，故見聞之知必然有限，這樣會造成窮理的困難。限於見聞，會造成「有外之心」，而「有外之心」就無法達到天人合一的認識。因此，張載講：「見聞之知，乃物交而知，非德性所知；德性所知，不萌於見聞。」〔註125〕主張應當有見聞之知到達德性之知。佛教的認識論與儒家的認識論是截然相反的，張載批評說：

> 釋氏不知天命，而以心法起滅天地。以小緣大，以末緣本，其不能窮，而謂之幻妄，真所謂疑冰者與！

> 釋氏妄意天性而不知範圍天用，反以六根之微因緣天地。明不能盡，則誣天地日月為幻妄，蔽其用於一身之小，溺其志於虛空之大，所以語大語小，流遁失中。其過於大也，塵芥六合；其蔽於小也，夢幻人世。謂之窮理可乎？不知窮理而謂盡性可乎？謂之無不知可乎？塵芥六合，謂天地為有窮也；夢幻人世，明不能究所從也。〔註126〕

張載認為佛教以心法起滅天地是錯誤的，這是枉意割裂二者之間的關係。天地本有，客觀實在，以心法論其有無、虛幻，是私意所為。釋氏「反以六根之微因緣天地」，以耳目等有限性否認太虛、天道之實有，是「以小緣大，以末緣本」。不能窮盡萬物，便稱其為虛妄，張載以「夏蟲不可語冰」諷刺其目光短淺。佛教以心與物為二，自然不能體物，不能體物自然不能窮理。而又執於見聞之知，以見聞之有限妄議太虛、性及天道的實有，是未到達德性之知的緣故。張載批評佛教限圍於耳目等感覺器官的認識，不知太虛絪縕之無窮，想當然的視之為「塵芥」。不知萬物產生於太虛，不知人之所從來，便認為是「夢幻人世」。

張載對道家的批評主要有兩個方面。

其一，批評道家虛無之說。

道家主張虛空、虛無，老子《道德經》有云：「天地之間，其猶橐籥乎？虛而不屈，動而愈出。」張載說：

〔註124〕《張載集》，第 24 頁。
〔註125〕《張載集》，第 24 頁。
〔註126〕《張載集》，第 26 頁。

若謂虛能生氣，則虛無窮，氣有限，體用殊絕，入老氏有生於
無自然之論，不識所謂有無混一之常。〔註127〕

道家的有無論，無指的是虛無、虛空，是空無一物的空間，認為在這樣的
空無中生出了萬有。張載認為道家混淆了無限與有限的關係，無生有，即是虛
空無限而氣有限，犯了「體用殊絕」的錯誤，應當是體無窮而用亦無窮。道家
把無形而不可見認為是虛空、空無，虛不能等同為無。張載說：

太虛不能無氣，氣不能不聚而為萬物，萬物不能不散而為太虛。
〔註128〕

張載的太虛不同於道家的虛無或「虛能生氣」，張載有時也稱太虛為「虛」，
如「合虛與氣，有性之名」。太虛無形不可見，太虛之中充滿了無限不可見的
氣。張載認為虛空不空，「虛空即氣」。道家割裂了虛空和氣的關係，把虛空與
氣看成是生成關係，其實是虛無無限，氣無限，虛氣相即。佛家不知幽明的緣
故，故認為一切為幻妄。道家不知虛氣關係，故認為無能生有。張載說：

《大易》不言有無，言有無，諸子之陋也。〔註129〕

張載認為有無為一，渾然一體，認為《周易》是以幽明來說明有形與無形
的關係。有無、虛實是合二為一的，不存在截然分明的界限。張載以「性」將
它們統一起來，張載說：

有無虛實通為一物者，性也；不能為一，非盡性也。飲食男女
皆性也，是烏可滅？然則有無皆性也，是豈無對？莊、老、浮屠為
此說久矣，果暢真理乎？〔註130〕

徐必達解釋說：「『太虛無形』，『至靜無感』，所謂無與虛也。『其
聚其散』，『有識有知』，所謂有與實也。無即性之本體、淵源，而有
即性之客形、客感，所謂『通為一物』也。無必對有，虛必對實，故
曰『是豈無對』？」〔註131〕

按徐必達的注解，張載認為任何一物皆有太虛之性，都是有無虛實的內在
統一。當然這裡的「有無虛實」不同於道家的「有無虛實」，是具有儒家形上
內涵的太虛性體。太虛性體是「合兩之性」，「合兩之性」成就了氣化之道，不

〔註127〕《張載集》，第8頁。
〔註128〕《張載集》，第7頁。
〔註129〕《張載集》，第48頁。
〔註130〕《張載集》，第63頁。
〔註131〕林樂昌：《正蒙合校集釋》下，中華書局2012年版，第922頁。

是道家講的「無為之道」。如張載弟子范育所言：「老子以無為為道，故《正蒙》闢之曰：『不有兩則無一。』」〔註132〕

其二，批評道家以無為用之說。

在《道德經》中，老子說：「三十輻共一轂，當其無，有車之用。埏埴以為器，當其無，有器之用。鑿戶牖以為室，當其無，有室之用。故有之以為利，無之以為用。」張載反駁說：「物形乃有小大精粗，神則無精粗，神即神而已，不必言作用。譬之三十輻共一轂則為車，若無（轂）〔輻〕與（輻亦）〔轂，則〕何以見車之用！」〔註133〕

張載認為有為無的存在根據，不能誇大無而否認有的作用，正是因為有才使無才可以顯現。老子雖然講「有無相生」，但是無比有更為重要。如神與人身，神與身合，不能說神比身更為重要，身、神有各自作用，所以不必單獨言神之作用。

道家追求長生不死，而張載認為人既然為太虛之氣氣化生成，就不得不散而歸於太虛，因此不存在什麼長生不死之說。

三、神道設教

張載曾官授同知太常禮院，在關中也倡導「以禮為教」，對於儒家祭祀禮，張載主張沿用正統的古禮，反對民間存在的一些荒誕不經的迷信活動。《宋元學案》稱他「患近世喪祭無法，期功以下未有衰麻之變，祀先之禮襲用流俗，於是一循古禮為倡。」〔註134〕《宋史·張載傳》又說：「其家婚喪葬祭，率用先王之意而傳以今禮。」〔註135〕熙寧十年，朝廷祭祀，張載認為禮官不循古禮而爭論反對，意見不合，遂辭官西歸，寒冬間因久患之肺病死於路途。

對儒家祭祀之神，張載說：

> 祭社稷五祀百神者，以百神之功報天之德爾。故以天事鬼神，
> 事之至也，理之盡也。〔註136〕

在古代，儒家祭祀中神有種種，但張載認為祭祀的核心是天，以報答上天

〔註132〕《張載集·范育序》，第5頁。
〔註133〕《張載集》，第200頁。
〔註134〕〔清〕黃宗羲：《宋元學案·橫渠學案上》一，中華書局版1986年，第663頁。
〔註135〕《張載集》，第368頁。
〔註136〕《張載集》，第60頁。

滋養萬物、生生不息的功德。所以從事理上說，祭祀的有必要的。其目的性還是在於「神道設教」。

對儒家的鬼神和佛教的鬼神，張載做了辨別和解釋說明，他說：

> 所謂山川門霤之神，與郊社天地陰陽之神，有以異乎？《易》（所）謂「天且弗違而況於鬼神乎」！仲尼以何道而異其稱耶？又謂「遊魂為變」，魂果何物？其遊也情狀如何？試求之〔使〕無疑，然後可以拒神怪之說，知亡者之歸。〔此外〕學（者）素所〔援據〕以質成其論者，不可不察以自袪其疑爾。〔註137〕

可以看出，張載對儒家傳統的祭祀之神並不反對，無論是山川門霤之神，還是郊社天地陰陽之神，在本質上是一樣的，均屬陰陽自然之神。但其稱呼不一，究其原因，要細加考察。另外，對於容易引起誤解的「遊魂」等，要認真辨別。如此才可以真正做到抵制一些神怪之說。他認為佛教正是在其理論中引入了一些神怪之說，才可以迷惑世人。

對於當時具有迷信色彩的一些祭祀活動，如給山川五嶽之神塑神像，這種人神同形論，張載表示反對，這樣做必然會違反儒家祭祀的初衷，他說：

> 山川之祀，止是其如此巍然而高，淵然而深，蒸潤而足以興雲致雨，必報之，故祀之視三公諸侯，何曾有此人像！聖人為政必去之。〔註138〕

對於祭祀祖先神，張載說：

> 至於鬼只是鬼饗之，又非《孝經》所謂鬼饗也。此言鬼饗，既不在廟與壇墠之數，即併合上世一齊饗之而已，非更有位次分別，直共一饗之耳，只是懷精神也。鬼者只是歸之太虛，……彼之謂鬼者，只以人死為鬼，猶《周禮》言天神、地祇、人鬼。〔註139〕

張載認為所謂祖先神是歸於太虛的，他說的鬼與《孝經》、《周禮》所講的人死為鬼是不一樣的，是氣散歸於太虛。因此，世人在祭祀祖先神時可以合併上世一併祭祀，不必設立位次，祭祀的目的在於「懷精神」，猶如孔子所說的「慎終追遠」之意。

張載對儒家傳統經典中的「鬼神」作了新儒學義理詮釋，他從陰陽二氣和太虛的關係出發，提出「鬼神者，二氣之良能」觀點。從氣的運行、變化出發

〔註137〕 《張載集》，第184～185頁。
〔註138〕 《張載集》，第295頁。
〔註139〕 《張載集》，第295頁。

批評了佛教的輪迴、虛空、虛幻之論和道家的虛能生氣、有無之論，有力地捍衛了儒家天命信仰。張載從理論上澄清了世人在思想深處的迷誤，增強了對佛老錯誤的分辨能力，有助於增強儒者的學術自信和信仰自信。針對禮教體系中的儒家祭祀活動，張載並不反對，但他反對一些增添了迷信成分的祭祀活動，認為祭祀神的目的是要彰顯天德，祭祀鬼的目的在於緬懷、繼承祖先精神。「天不言而四時行，聖人〔神道〕設教而天下服，誠於此，動於彼，神之道歟！」〔註140〕所以，張載維護儒家傳統的祭祀之神的真正目的在於「神道設教」。

〔註140〕《張載集》，第 107 頁。

結　語

　　朱伯崑以較高的評價口吻說：「照《宋史‧藝文志》著錄，北宋解易的著作有六十餘家。其中著名的哲學家和思想家，如李覯、胡瑗、周敦頤、邵雍、王安石、張載、程顥和程頤等；有著名的文學家，歷史學家，如歐陽修、蘇軾、司馬光等。他們都精通易學，在學術界掀起了研究《周易》的高潮。而新起的儒家學者，特別是道學家則成了宋代易學的奠基人。宋易具有濃厚的哲學內容，其影響之廣泛是漢唐所沒有的。」〔註1〕朱伯崑從易學哲學史的視角指出宋易的特點，宋易所具備的「濃厚的哲學內容」超越了漢唐，以道學與易學的關係、融合程度及產生的歷史影響而言，明清易學固然也難項其背。張載作為北宋道學家，其哲學「以《易》為宗」，其中關於太虛本體、太虛即氣、氣之神化、性與天道、乾坤易簡、一物兩體等哲學命題以儒學義理詮釋、重構，成為張載道學之源。

　　張載作為理學家、易學家，他的學術擔當與歷史使命完美的呈現在北宋新儒學的建立之中。張載弟子范育評價說：

　　自孔孟沒，學絕道喪千有餘年，處士橫議，異端間作，若浮屠老子之書，天下共傳，與六經並行。而其徒侈其說，以為大道精微之理，儒家之所不能談，必取吾書為正。世之儒者亦自許曰：「吾之六經未嘗語也，孔孟未嘗及也」，從而信其書，宗其道，天下靡然同風；無敢置疑於其間，況能奮一朝之辯，而與之較是非曲直乎哉！……子張子獨以命世之宏才，曠古之絕識，參之以博聞強記之學，質之以稽天窮地之思，與堯、舜、孔、孟合德乎數千載之間。夫豈好

〔註1〕朱伯崑：《易學哲學史》第二卷，崑崙出版社2005年版，第6頁。

異乎哉？蓋不得已也。〔註2〕

　　但是如果把張載之學的歷史使命僅僅局囿於「閔乎道之不明，斯人之迷且病，天下之理泯然其將滅也，故為此言與浮屠老子辯」是遠遠不夠的。

　　張載年輕時「與邠人焦寅遊，寅喜談兵，先生說其言。當康定用兵時，年十八，慨然以功名自許」〔註3〕，「欲結客取洮西之地」〔註4〕年輕時的張載豪氣萬丈，有志於披甲執刃、「黃沙百戰穿金甲」，成就一番功名。張載「氣質剛毅」，果敢力行，一生主張經世致用，「舉進士，為祁州司法參軍，…政事以敦本善俗為先，每月吉，具酒食召鄉人高年會縣庭，親為勸酬，使人知養老事長之義，因問民疾苦，及告所以訓戒子弟之意。……其家昏喪葬祭，率用先王之意而傅以今禮。又論定井田、宅裏、發斂、學校之法，皆欲條理成書，使可舉而措諸事業。」〔註5〕林樂昌總結說：「張載關學學風之特質體現為：『勇於造道』、『志道精思』的道學建構；『道學、政術』不二的政治主張；『知禮成性』、『變化氣質』的道德修養方法；『以禮為教』、『敦本善俗』的社會教化使命；關心民生、多方『營畫』的經世致用作風。」〔註6〕在《正蒙》的《參兩篇》、《動物篇》中，張載探討了日月星辰運行之理，對動物、植物、海水、人之生死、做夢、聲音等都有所研究，說明張載不是一個虛論浮談之人，而是真正去追求、實現「精義入神，以致用也；利用安身，以崇德也。」

　　張載《橫渠易說》的歷史使命和學術價值也不僅僅是闢佛排老，除了要確立儒學的性理之學，還有很多經世致用的精神指導內在其中。

　　在《橫渠易說》中，張載以太虛作為儒學形上本體，太虛清通之神，妙化萬物，太虛性體，內在於天地人三才之中。以太虛與氣的關係駁斥了佛教的「幻妄」、「空寂」之論及道家的「虛空生氣」之說。張載說：「釋氏之言性不識易，識易然後盡性，蓋易則有無動靜可以兼而不偏舉也。」〔註7〕「釋氏〔元〕無用，故不取理。彼以性〔有〕為無，吾儒以參為性，故先窮理而後盡性。」〔註8〕牟

〔註2〕《張載集‧范育序》，第4～5頁。
〔註3〕呂大臨：《橫渠先生行狀‧張載集》，第381頁。據張波《張載年譜》考證，康定用兵時，張載年二十一。張波：《張載年譜》，第21頁。
〔註4〕《宋史‧張載傳》，《張載集》，第385頁。
〔註5〕《宋史‧張載傳》，《張載集》，第385頁。
〔註6〕林樂昌：《張載關學學風特質論——兼論張載關學學風的現代意義》，陝西師範大學學報（哲學社會科學版），2002年5月。
〔註7〕《張載集》，第206頁。
〔註8〕《張載集》，第234頁。

宗三說：「天道性命相貫通乃宋、明儒共同之意識，亦是由先秦儒家之發展所看出之共同意識，不獨橫渠為然。」〔註9〕張載之學為儒者正確理解儒學的心性之本與宇宙之原開闢了道路。

　　張載以「乾坤《易》之門戶」，明確乾坤之性與太極合兩之性的關係，合理的解釋了「一陰一陽之謂道」道論原理，揭示出陰陽相互作用生成萬物的內在原理，並以此創造性的解釋了「天地之性」與「氣質之性」的辯證關係，進一步維護和發展了孟子的「性善論」，成就了新儒學「性理之學」的根基。《橫渠易說》結合「乾坤易簡」闡述了宇宙的創生機制，把乾坤易簡納入到「理學」範疇，張載說「此大德所以必受命，易簡理得而成位乎天地之中也。所謂天理也者，能悅諸心，能通天下之志之理也。能使天下悅且通，則天下必歸焉」，超越了漢唐以來「乾坤易簡」的元氣說，有著明顯的新儒學特徵。張載說「天人不須強分，易言天道，則與人事一滾論之」，「乾坤易簡」「易簡而天下之理得」，「理得然後一以貫天下之道」，張載以乾坤易簡作為方法論指導，以此作為儒學道德修養工夫的路徑。張載說：「易簡理得則知幾，知幾然後經可正。天下達道五，其生民之大經乎！經正則道前定，事豫立，不疑其所行，利用安身之要莫先焉。」〔註10〕易簡之理是儒家的正心誠意的道德工夫，最終還是要「兼濟天下」，走一條生民大路。「天人不須強分，易言天道，則與人事一滾論之」與紀昀所批評的迂腐之儒「捨人事而談天道，正後儒說《易》之病」〔註11〕不謀而合。

　　《橫渠易說》中重視以禮解易，與張載「尊禮貴德」「以禮為教」的學風是一致的。張載重視禮法，勇於實踐，「關中風俗一變而至於古」，「學者用禮漸成俗」，二程目睹此景也感慨不已。張載易學注重以禮來解釋卦爻辭的吉凶、進退變化，認為禮可以保持中正，即使在困境或險境中依然可以无咎。張載禮學不是墨守成規、食古不化，他也重視禮的時代性，並主張隨著時代變化改進禮的具體形式，守禮要以「時中」為標準，把禮學與中庸之道相結合，體現出張載對易道變化的深刻理解。至於「尊禮」的根據，在《橫渠易說》中，張載把禮同「天秩」、「天序」結合起來，賦予禮以形上根據。以天理為禮之本，尊

〔註9〕牟宗三：《心體與性體》上，吉林出版集團有限責任公司2013年版，第361頁。
〔註10〕《張載集》，第179頁。
〔註11〕〔清〕永瑢　紀昀：《四庫全書總目》卷三，《經部三·易類三》，楊萬里《誠齋易傳》提要，第21頁。

禮的重要性不言而喻，也是對佛老「背棄人倫，廢離生事」不符合儒學禮教的批評，增強了儒學尊崇禮教的自信，為儒家道德倫理增添了一道形上光輝。

《橫渠易說》對魏晉以來以玄學解易作了總結，說「《大易》不言有無，言有無諸子之陋也」，黃宗羲議論說：「然輔嗣祖述虛無，其辭雖美，而無用於天下國家。於是《易》為空言矣，又非三聖人所謂《易》之道也。虛無之學，流弊至今，卒無以正之，茲大道所以不明歟！大抵自漢以來，學者以利祿為心，明經祇欲取青紫而已，責以聖人之道，固不可得而聞也。宋興百有餘載，有明道、伊川二程先生、橫渠張先生出焉，監前世儒者之弊，力除千餘載利祿之學，直以聖人為師，斯道為己任，豈非古之所謂豪傑之士也哉！其於孟氏之功，聖智、巧力之間而已。」〔註12〕玄學易「虛無之學」，「其辭雖美，而無用於天下國家」，在《橫渠易說》中張載認真總結和辨析了玄學易的誤區，針對「有無之論」《橫渠易說》以太虛與氣、形與不形、可象與不可象、氣之幽明等關係作了抨擊，建立起新儒學的宇宙論和太虛本體論。張載易學在面對發展起來的玄學易，有對其義理、體例的吸收、繼承，但對其造成儒者困惑的易學宗旨和具體主張進行了反擊，維護了儒學的地位，體現出張載易學的歷史使命和深刻內涵。

張載易學雖屬於義理派，但其風格獨特，內涵豐富，創造發明頗多，發前人之所未發，有同時期易學大家「未到處」，王夫之高度評價說：「嗚呼！孟子之功不在禹下，張子之功，又豈非疏瀹水之歧流，引萬派而歸墟，使斯人去昏墊而履平康之坦道哉！」〔註13〕張載《橫渠易說》萬古流芳，畢竟要在易學哲學史中大放異彩！

〔註12〕〔清〕黃宗羲：《宋元學案・卷二十八・郭氏傳家橫渠易說自序》，中華書局版 1986 年，第 1029 頁。

〔註13〕〔明〕王夫之：《張子正蒙注》，中華書局 1975 年版，第 4 頁。

參考文獻

一、古籍類

1. 脫脫等：《宋史》，中華書局 1977 年版。

2. 張載：《張載集》，中華書局 1978 年版。

3. 林樂昌編校，張載著：《張子全書》，西北大學出版社 2015 年版。

4. 李學勤主編：《周易正義》，北京大學出版社 1999 年版。

5. 樓宇烈：《王弼集校釋》，中華書局 1980 年版。

6. 黃宗羲原著，全祖望補修：《宋元學案》，中華書局 1982 年版。

7. 朱熹：《四書章句集注》，中華書局 1983 年版。

8. 朱熹：《伊洛淵源錄》，中華書局 1985 年版。

9. 歐陽修：《歐陽修全集》，中國書店 1986 年版。

10. 黎靖德編：《朱子語類》，中華書局 1986 年版。

11. 孫星衍：《尚書今古文注疏》，中華書局 1986 年版。

12. 王植：《正蒙初義》，臺北：商務印書館 1986 年版。

13. 鄭萬耕：《太玄校釋》，北京師範大學出版社 1989 年版。

14. 喻博文：《正蒙注譯》，蘭州大學出版社 1990 年版。

15. 蘇軾：《東坡易傳》，上海古籍出版社 1989 年版。

16. 陳振孫：《直齋書錄解題》，上海古籍出版社 1987 年版。

17. 王先謙：《荀子集解》，中華書局 1988 年版。

18. 韓元吉：《南澗甲乙稿》，中華書局 1985 年版。

19. 王夫之：《船山全書·單行本之一：周易內傳》，嶽麓書社 2011 年版。

20. 邵雍：《邵雍全集釋》，上海古籍出版社 2015 年版。

21. 王夫之：《周易內傳·周易大象解·周易稗疏·周易外傳發例》，嶽麓書社 2011 年版。

22. 朱謙之：《老子校釋》，中華書局 2000 年版。

23. 周敦頤：《周敦頤通書》，上海古籍出版社 2000 年版。

24. 王夫之：《張子正蒙注》，中華書局 1975 年版。

25. 程顥、程頤：《二程集》，中華書局 2004 年版。

26. 王夫之：《船山易學》，中央編譯出版社，2011 年版。

27. 王夫之：《讀通鑒論》中華書局 1998 年版。

28. 朱熹：《周易本義》，中華書局 2009 年版。

29. 雷思齊：《易圖通變》，上海古籍出版社 1989 年版。

30. 林樂昌：《正蒙合校集釋》，中華書局 2012 年版。

31. 朱震：《朱震集》，嶽麓書社出版社 2007 年版。

32. 劉牧：《易數鈎隱圖》，上海古籍出版社 1989 年版。

33. 黃宗羲：《易學象數論》，中華書局 2011 年版。

34. 陸九淵著：《陸九淵集》，中華書局本 1980 年版。

35. 尚秉和：《周易尚氏學》，中華書局 1980 年版。

36. 李道平：《周易集解纂疏》，中華書局 1994 年版。

37. 揚雄：《太玄集注》，中華書局 2003 年版。

37. 馮椅：《厚齋易學》，文淵閣《四庫全書》影印本。

38. 李學勤主編：《禮記正義》，北京大學出版社 1999 年版。

39. 《天原發微》，文淵閣《四庫全書》影印本。

40. 楊時：《楊時集》，福建人民出版社 1993 年版。

41. 黃仲元：《四如講稿》，清文淵閣《四庫全書》影印本。

42. 《三國志》，嶽麓書社 2006 年版。

43. 王應麟著，鄭振峰等點校：《周易鄭康成注·六經天文編·通鑒答問》，中華書局 2012 年版。

44. 司馬光：《易說六卷附總論》，清乾隆敕刊本，聚珍版四部叢刊影印本。

45. 張浚：《紫岩易傳》，吉林出版集團有限責任公司 2005 年版。

46. 來知德：《周易集注》，明萬曆版文淵閣《四庫全書》影印本。

47. 李鼎祚：《周易集解》，九州出版社 2003 年版。

48. 劉宗周：《周易古文鈔四卷》，清初姜希轍刻本清文淵閣《四庫全書》影印本。

49. 陳夢雷：《周易淺述》，上海古籍出版社 1982 年版。

50. 馬理：《周易贊易》，明嘉靖 35 年鄭絅刻本文淵閣《四庫全書》影印本。

51. 馬權奇：《尺木堂學易志三卷》，明崇禎尺木堂刻本《四庫全書》影印本。

52. 尹喜：《關尹子》，四部叢刊影印本。

53. 盧重元：《列子注》，清嘉慶八年秦恩復石研齋刻文淵閣《四庫全書》影印本。

54. 程頤、程顥著：《二程遺書》，上海古籍出版社 2000 年版。

55. 尚秉和：《焦氏易詁》，九州出版社 2010 年版。

二、著作類

1. 湯用彤：《魏晉玄學論稿》，人民出版社 1957 年版。

2. 侯外盧主編：《中國思想通史》，人民出版社 1980 年版。

3. 姜國柱：《張載的哲學思想》，遼寧人民出版社 1982 年版。

4. 陳俊民：《張載哲學思想及關學學派》，人民出版社 1986 年版。

5. 程宜山：《中國古代元氣學說》，湖北人民出版社 1986 年版。

6. 林樂昌：《張載理學與文獻探研》，人民出版社 2016 年版。

7. 程宜山：《張載哲學的系統分析》，學林出版社 1989 年版。

8.8. 朱建民：《張載思想研究》，臺北：文津出版社 1989 年版。

9. 蒙培元：《理學範疇系統》，人民出版社 1989 年版。

10. 李存山：《中國氣論探源與發微》，中國社會科學出版社 1990 年版。

11. 向世陵：《理學與易學》，長春出版社 2011 年版。

12. 張岱年：《張岱年全集》，河北人民出版社 1996 年版。

13. 侯外盧主編：《宋明理學史》，人民出版社 1997 年版。

14. 徐志銳：《宋明易學概論》，遼寧古籍出版社 1997 年版。

15. 余敦康：《內聖外王的貫通——北宋易學的現代闡釋》，學林出版社 1997 年版。

16. 高亨：《周易大傳今注》，齊魯書社 1998 年版。

17. 廖名春：《帛書〈易傳〉初探》，臺北：文史哲出版社 1998 年版。

18. 牟宗三：《心體與性體》，上海古籍出版社 1999 年版。

19. 張岱年：《中國哲學大綱》，中國社會科學出版社 1984 年版。

20. 丁為祥：《虛氣相即——張載哲學體系及其定位》，人民出版社 2000 年版。

21. 張政烺：《論易叢稿》，中華書局 2012 年版。

22. 黃秀璣：《張載》，臺北：東大圖書公司 1987 年版。

23. 朱伯崑主編：《周易知識通覽》，齊魯書社 2004 年。

24. 丁原民：《〈橫渠易說〉導讀》，齊魯書社 2004 年版。

25. 張立文：《宋明理學研究》，人民出版社 2002 年版。

26. 侯敏：《易象論》，北大出版社 2006 年版。

27. 胡元玲：《張載的易學與道學：以〈橫渠易說〉及〈正蒙〉為之探討》，臺北學生書局 2004 年版。

28. 陳來：《宋明理學》，華東師範大學出版社 2004 年版。

29. 朱伯崑：《易學哲學史》，崑崙出版社 2005 年版。

30. 金景芳：《周易講座》，廣西師範大學出版社 2005 年版。

31. 辛亞民：《張載易學研究》，中國社會科學出版社 2015 年版。

32. 王鐵：《宋代易學》，上海古籍出版社 2005 年版。

33. 楊慶中：《周易經傳研究》，商務印書館 2005 年版。

34. 文碧方：《關洛之間——以呂大臨思想為中心》，中華書局 2011 年版。

35. 丁四新：《楚竹書與漢帛書〈周易〉校注》，上海古籍出版社 2011 年版。

36. 潘雨廷：《讀易提要》，上海古籍出版社 2003 年版。

37. 朱義祿：《儒家理想人格與中國文化》，復旦大學出版社 2006 年版。

38. 李學勤：《周易溯源》，巴蜀書社 2006 年版。

39. 陳政揚：《張載思想的哲學詮釋》，臺北：文史哲出版社 2007 年版。

40. 周振甫：《周易譯注》，中華書局 1991 年版。

41. 楊立華：《氣本與神化：張載哲學述論》，北京大學出版社 2008 年版。

42. 廖名春：《帛書〈周易〉論集》，上海古籍出版社 2008 年版。

43. 李蕉：《張載政治思想述論》，中華書局 2011 年版。

44. 〔美〕葛艾儒：《張載的思想》，羅立剛譯，上海古籍出版社 2010 年版。

三、論文集

1. 陝西省哲學學會編：《氣化之道——張載哲學新論》，陝西人民教育出版社 1992 年版。

2. 葛榮晉、趙馥潔、趙吉惠主編：《張載關學與實學》，西安地圖出版社 2000 年版。

3. 趙吉惠、劉學智主編：《張載關學與南冥學研究》，社會科學文獻出版社 2004 年版。

4. 《劉學智、（韓）高康玉主編：《關學、南冥學與東亞文明》，社會科學文獻出版社 2007 年版。

四、期刊論文

1. 林樂昌：《通行本〈正蒙〉校勘辨誤》，《中國哲學史》2010 年第 4 期。

2. 姜國柱：《王船山對張橫渠哲學思想的發展》，《中國社會科學院研究生院學報》1983 年第 2 期。

3. 陳俊民：《張載〈西銘〉理想論》，《陝西師範大學學報》（哲學社會科學版），1983 年第 4 期。

4. 陳俊民：《張載哲學邏輯範疇體系論》，《哲學研究》1983 年第 12 期。

5. 劉榮慶：《張載卒時、卒因辨》，《人文雜誌》1984 年第 1 期。

6. 陳俊民：《張載〈正蒙〉邏輯範疇結構論》，《陝西師範大學學報》（哲學社會科學版）1984 年第 3 期。

7. 武伯綸：《〈橫渠族譜〉序》，《文博》1987 年第 4 期。

8. 高景明：《新發現的〈橫渠族譜〉》，《文博》1987 年第 4 期。

9. 徐志銳：《張載〈易〉學研究》，《周易研究》1988 年第 1 期。

10. 施炎平：《張載「性」、「氣」範疇芻議》，《學術月刊》1988 年第 9 期。

11. 李存山：《「先識造化」與「先識仁」——從關學與洛學的異同看中國傳統哲學的特質及其轉型》，《人文雜誌》1989 年第 5 期。

12. 陳俊民：《論呂大臨易學思想及關學與洛學之關係（上）》，《浙江學刊》1991 年第 2 期。

13. 陳俊民：《論呂大臨易學思想及關學與洛學之關係（下）》，《浙江學刊》1991 年第 3 期。

14. 劉學智：《〈橫渠易說〉與張載的天人合一思想》，《陝西師範大學學報》（哲學社會科學版），1992 年第 2 期。

15. 菰口治：《〈正蒙〉的構成與〈易說〉研究——其文獻學的考察》，（日本）《集刊東洋學》1964 年第 12 期。

16. 林樂昌：《20 世紀張載哲學研究的主要趨向反思》，《哲學研究》2004 年第 12 期。

17. 林樂昌：《論張載的生態倫理觀及其天道論基礎——兼論張載生態倫理觀的現代意義》，《孔子研究》2013 年第 2 期。

18. 林樂昌：《「為天地立心」——張載「四為句」新釋》，《哲學研究》2009 年第 5 期。

19. 林樂昌：《論張載對道家思想資源的借鑒與融通——以天道論為中心》，《哲學研究》2013 年第 2 期。

20. 余敦康：《張載哲學探索的主題及其出入佛老的原因》，《中國哲學史》1996 年第 1 期。

21. 鄭萬耕：《橫渠易學的天人觀》，《周易研究》1997 年第 1 期。

22. 張岱年：《試談「橫渠四句」》，《中國文化研究》，1997 年《春之卷》（總第 15 期）。

23. 林樂昌：《張載理觀探微——兼論朱熹理氣觀與張載虛氣觀的關係問題》，《哲學研究》2005 年第 8 期。

24. 林樂昌：《張載關學學風特質論——兼論張載關學學風的現代意義》，《陝西師範大學學報》（哲學社會科學版）2002 年第 3 期。

25. 林樂昌：《張載答范育書三通與關學學風之特質》，《中國哲學史》2002 年第 1 期。

26. 苟志效：《論張載的易學符號學思想》，《嶺南學刊》1999 年第 5 期。

27. 陳學凱、曹秀君：《〈正蒙〉對〈易〉〈庸〉的繼承和發揚》，「張載關學與實學」國際研討會論文集，1999 年。

28. 林樂昌：《張載佚書〈孟子說〉輯考》，《中國哲學史》2003 年第 4 期。

29. 李存山：《「先識造化」：張載的氣本論哲學》，《中國哲學史》2009 年第 2 期。

30. 王葆玹：《試論張載的易學體系及其與禮學的關係》，「張載關學與實學」國際研討會論文集，1999 年。

31. 丁為祥：《張載研究的視角與方法》，《陝西師範大學學報》（哲學社會科學版）2000 年第 2 期。

32. 高建力、李之鑒：《張載〈易說〉簡論》，《齊魯學刊》2000 年第 1 期。

33. 王利民：《論張載之學是易學——與龔傑先生商榷》,《周易研究》2000 年第 1 期。

34. 丁為祥：《張載虛氣觀解讀》,《中國哲學史》2001 年第 2 期。

35. 湯勤福：《太虛非氣：張載「太虛」與「氣」之關係新說》,《南開學報》2000 年第 3 期。

36. 丁為祥：《張載太虛三解》,《孔子研究》2002 年第 6 期。

37. 孫劍秋：《宋儒張載「以易為宗」思想探析》,《周易研究》2001 年第 2 期。

38. 向世陵：《張載「易之四象」說探討》,《周易研究》2012 年第 5 期。

39. 丁為祥：《宋明理學對自然秩序與道德價值的思考——以張載為中心》,《文史哲》2009 年第 2 期。

40. 王興國：《「希張橫渠之正學」——王夫之是如何推崇張載的》,《船山學刊》1999 年第 2 期。

41. 曾振宇：《張載氣論哲學論綱》,《山東大學學報》（哲學社會科學版）2001 年第 2 期。

42. 柳秀英：《張載「太虛即氣」詮釋異說研究》,《美和技術學院學報》（臺灣）2002 年第 21 期。

43. 鄭萬耕：《〈易傳〉時觀溯源》,《周易研究》2008 年第 5 期。

44. 金益洙：《張載之易哲學》,「張載關學與實學」國際研討會論文集，1999 年。

45. 白欲曉：《從〈橫渠易說〉到〈正蒙〉——張載哲學本體理論的建構與發展》,《陝西師範大學學報》（哲學社會科學版）2004 年第 4 期。

46. 丁為祥：《從「我固有之」到「天之所與」——孟子對道德理性之發生機理、存在依據及存在根源的探討》,《哲學研究》2008 年第 8 期。

47. 杜保瑞：《張載哲學體系的基本問題詮釋進路》,《哲學論集》,臺北：輔仁大學出版社 2004 年版。

48. 朱承：《中國哲學學科化以來張載研究述評》,《許昌學院學報》2005 年第 1 期。

49. 向世陵：《張載「合兩」成性義釋》,《哲學研究》2005 年第 2 期。

50. 葉文英，楊柱才：《張載「性」概念之內涵探微》,《南昌大學學報》（人文社會科學版），2005 年第 2 期。

51. 楊立華：《論張載哲學中的感與性》,《中國哲學史》2005 年第 2 期。

52. 徐洪興：《「太虛無形，氣之本體」——略論張載的宇宙本體論及其成因和意義》，《復旦學報》〈社會科學版〉2005 年第 3 期。

53. 趙馥潔：《論關學的基本精神》，《西北大學學報》（哲學社會科學版）2005 年第 6 期。

54. 李之鑒：《論張載「陰陽反交為大義」的〈易〉學思想》，《平原大學學報》1999 年第 1 期。

55. 張麗華：《張載的鬼神觀》，《中國哲學史》2006 年第 2 期。

56. 李曉春：《「糟粕」概念在張載哲學中的重要意義——兼論張載的「理一分殊」是負的「理一分殊」》，《蘭州大學學報》（社會科學版）2006 年第 3 期。

57. 王利民：《張載詩真偽考辨》，《中國典籍與文化》2006 年第 3 期。

58. 丁為祥：《張載為什麼著〈正蒙〉——〈正蒙〉一書之主體發生學考察》，《哲學研究》2007 年第 4 期。

59. 丁為樣：《命與天命：儒家天人關係的雙重視角》，《中國哲學史》2007 年第 4 期。

60. 向世陵：《性兩元一元與二性一性——從張岱年先生關於張載性論的分析說起》，《中國哲學史》2009 年第 3 期。

61. 陳戰峰：《張載〈詩經〉學與關學》，《中國寶雞張載關學與東亞文明學術研討會論文集》，2007 年。

62. 吳靜：《張載「氣以載性」思想探析》，《齊魯學刊》2008 年第 1 期。

63. 向世陵：《張載、王夫之的「保合太和」說議》，《中國哲學史》2008 年第 2 期。

64. 戢斗勇：《船山橫渠辨異》，《船山學刊》1993 年第 2 期。

65. 武寶寧：《張載對道家和道教的批判與汲取》，《作家雜誌》2008 年第 5 期。

66. 東方朔：《「視天下無一物非我」：論張橫渠的生態倫理觀》，《現代哲學》2003 年第 4 期。

67. 李裕民：《張載詩文的新發現》，《晉陽學刊》1994 年第 3 期。

68. 徐強：《今、帛本〈易傳〉「剛柔」解〈易〉的詮釋學考察》，《周易研究》2009 年第 1 期。

69. 劉建麗、白蒲嬰：《張載「取洮西之地」辨析》，《寧夏社會科學》2009 年第 1 期。

70. 張牛：《從〈乾稱〉篇看張載的哲學思想》，《四川大學學報》（哲學社會科學版）1995 年第 1 期。

71. 張金蘭：《虛氣關係辯證——以張載哲學「問題意識」為視角》，《船山學刊》2009 年第 4 期。

72. 孫興徹：《從「理一分殊」到「氣一分殊」的邏輯管窺》，《南京師範大學學報》（社會科學版）1999 年第 5 期。

73. 邸利平：《牟宗三對張載「太虛即氣」的詮釋》，《陝西師範大學學報》（哲學社會科學版）2009 年第 3 期。

74. 王汐朋：《張載思想的「象」概念探析》，《現代哲學》2010 年第 2 期。

75. 向世陵：《張載的「仇必和而解」與兩種辯證法》，《江蘇行政學院學報》2009 年第 4 期。

76. 徐儀明：《張載與古代天文學》，《河南大學學報》（社會科學版）2000 年第 1 期。

77. 謝陽舉：《張載與道家關係概說》，「張載關學與實學」國際研討會論文集，1999 年。

78. 施炎平：《朱熹對〈周易〉理性精神的闡發與創化》，《學術月刊》1995 年第 7 期。

79. 張金蘭：《張載與二程的「窮理盡性以至於命」解析》，《中國社會科學院研究生院學報》2009 年第 6 期。

80. 邱忠堂：《論張載「太虛」的四重本體義及詮釋意義》，《雲南大學學報》（社會科學版）2013 年第 3 期。

81. 柳東華：《張載的變化觀研究》，《湖北廣播電視大學學報》2007 年第 6 期。

82. 董藝：《張載氣化哲學視野下的易學「卦變說」理論》，《周易研究》2010 年第 2 期。

83. 王振華：《張載對孟子心性論思想的繼承與發展》，《陝西師範大學學報》（社會科學版）2011 年第 5 期。

84. 馬鑫焱：《以易為宗——《橫渠易說》易象研究》，《唐山師範學院學報》2009 年第 3 期。

85. 馬鑫焱：《論張載神觀的哲學結構》，《北京科技大學學報》（社會科版）2010 年第 1 期。

86. 馬鑫焱：《「以易為宗」——張載太極本體論探析》，《長春理工大學學報》（社會科學版）2009 年第 3 期。

87. 馬鑫焱：《張載對〈易傳〉「易簡」概念的解讀及其哲學史意義》，《西安石油大學學報》（社會科學版）2015 年第 3 期。

五、學位論文

1. 方蕙玲：《張載思想之研究》，東海大學博士學位論文，1994 年。

2. 楊名：《從〈橫渠易說〉看張載哲學體系的形成》，中國人民大學碩士學位論文，2002 年。

3. 謝榮華：《張載哲學新探》，北京大學博士學位論文，2005 年。

4. 馬鑫焱：《張載〈橫渠易說〉研究芻議》，陝西師範大學碩士學位論文，2007 年。

5. 王帆：《張載哲學體系》，山東大學博士學位論文，2007 年。

6. 王英：《氣與感——張載哲學研究》，復旦大學博士學位論文，2010 年。

7. 董藝：《張載易學思想研究》，山東大學博士學位論文，2010 年。

8. 王緒琴：《氣本與理本——張載與程頤易學哲學比較》，南開大學博士學位論文，2012 年。

9. 劉泉：《張載〈橫渠易說〉研究》陝西師範大學博士學位論文，2016 年。

後　記

　　迄今為止，求學於陝西師範大學已近 20 年，學生生涯也即將結束。此時樓外燈火闌珊，遙望朦朧徐家山，高速路車聲轟鳴，深夜並不寂靜。懷揣著博士即將畢業的一絲幸喜，打開檯燈，欲提筆寫此篇後記。但不知不覺之中，那一絲幸喜竟被這濃厚的漆黑被湮滅。慢慢地有了一些感慨和回憶，我開始感到羞愧，最後竟惆悵而不知所措。

　　橫渠先生說：「今人為學如登山麓，方其迤邐之時，莫不闊步大走，及到峭峻之處便止，須是要剛決果敢以進。」2011 年博士入學，已六年之多。因為少了很多果敢與銳氣，導致學位論文一拖再拖。論文的寫作十分不易，本才疏學淺，又有授課任務與家庭瑣事攪擾，時間支離破碎，寫作一事就顯得捉襟見肘。畢業時間的拖延，讓我一度感到羞愧，曾一度不敢面見幾位先生，甚至連電話問候都不敢去做，這種狀態持續了好長時間。好在終能夠堅持下來，也終於能夠劃上一個句號。每每想起母校的幾位先生，那種欽佩、尊敬、溫暖之情無以言表。在論文預答辯時，先生們的包容、關心和保護，讓我在一剎那間似乎回到了十年前。幾位先生對自己學生的關愛一如既往！！！

　　我的博士授業恩師是林樂昌先生，先生對待學生認真負責，往往不惜自己珍貴的時間不耐其煩的去指導學生突破研究的困境。先生性格溫潤，氣質儒雅，仁愛不失威嚴，深受學生愛戴。先生授課鉅細無遺，有十分自信的舒適與平靜。似乎每一個字都經過深思熟慮而顯得字字千金，娓娓道來之中有哲學思想的抗爭與漂動，聽眾能夠從中感受到先生的高尚與尊嚴。碩士時，先生曾對我的碩士論文寫作給予了很大的幫助，論文的框架提綱和內容修改，先生都費

了不少的心思。記得在 2005 年左右，在師生的幾次外出考察調研中，先生與師母熱忱關心我的飲食問題，溫暖往事歷歷在目，時時記憶！先生不嫌我愚鈍，有幸能師從先生，是我一生無上的幸運、幸福！在此期間，先生諄諄教誨似春分化雨，天道人事諸多方面，都使我受益終身。我的博士論文，從論文題目的擬定、內容結構，先生都作了認真的批閱和提出修改意見。論文中勾勒出的道道紅線，或圈或改，每一篇幾乎都密不可疏，切切關愛之情流溢其中，每當我拿起那本先生改過的博士論文，看著那道道修改痕跡，我的雙眼不免朦朧。研究張載哲學，雖初入門徑，但情感已深，常被關學宗師之「苦心極力」的學術嚴謹和「知禮成性」的道德修養所感動。「終日危坐一室，左右簡編，俯而讀，仰而思，有得則識之，或中夜起坐，取燭以書。」然而每讀橫渠先生苦心治學的這段文字，就會不自覺的想起恩師的身影。磨礪出精華，先生的文章，每一篇都反覆修改幾十次，以至於改無可改。先生一生都沉浸於張載哲學的研究之中，高質量的學術專著、論文、重大項目和獲獎等讓人目不暇接、稱讚不絕，而每一篇心血之作都是對張載哲學研究的推進。先生的道德文章，是我畢生學習的榜樣追求！先生與師母於我恩情似海，難以一語道盡！

陝西師範大學為國內關學研究的重要陣地，劉學智先生、林樂昌先生和丁為祥先生為本校關學研究的元老和中流砥柱，二十多年以來，有許多有志青年是在前輩們的薰陶影響下開始研究中國哲學並逐漸成長起來，有的已成為此領域的翹楚。碩士時，我的啟蒙恩師是劉學智先生，是在先生的引領下開始學習中國哲學，並在先生的指導下寫了一篇十分青澀的關於張載易學研究的碩士學位論文。畢業後，先生在百忙之中關心我的工作和生活，每每想起便倍感溫暖、感動。博士時，我向先生表達了要對張載易學作繼續深入研究的想法，先生便鼓勵我接著研究，並提出一些十分關鍵的指導意見，還將研究心得相授，令我獲益良多的同時又倍感壓力。劉學智先生德高望重，成就卓越，雖已古稀之年，依舊奮筆疾書，書寫璀璨人生。先生精神世界崇高廣闊，有為追求真理奮不顧身的品質，值得每一位學子認真體會和學習！丁為祥先生豪放、剛毅、熱忱，憶往昔，先生授課慷慨激昂，有情懷，有嚴密的邏輯論證，不斷閃現的儒學擔當感和具有強大吸引力的語言直搗學子的靈魂。先生曾於百忙之中，短信提醒，讓我抓緊完成論文寫作。先生對《易》研習深刻，使我深受啟發。許寧先生和曹樹明先生為學院中國哲學研究的中堅力量，二位先生氣質方雅清勁、溫柔而慎密，勤勉敬業，學術功底深厚，有古君子之風。對我的論文

的完善提出了寶貴的修改意見和方法。宋寬鋒先生學識淵博、學貫中西，先生曾為我們幾位博士講授西方政治哲學，憤悱啟發之間開啟智慧之門，期間我們師生廣泛議論，談笑風生，有疑惑處，先生均能旁徵博引予以解答。談論未能盡興時，我會和國元、瑞元一道深夜拜訪，期間先生談經論道，暢談中哲與西哲的碰撞交融，關心蒼生黎民，我們受益匪淺、感慨頗深！

言不盡意，隻字片語，難以道盡對幾位先生的感激之情！遙望長安，滿懷對先生們的思念與祝福！夜風起兮，希望這漫天的風能夠帶去我的殷殷之心！

深感於父母恩情和家人殷切希望，沒有他們的無私付出與理解寬容，我將寸步難進！

《易》曰：「鳴鶴在陰，其子和之。我有好爵，吾與爾靡之。」朋友當擇善而交，貴在同聲同氣、和衷共濟。感謝同窗好友張瑞元、鄧國元、羅高強的陪伴與幫助！感謝孫德仁師弟的有力援助！感謝摯友張順軍、李金福、劉紅的鼓勵、支持！感謝同門李學衛、高明的鼎力相助！此處遙祭振華我兄，天堂安好！

本書為我的博士畢業論文，因此，此篇《後記》也具有紀念意義！
感謝花木蘭文化有限公司各位編輯老師的辛苦勞作！

馬鑫焱
於蘭州市徐家山
2018 年 5 月 14 日深夜